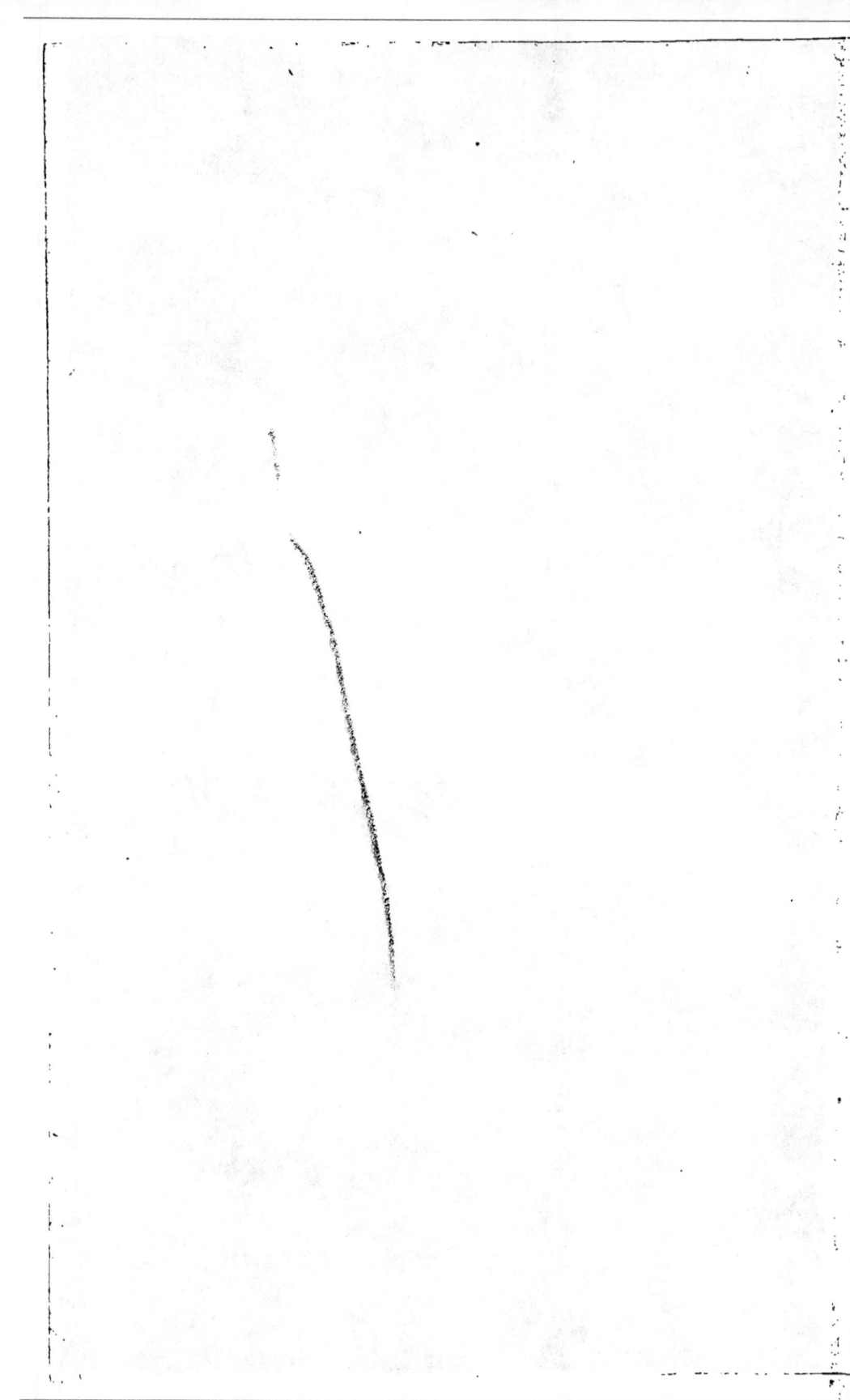

LETTRES
D'UN PASSANT

DEUXIÈME SÉRIE

OUVRAGES DU MÊME AUTEUR :

Lettres d'un passant. 1ʳᵉ série, 1 beau vol. in-18 jésus 3   »

En chasse. 1 vol. in-18 raisin, papier de Hollande, tiré à petit nombre (*précédé d'une eau-forte*). . 2 50

ARTHUR DE BOISSIEU

LETTRES D'UN PASSANT

DEUXIÈME SÉRIE

FIGURES CONTEMPORAINES

PARIS
LIBRAIRIE FRANÇAISE
E. MAILLET, LIBRAIRE-ÉDITEUR
RUE TRONCHET, 15 (PRÈS LA MADELEINE)

1869
Tous droits réservés

AU LECTEUR

*Lecteur, ce recueil d'essais
Est terminé, je le livre
Au vent qui fait le succès
Ou l'infortune d'un livre.*

*Il est, selon les instants,
D'humeur joyeuse ou morose,
Mais c'est l'histoire du temps,
Car il ne vaut pas grand'chose.*

Je voudrais, sans me flatter
D'un triomphe sans réclame,
Voir sur ses pages flotter
La main blanche d'une femme.

Une, c'est peu; mais, s'il plaît
Au hasard qui nous seconde
Que pour lectrices il ait
Toutes les femmes du monde.

Pauvre livre, je lui dois
Le don des heures moins lentes,
La gaîté franche, et parfois
L'oubli des choses présentes.

Simple, il dit la vérité,
Qui déplaît même à la Chambre,
Et la sainte Liberté,
Proscrite un jour de Décembre,

Et les souvenirs pieux,
Et les espérances chères,
Et le passé glorieux
Qu'eut la France de nos pères,

— III —

Quand on mettait, par raison,
Le peuple étant moins volage,
L'homme qui trompe, en prison,
Et l'aigle qui vole, en cage.

Si, parfois, ce livre prend
Une flèche à la satire,
C'est pour se moquer gaiment
Des grands hommes de l'Empire,

Des ministres sans éclat,
Perroquets de la tribune,
Cochers du char de l'État,
Et bâtards de la fortune;

Du sénateur, du préfet,
Et de la gent décorée
Qui porte sur son collet
Le galon de sa livrée.

On m'a dit : « Faites sans peur
Une préface si belle
Qu'elle mène son auteur
A la Correctionnelle,

— IV —

« *Et puis plus tard à la* Cour,
*Et lui procure la chance
D'un mois ou deux de séjour
Dans les prisons de la France.* »

Grand merci, non; mais, au lieu
D'une préface qui sonne,
Voulez-vous un conte bleu,
Songe d'une nuit d'automne?

Dans le rêve que je fis,
L'air était plein d'harmonie :
On voyait fleurir les lis
Sur la terre rajeunie.

On était dans la saison
Qui fait la campagne verte,
Je regardais l'horizon
De ma fenêtre entr'ouverte ;

Et je vis dans le lointain,
Où court la plaine féconde,
Deux fantômes en chemin
A travers la moisson blonde :

— V —.

Figures aux traits pâlis,
Formes trop longtemps voilées,
Elles venaient des pays
Où s'en vont les exilées.

Toutes deux, nous rapportant
La réalité féconde,
N'avaient pas d'arme, et pourtant
Elles conquéraient le monde.

Les vendeurs et les vendus
Disparaissaient devant elles,
Ainsi que les vieux abus
Dont on fit les lois nouvelles.

On sait le nom qu'ont porté
Ces filles de mon caprice :
L'une, c'est la Liberté,
Et l'autre, c'est la Justice.

Je reconnus à leurs traits
Ces deux grandes méconnues,
Grâce aux récits qu'en ont faits
Nos pères qui les ont vues.

— VI —

Je leur disais en rêvant :
« *Hélas ! qu'avez-vous pu faire*
« *Depuis le jour qu'on attend*
« *Votre règne sur la terre ;*

« *Depuis qu'on trompe et qu'on ment,*
« *Et que des actes injustes*
« *Sont commis en invoquant,*
« *Déesses, vos noms augustes ?*

« *Enfin, vous voilà, c'est vous,*
« *Le peuple opprimé respire ;*
« *Déesses, délivrez-nous*
« *De ce que je n'ose dire.* »

Mes vœux furent exaucés :
Plus d'esclave et plus de maître !
Je rêvais, vous le voyez,
Et je rêve encor peut-être.

On jouait moins au soldat,
Un instrument de famille
Qui remorque aux coups d'État
Les Césars de pacotille.

— VII —

On avait des fonds serrés
En des caisses toujours prêtes,
Des budgets équilibrés,
Et des ministres honnêtes.

On supprimait des deux mains,
Les gens étant économes,
Le Mazas des écrivains
Et le Sénat des grands hommes.

Toutes deux en sûreté
Accomplissaient leur office :
Sans......., la Liberté,
Et sans juges, la Justice.

On comprend ce qu'il advient
D'un rêve couleur de rose ;
Après le sommeil revient
La réalité morose.

C'est ainsi : nous nous lassons
D'un règne qui se prolonge,
Et vainement nous cherchons
L'Espérance dans un songe.

— VIII —

On a peu, l'on veut beaucoup ;
En rêvant, on se console ;
Le corps cède sous le joug,
Mais l'âme est libre et s'envole.

Arthur de Boissieu.

Beire, 12 novembre 1868.

LETTRES D'UN PASSANT

DEUXIÈME SÉRIE

I

Octobre 1866.

LES PRINCES DE CE MONDE ET LES AUTEURS DRAMATIQUES,
LA PRINCESSE DAGMAR, L'IMPÉRATRICE DU MEXIQUE
ET M. VICTORIEN SARDOU.

Je consacre le début de cette causerie à ceux qui tiennent dans leurs mains augustes la destinée des faibles, des petits et des humbles, aux maîtres du vaste monde, aux pasteurs des peuples errants. Rois constitutionnels ou monarques absolus, impératrices au front penché sous le poids des lourdes couronnes, reines dont les mains blanches manient les sceptres d'or, princes et princesses inférieurs qui gravitez autour des souverains de haut parage comme les astres secondaires autour des soleils éclatants, je vous salue avec respect, je vous admire avec raison et je vous nomme avec terreur. Vous nous donnez à volonté la paix dont nous avons besoin et la guerre dont nous avons peur, et si notre patience égalait votre sagesse, vous eussiez trouvé depuis longtemps le moyen d'allier les exigences de la liberté aux prérogatives du principat. Vous avez des canons dont la rayure est un progrès, et des vaisseaux dont la cuirasse est sans défaut. Vous habitez de vastes palais où votre grandeur est à l'aise, et tous les ans la reconnaissance publique vous alloue une forte somme qui ne peut être l'équivalent de vos nobles labeurs et le prix du temps que vous nous consacrez. Mais, comme on l'a justement dit, l'argent ne fait pas le bonheur, et l'artillerie à longue portée est un argument qui convertit plutôt qu'un bien qui console. Heureux comme un roi ! Le proverbe est faux comme un jeton et menteur comme une épitaphe. *Sunt lacrymæ regum*, et je tiens qu'on est mieux assis et qu'on se sent plus immortel sur les fauteuils de l'Institut que sur le trône des souverains ! Pauvres princes ! on ne vous connaît pas beaucoup et on ne vous plaint pas assez.

Guatimozin n'était pas couché sur un lit de roses, et cependant c'était un roi, et même un assez bon roi. Si je cherche de plus récents exemples, je dirai sans détour que l'avenir de la princesse Dagmar m'inspire de justes alarmes. J'imagine que dans l'idiome danois Dagmar est un nom de fleur ou d'oiseau réservé aux seules jeunes filles qui promettent d'avoir le parfum de l'une ou les ailes de l'autre. Je n'ai jamais vu la princesse, et je le regrette, car ceux qui viennent de loin et qui l'ont regardée disent qu'elle a la grâce des dieux et la beauté du diable. Pour peu qu'une princesse soit passablement tournée, on la prétend faite à ravir, et comme chez les souveraines le cœur importe plus que la figure, on fait de sa bonté qu'on ignore la rivale de sa beauté qu'on exalte. La charité semble plus douce, servie par de petites mains et rayonnant sur un visage aimable, et c'est merveille quand sur un front charmant se réunissent toutes les couronnes éphémères, beauté, jeunesse et royauté.

La princesse Dagmar est donc une femme accomplie, et la couronne sied à sa tête, comme le trône à..., le respect qu'on doit aux personnes augustes m'interdit de compléter ma phrase. Souveraine, on l'admire ; bourgeoise, on l'eût aimée. Mais si un riche et simple mortel l'avait demandée, même sans dot, au roi de Danemark, appauvri par des traités récents, je ne crains pas d'affirmer qu'il eût été reconduit jusqu'aux portes du Sleswig par les soldats d'un père désolé de borner là sa poursuite. Il faut des princes aux princesses, car l'or pur ne s'allie pas au plomb vil et l'ambroisie divine ne se mélange point aux boissons d'ici-bas. On a vu des rois épouser des bergères, mais jamais, fussent-ils jolis comme l'amour, fussent-elles laides comme le péché, les bergers n'ont épousé des reines, et je le regrette pour elles.

Or, voici quelles choses advinrent. Le fils aîné du puissant empereur de Russie grandissait à vue d'œil sur les bords défleuris où la Néva gèle en hiver. Le czar, qui commande à soixante-dix millions d'hommes, sentit que l'heure était venue de marier son héritier et promena ses regards sur les filles nubiles de ses royaux collègues. En ce moment même le roi de Danemark, qui avait donné sa première fille au prince de Galles, cherchait pour la seconde un parti d'égale valeur et un époux d'autant d'avenir. Le czarewitch lui allait comme à Cendrillon la pantoufle. On répare par un mariage ce qu'une défaite vous enlève, et l'on peut se consoler de deux provinces perdues quand on fait de l'une de ses filles une reine de premier ordre, et de l'autre une impératrice sans seconde. Le roi de Danemark ne règne que sur dix-sept cent mille âmes, mais ce sont des âmes d'élite, et en pareille affaire la qualité du pasteur importe plus que le nombre des moutons.

Il n'y avait à l'union projetée qu'un bien léger obstacle. Le czar en herbe appartenait à la religion grecque et la princesse danoise marchait dans les ornières de Luther. La princesse jugea que Saint-Pétersbourg valait bien une conversion, et vola d'un schisme à l'autre, avec la grâce qu'elle met dans ses moindres actions. Elle confessa ses peccadilles à l'oreille d'un pope indulgent et crut à la papauté de son infaillible beau-père. Je ne changerais de religion ni pour un mariage ni pour un empire, mais Dieu m'a fait la grâce de n'être ni protestant ni princesse, ce dont je le remercie deux fois.

Nous sommes tous mortels ou presque tous, petits et grands, rois et sujets. L'héritier présomptif des Russies blanches et noires, atteint d'un mal sans remède, vint demander à Nice, devenue française, une mort plus lente sous un ciel plus chaud. Autour de ce jeune homme frappé dans le printemps des années se pressaient son père et sa mère, attestant par leurs larmes amères le néant de la puissance et l'égalité des douleurs humaines; pendant que l'empereur pleurait le meilleur de ses enfants prématurément ravi aux promesses de l'avenir, on entendait les derniers cris de la Pologne expirante, et il semblait qu'on eût voulu donner à ce prince agonisant des compagnons dans la mort et des sujets dans l'autre monde.

La princesse Dagmar fit le voyage de Copenhague à Nice pour adresser un éternel adieu à ce fiancé sitôt espéré que perdu. De sorte que les yeux du mourant purent emporter dans leur dernier regard la vision des têtes chères et des êtres aimés. Oh! jeunes gens que les dieux chérissent, faut-il vous plaindre ou vous envier, vous qui dans les bras d'une femme adorée, image voilée de l'amour en pleurs, vous endormez, en rêvant ici-bas d'un long regret et là-haut d'un éternel revoir!... La chose rare que tant d'amour malgré tant de couronnes! J'en fus ému, s'il m'en souvient, et je me figurais la princesse Dagmar inconsolable comme Artémise après Mausole, et parant sa beauté touchante des vêtements noirs des vierges veuves. Mais la princesse avait vingt ans, peut-être même ne les avait-elle pas.

Le temps du deuil à peine écoulé, le czar, qui commande à soixante-dix millions d'hommes, dit à son cousin de Danemark : Voisin, mon second fils doit recueillir l'héritage entier du premier, trône et femme. Marions nos enfants avant l'hiver qui vient : votre fille n'y gagnera pas, mais les Russes n'y perdront rien. De toute sa famille le czarewitch actuel est, paraît-il, le moins réussi, et on prétend qu'il ne vaut ni son aîné qui n'est plus, ni son cadet qui grandit. Une Française qui revient de Russie me racontait qu'un jour, assise et entourée dans un jardin de Pétersbourg, elle émettait librement son opinion sur les nombreux rejetons du plus absolu des monarques. Le premier, disait-elle, était charmant, le second est absolument manqué, et le troisième est très-gentil. A ces mots, un jeune homme, se détachant d'un groupe de promeneurs, vint à elle, saluant d'une main et se désignant de l'autre : « Madame, le très-gentil, dit-il avec un gai sourire, le très-gentil, c'est moi. »

C'est, j'imagine, sans aucun plaisir que la princesse Dagmar accepta ce changement de main. Il y a dans ce passage d'un frère à l'autre et du mort au vivant une brusquerie qui déplaît et une communauté qui froisse. Je sais bien qu'une princesse qui se marie fait de la politique et non du sentiment, et obéit moins à l'impulsion de son cœur qu'aux conseils de ses ministres ; mais quand on est de moitié dans la confection d'un empereur, il est pénible de ne pouvoir se donner un collaborateur de son goût. De quoi pourtant vais-je me mêler ? et suis-je le Fantasio de Musset, pour empêcher l'infante bavaroise d'épouser le prince de Mantoue ? Le prince de Mantoue est mal tourné, me direz-vous. Oui, mais ses chambellans sont si jolis !

J'abandonne la princesse Dagmar à son nouveau mari, pour m'occuper d'une autre infortune royale plus complète et moins commune. L'impératrice du Mexique, venue en Europe pour traiter des intérêts de son jeune empire, n'a pu mener jusqu'au bout sa mission périlleuse, et on nous apprend que sa ferme raison a sombré dans les difficultés politiques, comme une barque trop chargée chavire sous la pression des flots et sous l'effort des vents. Cette haute intelligence s'est obscurcie soudain, et ce lucide esprit ne se sait plus conduire. Voyageuse égarée que la nuit a surprise, elle erre dans la campagne sans route, en proie aux terreurs de l'obscurité et aux visions des ténèbres.

Et maintenant, objet de compassion pour ses adversaires attendris, et vivante leçon pour les ambitieux qui s'exaltent, elle traîne du Vatican à Miramar le spectacle d'une misère que sa jeunesse rend plus touchante et son rang plus sacrée. Pareille à ce général aveugle qui acceptait dans son casque inutile l'obole des ennemis qu'il ne pouvait plus vaincre, elle reçoit comme une aumône la pitié des soldats de Juarez et d'Ortega. Qu'elle eût été plus heureuse, si, contente de son château d'Autriche et peu soucieuse des longs voyages, elle eût refusé de mordre aux pommes dorées du Mexique ! et qu'elle eût été plus sage, si, au lieu de courir le nouveau monde, elle eût attendu dans son lit la fortune qui devait lui venir non des mines de la Sonora, mais de l'héritage de son père !

Les princes éprouvés sont trop nombreux pour que je

puisse les plaindre en détail ; je fais un bloc et je gémis. Que de souverains ont vu l'or de leurs couronnes fondre en un jour de chaleur et leurs brebis pillées par les aigles d'un confrère! Grands ducs, petits ducs et petits rois expropriés de leurs États pour cause d'utilité prussienne ou piémontaise redemandent leur héritage à Guillaume, surnommé l'indomptable, ou à Victor, dit le galant homme ; mais à quoi bon ? le succès blanchit, la défaite seule déshonore. Les victoires rapides emportent sur leurs ailes la justice dépaysée, et les conquérants jettent leurs épées dans les balances frauduleuses où se pèsent les destinées des peuples. La liberté s'enfuit au bruit des armées en marche, et la conscience indignée n'a plus pour interprète ici-bas que le vieillard du Vatican, debout sur son rocher sacré.

Après cette tirade éloquente, je m'accorde quelques minutes d'un repos bien gagné et je relis les lignes compatissantes que j'ai consacrées aux puissants de la terre. Je ne crois pas avoir parlé des dieux avec trop d'irrévérence, mais si la mesure est de rigueur la variété ne messied pas. Je me dois à mes concitoyens et ne puis parler trop longuement de princes que je ne connais pas. Aucun souverain, pour peu qu'il ait de la franchise, — et aucun n'en manque, — ne peut dire qu'il m'ait vu mangeant à sa table, foulant ses tapis ou flânant dans sa cour. Aucun d'eux, malgré mon incontestable mérite, n'a encore songé à m'envoyer sa photographie sur un porte-cigare ou sa croix par un chambellan. Et, cependant, il m'est douloureux de ne contempler le portrait des princes que sur des pièces de monnaie trop fugitives et trop rares, et je m'ennuie parfois de ne pas voir à ma boutonnière un ruban large comme un arc-en-ciel et rayé comme un canon.

Le roi de Prusse n'a qu'un rival au monde, c'est M. Victorien Sardou; et la comparaison n'a rien de flatteur pour l'écrivain ni d'humiliant pour le monarque. Alexandre regardait avec envie rouler à ses pieds le tonneau où nichait Diogène, et jugeait que l'orgueil du philosophe qui voulait le soleil pour lui tout seul était de la même famille que l'ambition du roi qui se plaignait de la petitesse du monde. Aujourd'hui comme autrefois, les beaux esprits se rencontrent, se reconnaissent, s'admirent. M. Sardou, mieux logé que Diogène, a des prétentions plus modestes; mais s'il ne prend qu'une part du soleil, il s'attribue le monopole des théâtres et la lumière des rampes. Quant au roi Guillaume, plus accommodant que son prédécesseur Alexandre, il déclare qu'il lui suffit du jardin de l'Allemagne pour que sa grandeur soit à l'aise, et du titre d'indomptable pour que sa gloire soit payée.

M. Victorien Sardou est le laborieux ouvrier de son succès. Il s'est senti dès son jeune âge la vocation dramatique, et, comme Ovide enfant, tout ce qu'il essayait d'écrire avait figure d'alexandrin. Son premier pas fut une chute; sifflé à l'Odéon par les merles du quartier latin, il passa les ponts pour aller demander à Déjazet vieillie les leçons de l'expérience et les conseils de la sagesse. Lisette sexagénaire sourit à cet adolescent qui promettait d'écrire des rôles nouveaux pour une actrice antique et de rajeunir les airs connus de la fauvette qu'écoutaient nos pères. Elle fut sa muse et son interprète, le fit valoir et connaître, joua ses pièces, chanta ses couplets, et lança l'auteur applaudi, qui des fenêtres de son petit théâtre rebondit sur les planches du Gymnase. Depuis lors, M. Sardou compte ses années par ses triomphes et marque de craie blanche chacun des jours que Dieu lui donne. Il est déjà décoré, il est plus que riche, il est encore jeune. Sa vogue persiste, son succès grandit; et, comme auteur dramatique, s'il ne remplit pas tous ses devoirs, il touche au moins tous ses droits.

M. Sardou est héritier de Scribe et continue son commerce. Il a une nombreuse clientèle friande de ses nouveautés, exécute sur commande, livre à l'échéance et tient tous les genres, hors le genre ennuyeux. Habitué, comme un ancien, à prendre son bien où il le trouve et à ramasser des perles sur le fumier des autres, il fond ses emprunts avec son avoir et donne à ce mélange réussi la marque de sa fabrique et le cachet de sa maison. Travailleur infatigable et vraie machine dramatique, il ne gaspille pas une minute de son temps qui vaut cher, et sent qu'il est prodigue dès qu'il demeure oisif. Il faut qu'il produise, année commune, autant de pièces que les théâtres en consomment, et que, sans être né malin, il crée tous les vaudevilles dont s'égaye ce Louis XIV ennuyé qui s'appelle le public. Ingénieux et fécond, il possède au plus haut degré la science de l'effet, l'entente de la scène, et dose l'intérêt semé sur ses cinq actes avec la sûreté de main d'un homœopathe pesant des molécules ; il tire tout le parti possible d'un rien mis en sa place, et tisse avec un art merveilleux ses intrigues, plus légères que la toile où l'araignée prend ses mouches. Il est du temps présent et travaille pour lui. En un mot, c'est un marchand de plaisir, qui le vend cher mais qui en tient.

J'avais eu quelque idée de le comparer à ceux dont la réputation balance ou surpasse la sienne : Dumas fils, Augier, Barrière ; mais je craindrais de ne pas avoir assez de temps pour être court, et de calme pour être juste. J'essayerai cependant de faire tenir en quelques lignes mes conclusions sans leurs motifs. Ceux que je viens de nommer ont de grands défauts atténués par une qualité rare — la volonté de bien faire.

Leurs recherches sont souvent vaines et leurs audaces parfois déçues ; mais dans leurs comédies, même manquées, passent encore, comme dans un miroir terni, un pâle reflet de nos mœurs et l'image effacée des vivants. En outre, mettant entre chacune de leurs productions l'intervalle nécessaire aux enfantements réguliers, ils n'abandonnent leurs œuvres qu'après en avoir fait la meilleure expression de la pensée qui les conçut, et les avoir menées jusqu'à l'extrême frontière de leur génie borné. L'heureux Sardou, au contraire, coupe ses vaudevilles en herbe pour les récolter plus vite et pour jeter au sillon la graine légère d'une moisson nouvelle. Travaillant en vue du bénéfice actuel et non de la gloire future, il atteint son but et est payé selon ses œuvres. Sa littérature facile, qui aide à la digestion des boursiers et au souper des lorettes, me rappelle ces palais élégants que Potemkin construisait jadis avec les glaces de la mer. C'est poli comme un miroir et chatoyant comme un rêve. La lumière y joue, l'œil s'y trompe, mais tout passe avec l'hiver et s'écroule au soleil de mai.

Au moment de signer ma lettre, je m'aperçois que j'ai oublié de vous donner mon avis sur la réorganisation de l'armée, dont on s'occupe fort à l'heure qu'il est. C'est là une omission que je réparerai quelque jour. On trouve que notre armée ne répond pas à nos besoins et que nous avons trop peu de soldats à mettre sous le fusil Chassepot. Tout peut se soutenir en ce bas monde, même et surtout l'erreur. On prétend que dorénavant tous les Français de vingt à trente ans jouiront sans exception aucune des bienfaits de l'exercice et des joies de l'uniforme (1). Je sais plus d'une jeune femme désolée qui n'admet pas pour son mari ce surcroît de dépenses, et craint que le militaire ne fasse tort à l'époux. Quant à moi, qui ait trente ans et quelques lunes, et qui, jusqu'à présent, suis garçon, je ne redoute ni le mécontentement de ma femme ni les exigences de ma patrie. Mais rien ne console de vieillir, et que le projet se réalise ou non, je n'en regretterai pas moins l'âge qui vient et le temps qui n'est plus.

(1) C'est fait; ils en jouissent.

II

Novembre 1866.

LA RÉORGANISATION DE L'ARMÉE, LES GÉNÉRAUX ET LES SOLDATS,
LA CLÉMENCE DU CZAR ALEXANDRE
ET LA REVANCHE DE Mme DE METTERNICH.

Jadis, les lauriers de Miltiade troublaient le sommeil de Thémistocle; aujourd'hui, les victoires de la Prusse nous empêchent de fermer l'œil, et il est dur de ne pouvoir dormir. La Prusse, qui a moins d'habitants que la France, peut mettre sur pied ou à cheval un aussi grand nombre de combattants ; et quand le roi Guillaume éprouve l'envie de conquérir une province, il emmène avec lui une telle multitude de guerriers qu'il est difficile de les voir et fatigant de les compter tous. Or, notre pauvre pays ne peut mettre qu'à grand'peine sept cent mille hommes sous les armes, et encore convient-il de retrancher de ce total insignifiant les malades, les traînards, les musiciens et le général en chef.

On le voit, les chiffres parlent, et rien n'est plus éloquent que les chiffres, pas même un long discours de M. Rouher inspiré. Par le dieu Mars et par Bellone, nous ne pouvons permettre qu'une puissance voisine nous humilie par le nombre prodigieux de ses bataillons grossis, et il nous faut augmenter ce matériel vivant qui s'ébrèche aux batailles. Quand la grenouille se mêle d'égaler le bœuf, le bœuf, à peine de déchoir, doit s'élancer sur les traces de l'éléphant. Aussi, nous réorganisons l'armée sur de plus larges bases, en nous efforçant de nous conformer à l'esprit français et aux exemples prussiens. On tient conseil, et les généraux en travail, plus heureux qu'André Chénier, se frappent le front pour en faire tomber des plans de campagne et des projets de réforme. C'est en montrant des dispositions belliqueuses qu'on prouve son amour du repos, et quand on veut une paix durable on prépare une guerre à aiguille. O Tite-Live ! c'est toi qui l'as dit, et tu jugeais sainement les hommes et les choses.

J'avouerai, dussé-je me perdre dans l'esprit d'une multitude de gens, que les grandes armées m'effrayent encore plus que les longs discours. Avec l'argent que coûte leur entretien, que d'écoles on pourrait ouvrir, que de routes on pourrait tracer, que de misères soulager, que de progrès réaliser ! Est-ce que notre légitime influence et notre antique honneur montent ou baissent avec notre armée augmentée ou réduite, et ne pouvons-nous vivre du revenu de nos victoires capitalisées ? Je voudrais que l'on fût soldat comme on est artiste ou comme on devient millionnaire, par vocation ou par accident, et je suis convaincu que l'on se battrait plus résolûment encore si on le faisait par plaisir et non par nécessité. Aujourd'hui, on arrache un pauvre diable à sa charrue qui ne peut marcher sans lui, et sept années durant on lui interdit l'espérance d'être riche et la possibilité d'être père. Jacob resta sept ans au service de Laban, homme riche en filles et en moutons ; mais au moins il avait la certitude d'avoir quelques-unes des filles en mariage et plusieurs des moutons en dot.

Si c'est un plaisir d'être soldat, ce n'est pas une sinécure : on ne retire pas toujours son épingle du grand jeu des batailles, et on achète trop souvent une gloire immortelle au prix d'un membre périssable. Il est pénible de s'en aller complet et de revenir dépareillé, si tant est que l'on revienne, et je doute que l'agrément de culbuter Russes ou Prussiens fasse oublier la perte du bras qui tenait la plume ou qui levait le verre. Triste de devoir sa jambe non plus à la générosité de la nature, mais au bois du poirier voisin ; triste aussi d'exposer pour des intérêts discutables et des ambitions inutiles une guenille qui nous est chère et dont nous avons le placement. Mourir pour la patrie menacée, c'est un devoir ; se battre sans nécessité, c'est une vocation ; et ces quelques mots résument tout le système militaire dont je rêve l'application : pour les expéditions lointaines, des volontaires ; pour la défense du territoire, le peuple entier. Qui donc, au cas échéant, pour conserver le large trésor des libertés dont il jouit, se refuserait au maniement des armes et aux fatigues de l'exercice ? Tout le monde briguera l'honneur de faire partie d'une garde nationale véritablement nationale, et cette institution, aujourd'hui méconnue, reprendra sa raison d'être dès qu'on aura fait disparaître ses raisons de n'être pas.

Nous n'en sommes pas encore là, et il n'est pas

question d'une transformation radicale, mais de l'accroissement d'une troupe déjà nombreuse. C'est aux gros bataillons qu'appartient toujours la victoire, dit un proverbe accrédité, et je me demande si ce proverbe fameux n'est pas démenti par les leçons de l'expérience et les enseignements de l'histoire. Je prends mon premier exemple dans des temps d'une incontestable antiquité, mais si je remonte aux jours passés, je descendrai aux jours présents. Quand Alexandre s'élança à la conquête de l'Asie, il n'emmenait avec lui, nous dit Diodore, que trente mille fantassins et trois mille cinq cents cavaliers; et il dut sembler aux politiques d'alors que les ressources du général n'étaient point proportionnées à la grandeur de l'entreprise, et que sa faible escorte n'était qu'un point perdu d'avance dans l'immensité du monde à conquérir. Mais ces vieilles phalanges, rompues aux fatigues et amoureuses des combats, avaient déjà vu fuir les Thraces au mont Hémos, les Gètes aux rives de l'Ister, Démosthènes à Chéronée, et ne s'étaient arrêtées au sac de Thèbes que devant la maison de Pindare, rendue sacrée par le génie de son maître. Avec leur aide, le conquérant force le passage du Granique et balaye les Perses innombrables aux champs d'Issus et d'Arbelles. Dans une journée de victoire, Alexandre s'empara de la femme et de la fille de Darius, et il eut la délicatesse de les renvoyer sans rançon, quoiqu'il eût trente ans et le droit du vainqueur. Bel exemple que Scipion suivit et que Bayard imita!

Croyez-vous qu'il fut médiocre capitaine cet Annibal

qui ramassait par boisseaux les bagues des chevaliers romains, tombés dans le désastre de Cannes? Il marchait avec une armée restreinte, mais animée de son génie et instruite à ses exemples, et il ne fut arrêté dans ses victoires rapides que par la prudence de Fabius, utilisant les restes des légions mutilées. Si des fameux anciens je passe aux illustres modernes, je trouve que c'est avec vingt mille hommes seulement que Turenne et Condé firent ces mémorables campagnes qui ajoutèrent les rayons de la gloire militaire au soleil levant du grand roi. Ce ne fut pas avec des masses nombreuses, mais avec une brave élite, que Frédéric II conquit la Silésie, tint tête aux trois impératrices dont ses bons mots lui avaient attiré la redoutable inimitié, et joua au prince de Soubise le joli tour de le battre à Rosbach. Voltaire, qui trouva l'aventure originale, en rit beaucoup pour le compte du roi de Prusse, qui lui paya plus tard en coups de bâton la monnaie de ses pièces de vers et le salaire de ses leçons de philosophie. C'était là s'acquitter en roi et nous consoler de Rosbach. Mais Voltaire avait trop d'esprit pour s'en fâcher et trop de santé pour n'en pas guérir.

J'arrive maintenant à l'homme-canon par excellence, à ce grand dominateur qui se dresse sur le seuil de ce siècle déjà vieux. Quelles furent, je le demande, les plus belles campagnes de Napoléon, et, quand le maître du vaste monde fit-il preuve de plus de génie pour le conquérir et de ressources pour le garder? L'admirez-vous lorsque, répandant au nord et au midi ses innombrables armées, qui roulaient comme des torrents débordés, il se heurta d'un côté à la résistance d'un peuple, de l'autre à l'inclémence du ciel, et lorsque, marquant sa route des cadavres de ses soldats couchés par milliers sur le sable brûlant ou les neiges durcies, il renouvela le terrible spectacle des folies de Cambyse et du désastre de Varus?

Quant à moi, je le préfère dans ces luttes éblouissantes qui signalèrent son aurore et son déclin, général aux cheveux flottants, empereur au front penché! D'abord aux jours d'Arcole et de Rivoli, quand, promenant sa petite armée au milieu des vieilles bandes autrichiennes, rapide comme l'aigle qu'il devait prendre pour emblème, et regardant au ciel bleu d'Italie se lever l'étoile éblouissante qui marchait devant lui, il se révéla de la race des Alexandre et du sang des Césars. Puis, plus tard, dans la campagne de France, à l'heure de ses derniers triomphes, lorsque, seul contre l'Europe coalisée, et bondissant sous l'aiguillon du malheur, il se retrouva tout entier et jeta l'éclat radieux du soleil à son déclin.

Qu'ai-je donc voulu prouver par cette longue et incomplète énumération de généraux et de victoires? C'est qu'à la guerre comme en toute autre chose le génie triomphe des résistances nombreuses et de la matière aveugle; c'est qu'un seul homme peut en valoir cent mille autres, et qu'une seule épée jetée dans la balance des batailles pèse plus dans le plateau où elle tombe que ne fait dans l'autre la masse brutale des légions mal conduites. L'habileté supplée au nombre, l'adresse à la force, et la fronde de David a raison de la massue de Goliath. L'art de la guerre, a dit Napoléon, consiste à se montrer le plus fort sur un point donné. et, pour atteindre ce résultat, il suffit de troupes qui sachent manœuvrer, placées sous un général qui sait vaincre. Les bons soldats se trouvent toujours ; l'oiseau rare, c'est le général habile. Je ne me plains pas, à coup sûr, de la rareté de ces phénomènes belliqueux, car l'histoire nous démontre la faible distance qui sépare les épées des couronnes, et les généraux des empereurs. C'est dans l'ivresse des victoires que l'on rêve le passage des fleuves et l'escalade des trônes, et trop souvent les capitaines habitués au maniement des hommes ont puisé dans l'habitude de les vaincre la pensée de les asservir.

Je n'ai plus qu'un mot à dire pour épuiser ce sujet, que je traite sans compétence, mais non sans plaisir. J'ai entendu dire à des militaires constellés portant étoiles aux épaulettes et décorations au pourpoint, qu'une armée de cent mille hommes était le maximum de ce qu'un général, si grand qu'on puisse l'imaginer, pouvait conduire de la main et surveiller du regard. Le génie de l'homme a des limites qu'il ne faut pas dépasser, sous peine de rendre ses efforts inutiles et ses conceptions stériles. On ne se rend pas compte de l'espace que couvrent les grandes armées, des soins qu'il faut pour en diriger les tronçons épars et les conduire en pays ennemi au lieu même où ils peuvent servir, des difficultés des communications, et du temps qui s'écoule entre un ordre donné et un ordre transmis. Joignez à cela le désordre inséparable des batailles même rangées, le bruit et la fumée des canons qui tonnent sans relâche, et vous comprendrez ce qu'il faut au chef de pénétration et de puissance pour tout prévoir et tout réparer, régler ces sanglantes parties d'où dépend ce qu'il y a de meilleur dans l'humanité, toujours la gloire, parfois la liberté, et lire dans la mêlée qui s'engage, comme dans un livre ouvert dont on suit les détours et dont on connaît la fin.

Ma conclusion, car il faut toujours conclure, c'est que l'art de la guerre ne peut s'exercer que par des artistes, et que là, comme partout, l'esprit triomphe de la matière et l'élite du grand nombre. — Mais je crois que je l'ai déjà dit. Quand j'entends prétendre qu'à moins d'un million d'hommes on ne peut faire que la petite guerre, et que je vois cette opinion se répandre, je me reporte au temps où des peuples entiers se déplaçant sous la conduite des Attila et des Timour marchaient à la conquête d'une autre patrie, et, renversant dans leur course furieuse les forêts et les cités, frappaient de stérilité et changeaient en désert l'espace où s'étaient dressées leurs tentes. Ces mêlées confuses où s'entre-choquent des multitudes armées sont à la fois l'enfance et la décadence de l'art. Ce sont des œuvres de soldats où le chef n'entre pas. Comme dans les parcs de Compiègne ou de Rambouillet, chacun tire éperdument sur le gibier qui passe à portée des fusils ornés d'aiguilles ; le soir venu, des rabatteurs impartiaux font le relevé des pièces abattues, afin de constater par le nombre des victimes de quel côté s'est rangée la victoire.

En voilà assez sur la réorganisation prochaine de cette vieille armée française qui, suppléant au petit nombre par l'extrême bravoure, avait suffi à la garde du pays, à l'occupation de Rome, à la répression des Arabes et à la conquête du Mexique ; j'ai envie de parler d'autre chose au moment où je n'ai plus le temps de rien dire. Doré illustre La Fontaine, et voilà de quoi admirer ; le prince de Galles n'est pas tombé de cheval, et voilà de quoi se réjouir ; l'empereur de Russie fait grâce aux Polonais déportés, et voilà de quoi s'étonner.

Toutefois, informations prises, j'ai reconnu qu'il ne fallait pas prendre au sérieux la miséricorde du czar, et mon étonnement n'a pas eu le temps de grandir. Le magnanime empereur ne vide pas ses trésors de clémence et fait des grâces souveraines un usage qui ne le ruinera pas. Les condamnés aux travaux forcés de la Sibérie perpétuelle auront le droit de rester comme colons dans cet Eldorado où ils ont travaillé comme forçats. Ni leur patrie, ni leurs droits civils ne leur seront rendus, car il ne faut pas abuser des grandes vertus royales, dont la clémence est la première. On conviendra que Titus n'est pas encore dépassé, et qu'on pouvait mieux attendre de la générosité d'un empereur mariant son fils. Le czarewitch se porte bien, mais on assure que la princesse Dagmar est malade. Est-ce des émotions de son premier début ou des sensations de son second baptême ? Toute étrangère qui épouse un Russe change de nom et de religion ; on la débaptise et on la rebaptise. La première cérémonie est toute simple, mais la seconde est bien froide. On improvise un fleuve de convention et un Jourdain de famille, et on plonge la nouvelle convertie dans l'eau sacrée où se purifient les taches de l'âme et les souillures du corps. On dit que la princesse Dagmar se prêta de bonne grâce à ce bain symbolique, ne demandant d'autres adoucissements à l'usage que beaucoup de feu et peu de témoins.

Que dire en terminant, si ce n'est que les rois s'amusent et que la cour est en fêtes? On a chassé dans les tirés de Marly, et les grandes dames du monde échangeant, sans que leur grâce y perdît rien, le sceptre indulgent contre le fusil meurtrier, ont rappelé aux poëtes officiels le souvenir des Dianes chasseresses qui laissaient aux rives des fontaines ou sur les sentiers du bois l'empreinte de leurs pieds divins. La princesse de Metternich a daigné tuer de sa main blanche cinquante-huit pièces dont voici le dénombrement :

Chevreuils,	3
Lièvres,	1
Lapins,	10
Faisans,	40
Perdrix,	1
Râles,	2
Pièces diverses,	1

Quel agréable total et quelle revanche de Sadowa! Ah! si chacun des soldats de l'Autriche avait tué autant de Prussiens que l'ambassadrice a tué de faisans, la face des choses eût été bien changée, et jamais

Vienne n'eût vu la fumée du camp ennemi. Mais à quoi bon se plaindre quand il y a tant de sujets de se consoler ? La victoire de la princesse sur les faisans de Marly est une victoire sans larmes et qui peut nourrir le vainqueur.

III

Décembre 1866.

MM. SAINTE-BEUVE, DE VIGNY ET GAVARNI.

Je viens de lire ou plutôt de relire les derniers *Nouveaux Lundis* de M. Sainte-Beuve, membre de l'Académie et du Sénat français. Je comprends bien pourquoi M. Sainte-Beuve s'asseoit de temps à autre dans un des quarante fauteuils de Jouvence que l'Académie décerne ; mais, à moins qu'il n'ait pour le luxe un penchant qu'aurait condamné son confrère Dupin, dont Dieu a disposé, je ne m'explique pas qu'il se soit embarqué dans la galère dorée du Luxembourg. Ce qu'Orosmane disait à Zaïre, on peut le répéter à un sénateur que l'on tutoie. — Si on ne le tutoyait pas, le vers n'y serait plus.

L'art n'est pas fait pour toi, tu n'en as pas besoin.

M. Sainte-Beuve, qui est artiste jusqu'au bout des ongles, pouvait se contenter de rester académicien ; mais nul ne peut se contenter, et le propre de l'homme c'est de désirer ce qui lui manque et de s'en lasser dès qu'il l'a. Je ne dis pas cela pour M. Sainte-Beuve, qui peut occuper au Sénat une place à laquelle son genre d'esprit le rend merveilleusement propre, celle de critique, dont personne ne veut. Mais le nouveau sénateur, quoique sachant que la critique est aisée, est trop économe pour troquer le silence d'or contre la parole d'argent.

M. Sainte-Beuve étant lu de tout le monde n'est détesté de personne, et, comme il n'est pas sans péché, il écrit pour qu'on lui pardonne. Rien n'est plus varié que ses causeries du lundi, qui sont des portraits achevés. Rien n'est vivant et vrai comme ces pages écrites pour toujours par une main si vive lorsqu'elle égratigne, si légère quand elle caresse, si fidèle quand elle retrace. L'art s'y cache comme la rosée dans l'herbe, et ces œuvres jetées au vent qui les rassemble paraissent la naturelle et perpétuelle floraison d'un esprit qui ne connaît ni les mortes, ni les arrière-saisons. La critique ainsi entendue est une création personnelle et une fonction virile; et ici je m'arrête pour saisir un souvenir de l'Arioste qui traverse ma mémoire. La scène, je crois, se passe en Paradis, et, bien que je n'ose affirmer que M. Sainte-Beuve jouisse jamais d'une place dans la plus humble des maisons de son père et du mien, je ne veux pas, pour si petit doute, ramener sur terre ma fantaisie qui s'égare en un lieu plus haut et mieux peuplé que le Sénat. Je sais que cette dernière affirmation est d'une audace presque folle, mais enfin Dieu peut tout et le Sénat n'est pas tout. Or donc, suivant l'Arioste, il y a dans un coin du ciel un lac profond où nagent de beaux cygnes blancs. Un vieillard passe son temps à jeter aux eaux du lac de petites étiquettes qui surnagent un instant, puis disparaissent sans retour. Ces étiquettes portent le nom de tous les hommes qui meurent, et comme il en meurt sans cesse, le bon vieillard n'a pas un instant de repos. Les flots qui les submergent sont les flots de l'oubli, et tout s'explique, moins les cygnes. Voici le rôle de ces harmonieux nageurs. Sitôt que les petits paquets sont devenus la proie de l'eau qui les recouvre, les cygnes plongent en désespérés et reviennent à la surface, tenant parfois entre leurs becs ces épaves arrachées au naufrage éternel et à la mort sans souvenir. Puis, gagnant le temple de mémoire bâti sur les bords de la mer des oublis, ils déposent entre les mains des Muses ces noms glorieux qui doivent briller aux frontons des hommes immortels. Eh bien, car c'est là que j'en voulais venir, je me figure la grimace que feront ces oiseaux sans tache et plus blancs que l'hermine en apportant aux Muses le nom de Sainte-Beuve sauvé des eaux. Je dis Sainte-Beuve tout court comme fera la postérité, toujours familière envers ceux dont elle garde le souvenir et dont elle aime les ouvrages.

J'ai remarqué dans ce charmant volume une vraie causerie à aiguille dont le feu roulant eût tué M. de Vigny, s'il n'eût pris la précaution de mourir auparavant. On doit la vérité aux morts, soit ; mais M. Sainte-Beuve a payé plus qu'il ne devait et, pour sûr, y a mis du sien. M. de Vigny est peint et atteint au vif dans cette implacable étude, et il expie maintenant cette faculté de déplaire à lui donnée dès le berceau par la mauvaise fée, qui rend stériles les présents des fées indulgentes. Je me souviens d'avoir dîné chez des parents communs, en compagnie de ce d'Arlincourt réussi, et je le vois encore, étudiant ses poses, composant ses phrases et lançant au lustre du plafond le fier regard de l'aigle au soleil. Il chassait au galop le naturel effrayé et se remplissait de lui à déborder sur les autres, mais il avait tant de sérénité dans l'auréole et de béatitude dans la gloire, que son orgueil était une religion dont les athées n'osaient médire. Avec et malgré tout cela, écrivain de rang élevé et poëte de haute volée. Quand M. Sainte-Beuve range *Cinq-Mars* parmi les œuvres nulles, il n'est que dur; mais quand il marchande l'éloge au livre intitulé : *Grandeur et Servitude militaire*, il devient injuste, et je réclame. Ce livre est un de ceux qui honorent le plus la plume qui les rédigea et le cœur qui les a pensés.

Je ne veux pas rentrer à présent dans le débat fameux qui s'ourdit jadis à l'Académie entre le récipient Molé et le récipiendaire de Vigny, je sais seulement que les hommes d'État comme le premier, le pays en compte plusieurs, et que de poëtes comme le second, la France n'en fournit pas dix en cent ans. Si, justement blessé du ton hautain de M. Molé, M. de Vigny refusa de se laisser conduire aux Tuileries par un collègue qui l'avait offensé, j'approuve jusque dans leurs excès ces susceptibilités fières. En somme, les qualités éminentes de M. de Vigny et celles dont M. Sainte-Beuve ne s'est pas constitué juge sont ce respect de soi-même, cette fierté démodée et cette haute pudeur qui se fût effarouchée non-seulement d'une action, mais même d'une pensée servile. Il est mort, ayant quitté jeune encore l'épée, qu'il trouvait bonne, pour la plume, qu'il jugeait meilleure, et n'ayant jamais poursuivi par le sentier des lettres les uniformes à collet brodé et les glaives à pommeau d'or. Il est mort presque seul, mais se suffisant à lui-même, un peu oublié, mais certain de se survivre, doutant de Dieu, mais ne devant rien aux hommes.

En parcourant d'autres causeries consacrées à d'autres personnages, je pourrais dire à M. Sainte-Beuve qu'il a trop surfait Gautier en l'égalant presque à Musset. Après Alfred, Théophile : soit — *longo sed proximus intervallo*. S'ils se suivent, c'est de très-loin et à la distance respectueuse d'un soldat escortant son général. Mais je me restreins aux trois articles excellents consacrés à Gavarni et qui resteront comme une merveille de critique et un modèle de jugement. Je compte y puiser largement, pour m'acquitter de ce devoir funèbre qui nous oblige à célébrer les morts illustres et à jeter sur leurs tombes les fleurs de la rhétorique et de la poésie. A quoi bon tous ces discours, disait Bossuet à la fin d'un plaidoyer qui avait duré deux heures : le plus beau d'entre eux ne vaut pas le geste du Christ ressuscitant Lazare. Mais où Dieu agit l'homme parle, et c'est toujours ça. Tout disparaît, rien ne reverdit, et le siècle, autrefois si fécond, se stérilise et se dépouille. Les grands hommes s'en vont, les petits restent.

Gavarni était né sous le Consulat comme tant d'autres qui ont brillé et qui sont déjà morts. Il s'appelait Chevalier, mais il y avait renoncé. Comme le brillant Athos, un des quatre mousquetaires de M. Dumas, il prit un nom de montagne pour son nom de guerre. Il devint vite un crayon célèbre et n'attendit pas la gloire ; il commença par dessiner des vêtements pour les journaux de mode et des costumes pour les pièces nouvelles. Mieux que personne, au gré des tailleurs, il réussissait l'habit noir ; mieux qu'aucun autre, au goût des actrices, il inventait des toilettes appropriées à l'esprit du rôle et à la tournure du sujet. Dans un de ses premiers caprices de crayon, il créa le costume de débardeur, engageant et léger, qui voile tout et ne cache rien. S'il faut en croire M. Sainte-Beuve, homme compétent, Gavarni aurait refait un Pierrot original et neuf, si plein de grâce et de mollesse, qu'il serait le vêtement de l'Amour, si l'Amour pouvait se vêtir.

Mais il fit mieux qu'étudier l'habit, il étudia l'homme et la femme, sans laquelle il n'y aurait pas d'hommes. On se souvient de cette myriade de dessins charmants qui, n'était le sérieux sous le léger et la légende sous le croquis, sembleraient nés de la fantaisie d'un Watteau ou du caprice d'un Fragonard. Lorettes jeunes ou vieilles, enfants terribles, maris trompés, amants heureux ou moqués, pris aux diverses étapes ou aux accidents variés du voyage de la vie, et passant devant nous comme un défilé de masques connus ou devinés, nous donnent le spectacle de la misère humaine et nous jettent le mot pour en rire. Comme ils ont l'air nature et comme ils prennent toutes les poses ! Debout, assis ou étendus, dans l'attitude nonchalante de l'amour et du repos, ils trahissent pour nous les secrets de la comédie qu'ils jouent entre eux ; rien qu'à l'air du visage et aux mouvements du corps, on sait ce qu'ils pensent, on entend ce qu'ils disent, on devine si l'amant est discret, si Madame est fidèle, et si Monsieur a été, est ou doit être ce que Molière disait en public et fut en particulier.

Comment, après avoir parlé des dessins, ne rien dire des légendes qui les commentent? La plume vaut le crayon, le croquis parle et le mot porte. Gavarni est un satirique aimable et un philosophe indulgent. Il peint l'homme tel qu'il le voit, sans l'abaisser outre mesure ou le glorifier sans raison, et tient le milieu entre les Alcestes tournés au noir et les Philintes couleur de rose. Sa gaieté n'a rien d'amer, sa tristesse rien de poignant, sa morale rien de sévère. De temps en temps il a des notes attendries que ses doigts effleurent et une larme vite essuyée qui brille entre deux sourires. M. Sainte-Beuve rappelle deux mots de lui, l'un presque ému, l'autre vraiment bon. « Petit homme, dit la femme du prisonnier pour dettes, rendant avec ses enfants visite à son mari, petit homme, nous t'apportons ta casquette, ta pipe d'écume et ton Montaigne. » Le Montaigne est ici plus touchant encore qu'il n'est gros, et Dieu sait s'il est gros. L'autre dessin nous montre deux bons vieux descendant de quelque cabaret de barrière et ayant puisé dans le vin la vérité qui console. « Vois-tu, Sophie, il n'y a que deux espèces de monde, les braves gens et puis les autres. » Dans la pensée de Gavarni les braves gens sont aussi nombreux que « les autres », et il y en a assez dans les Sodomes d'aujourd'hui pour détourner le feu du ciel. Ces innombrables légendes si trouvées et si variées sont, à vrai dire, des maximes que je juge aussi consolantes que celles de La Rochefoucauld, aussi justes que celles de Vauvenargues, aussi neuves que celles de Joubert. Il n'a peut-être manqué à Gavarni pour être un philosophe célèbre que le tonneau roulant ou le manteau troué, c'est-à-dire le naïf orgueil d'une belle âme un peu fêlée qui fuit dans les salons, s'épanche en public et pense en antithèses.

Ceci m'amène à parler de Gavarni littérateur, car il a fait des vers que cite M. Sainte-Beuve, et un roman que M. Sainte-Beuve analyse. Ce roman commence dans un omnibus que Satan conduit en personne. La pluie tombe, les voyageurs montent, et parmi eux un jeune homme et une jolie femme, comme on devait s'y attendre. Le grand artiste et la grande dame se sont rencontrés par la volonté du diable, ils se retrouveront par la grâce de Dieu et l'attraction de l'amour. L'amour !... il faut s'entendre. Ce roman inachevé est une étude de caractères et une analyse de sentiments. Michel, le poëte artiste, comme le Clitandre des *Femmes savantes*, aime de toute sa personne, et rêve un mariage et tout ce qui s'ensuit. Il parle comme un livre et écrit comme un ange. Il est épris de l'idéal, mais il le loge dans une matière palpable et dans un corps tangible. La femme, qui n'entend pas de cette oreille-là, cache son nom, ne découvre que sa figure et ne livre que son esprit. Elle est mélancolique et sentimentale, a de la religion et de l'appétence, lit les romans de George Sand et fait maigre le vendredi. M. Sainte-Beuve insinue qu'en 1835 le faubourg Saint-Germain devait compter plus d'une jeune femme de ce modèle. Il eût pu dire que dans tous les faubourgs il existe des femmes qui, mêlant le profane au sacré, s'accordent la riante pensée des vilaines actions et se permettent le rêve aimable des réalités repoussées. Elles vont à la messe et lisent des romans, cherchent l'amour et évitent la chute. Ces femmes-là, ce sont des cygnes : elles restent blanches et mangent de tout.

Michel lui peint un autre monde où elle ne veut pas entrer et qu'il appelle l'amour. Elle se fâche, il veut lui souffler ses idées, et je ne sais si elle approuve ou comprend. « Tiens, Marie, lui écrit-il, laisse-moi te dire qu'un de mes plus doux souhaits aurait été de te donner cette noble indépendance de la raison, cette fierté dans ce que l'homme a de plus fier, la pensée. Chère orgueilleuse! que j'aurais aimé à souffler sur ton front, entre deux baisers, cette puissance de tout voir sans éblouissement ;... j'aurais surtout aimé à te voir sourire dédaigneusement au nez de tous ces valets de l'intelligence, qui vont, la livrée au cerveau, servant chacun quelque chose à tout le monde, — Pierre, une philosophie, Paul, un scepticisme ; — celui-ci une croyance, celui-là un blason... Je t'aurais montré : ceci est un maçon, ceci est un marquis, mais ceci est un homme... » Il demande trop, dit avec raison M. Sainte-Beuve ; une femme ne peut être à la fois sœur et maîtresse : la philosophie et l'amour ne poussent pas aux mêmes sentiers, et c'est une grande erreur que de demander deux floraisons au même arbre et de vouloir loger l'esprit de l'homme qui pense dans le cœur de la femme qui aime.

Michel le sent bien et le dit mieux encore. « Pourquoi, s'écrie-t-il, ne pas être doucement joyeux ? Avec les lettres, les sciences, les arts, nous avons encore l'amour, l'amour qui vaut tout cela, cent fois tout cela ! mais l'amour enfant, blond, caressant, l'amour païen, — chrétien même, bon Dieu ! si vous le voulez à toute force, — vous voyez que je n'y tiens pas, pourvu qu'il ait un peu de malice et qu'il soit tout nu et bien gentil. » Cependant Marie n'est ni vaincue, ni soumise, et le roman finit par la rupture de ces deux êtres qui s'étaient arrêtés un instant sur un chemin qu'ils n'étaient pas faits pour courir ensemble. Mais ces pages que l'on doit à M. Sainte-Beuve d'avoir lues, sont bien curieuses en ce qu'elles nous montrent un coin du cœur de *Michel* Gavarni. Elles nous disent que ce grand railleur eut ses heures d'oubli et de jeunesse, et que l'amour poursuivi laissa aux mains blessées du rêveur la piqûre de son aiguillon et la poussière de ses ailes.

Je quitte, le temps me pressant, le lettré pour l'artiste.

Vers 1847, Gavarni fut en Angleterre, où il resta quatre ans. L'aristocratie l'avait appelé, le peuple le retint. Il fréquenta les tavernes vineuses et les lieux mal famés, et peignit d'après nature ces légions de bandits et de prostituées, de boxeurs misérables, qui naissent comme une vermine des plaies de la libre Angleterre. Il visita les campagnes et les cités, et, fortement ému au spectacle de cette misère sortant des entrailles de cette terre que Dieu avait faite si belle et féconde, il sentit son génie grandir et ramassa ses meilleures perles sur les fumiers des Jobs britanniques. Qu'on regarde une planche intitulée « Convoitise ». Un ciel gris, le froid dans l'air, un champ dépouillé, un long bâton au sommet duquel se balancent au vent des lambeaux de vêtements destinés à l'épouvante des oiseaux; à côté, un mendiant d'Irlande, fénian d'aujourd'hui, vêtu de rien, jaloux de tout, regarde avec des yeux cupides ces guenilles inutiles dont son corps qui grelotte aurait besoin et a envie. *Res sacra miser*, disent les poëtes.

De retour en France, Gavarni, transformé et agrandi, jette au public ses dernières séries de dessins. Il entre dans sa manière sombre, pousse au noir, serre l'idée d'un crayon plus vigoureux et plus sûr, et, voyageur revenu de loin que la route a lassé, nous peint le triste tableau des piéges où nous avons donné, et les spectres hideux des illusions dont nous avons vécu. Voyez passer ce Thomas Vireloque jugeant les sinistres acteurs de la farce humaine, et écoutez les sentences de ce moraliste enguenillé piquant du bout de son crochet « le roi des animaux » que l'ivresse a fait plus ignoble que le dernier de ses sujets ; Gavarni se déride encore. Parcourez d'un bout à l'autre la galerie des « invalides du sentiment ». Ils sont là tous, ceux qui ont conservé les désirs après avoir perdu la puissance, Jocondes vieillis, Chérubins débouclés, condamnés à ne plus voir qu'au mirage des eaux qui s'enfuient l'image des amours passés et des appétits perdus.

Que de choses, et des meilleures, je suis obligé d'omettre ! Vers la fin de sa vie, Gavarni sacrifia de plus en plus à sa muse préférée, — la géométrie descriptive. Je ne puis m'expliquer qu'il ait allié les arts légers aux sciences abstraites, à moins que le trait d'union ne fût ce point philosophique et réfléchi qu'il avait dans l'esprit. Il traça peut-être plus de chiffres que de dessins, se posa des problèmes et pensa les résoudre, chercha la quadrature du cercle et crut l'avoir trouvée. Il fut poëte par occasion, romancier à ses heures, mathématicien avec passion, artiste avec amour, jardinier avec délices. Il avait du côté d'Auteuil un jardin que bordait la Seine, retraite favorable au travail, nid charmant, sous les rameaux, les gazons et les fleurs. Il bêchait, sarclait, plantait, et mariait dans son petit domaine les arbres exotiques au marronnier vulgaire, comme s'il eût voulu varier les ombrages sous lesquels s'abritait sa double nature de savant et d'artiste. Mais sur ce riant coin de terre se leva le jour de M. Haussmann, et les arbres de Gavarni tombèrent comme tombent les arbres du Luxembourg.

La solitude devint tumulte, le jardin devint boulevard ; car rien ne peut subsister maintenant des choses qui gardent encore les attraits défendus de la solitude et du silence.

Gavarni ne survécut pas longtemps à ses habitudes perdues et à ses affections détruites. Il est mort laissant un grand vide et un long souvenir. Dans ces lignes incomplètes et rapides, j'ai eu, non la prétention de le juger, mais le désir de parler de lui. Sa mort, qui remonte à quinze jours, est déjà de l'histoire ancienne, et, si je n'ai pas saisi plus tôt l'actualité aux cheveux, c'est qu'à mon sens il est toujours temps d'écrire sur ceux dont les noms ne sauraient périr.

> Pour les rares élus dont la perte est un deuil,
> Le regret n'a pas d'âge et le temps n'a point d'ailes.

IV

Janvier 1867.

M. LECONTE DE LISLE ET SA TRADUCTION DE *l'Iliade*.

J'ai vécu la semaine dernière en compagnie des Grecs. — Qu'on se rassure, je ne parle pas des Grecs modernes.

Je veux parler des héros irréprochables dont les exploits furent chantés par l'aveugle et vieil Homère : Agamemnon, le roi des rois, Ajax, au large bouclier,

Achille, aux pieds rapides, et Ulysse, aux ruses sans nombre. J'en passe et des meilleurs. Aucun de ces gens-là n'était né sans le concours d'une divinité complaisante, et tous se vantaient d'avoir un parent haut placé dans le ciel ou dans les flots. Vénus et Neptune faisaient parfois hors des mers des excursions profitables à la race humaine, et le père des Dieux était celui de beaucoup d'hommes. O temps heureux que celui où les Immortels, égayés d'ambroisie, revêtaient, pour séduire les nymphes de la terre, le plumage d'un cygne, la forme d'un taureau ou les habits d'un jeune homme pauvre. Aujourd'hui, les nymphes civilisées, méconnaissant le Dieu sous son costume d'emprunt, mettraient le cygne dans un bassin, le bœuf à l'écurie et le jeune homme pauvre à la porte.

Que le nouveau traducteur de l'*Iliade*, M. Leconte de Lisle, me pardonne si je blasphème et me reprenne si je me trompe, mais j'ose dire que, entre les temps fabuleux et les nôtres, on peut faire plus d'un rapprochement et trouver plus d'une ressemblance. Les Dieux se sont envolés, les héros se sont évanouis, mais l'homme est resté, et les passions sont éternelles. Je suppose qu'un des jeunes gens de ce siècle vulgaire se prenne d'amour tendre pour une blonde aux cheveux d'emprunt. Si la belle le quitte pour un noble étranger venu soit d'Amérique, où les oncles pullulent, soit de Russie, où germent les boyards, le jeune homme, justement irrité, ira regretter sous sa tente son doux rêve évanoui, et, fuyant les loges des théâtres et les allées du bois, refusera de prendre part aux rudes batailles de la vie. Changez les noms, les temps et les lieux, mettez la lyre aux sept cordes entre les mains d'un poëte aveugle, et vous avez Achille pleurant Briséis aux belles joues, que lui a enlevée le prince des peuples, Agamemnon. Le monde est plein de Pâris, et les modernes Hélènes s'adressent à M. Lachaud, qui a l'expérience de Nestor et la faconde d'Ulysse. Aujourd'hui, Ménélas plaiderait pour se séparer de sa femme aussi longtemps que jadis il combattit pour la reconquérir. Seulement, dans l'épopée antique, après dix années de séparation, Hélène est toujours belle, Ménélas toujours épris, et c'est là ce qui atteste la valeur des héros et le pouvoir des Dieux.

Le monde, en vieillissant, n'a pas changé d'humeur, et les peuples frères ne laissent pas passer un lustre sans convier aux combats sanglants leurs guerriers aux vilaines cnémides. Les Grecs se battaient pour les beaux yeux d'une femme, nous guerroyons pour le cours d'un ruisseau. Ils faisaient des siéges de dix ans; nous en avons entrepris qui durèrent onze mois. C'est dans la noblesse des motifs qui nous font courir aux armes et dans la façon vive dont nous prenons une ville, qu'éclatent la différence des temps et le progrès des sciences. Seulement, aussi humbles de cœur que simples de langage, nous nommons guerre et bataille ce que les anciens appelaient Mars ou Bellone, et d'une chose toute simple nous ne faisons pas une divinité compliquée. Les Dieux ne sont plus qu'un souvenir et qu'une ombre. Mars est un mois, Vénus n'a qu'un jour, et de tous les immortels d'autrefois il n'y a que Mercure qui soit employé sous son nom et qui serve à quelque chose.

Autrefois les rois puissants et les fils des Dieux figuraient au premier rang des combattants ; aujourd'hui, les pasteurs des peuples se tiennent prudemment à l'écart et ne marchent plus en tête de leurs troupeaux guerriers. J'aimerais cependant que du récit d'une bataille moderne on pût détacher un épisode du genre de celui-ci : « Et alors le magnanime descendant des Hapsbourg, chef des peuples sans nombre qui vivent sur les bords du Danube au cours sinueux, poussa dans la mêlée ardente ses chevaux à la longue crinière, et se précipita, pareil à une montagne neigeuse, en proférant de hautes clameurs ; il désirait dans son cœur rencontrer le Hohenzollern, semblable aux Dieux qui ne meurent jamais, car il savait que, s'il le perçait de sa longue lance, il mettrait fin à la guerre calamiteuse et acquerrait une grande gloire parmi les hommes.

« Et le voyant venir, le grand Hohenzollern fut, malgré sa bravoure, saisi d'une terreur soudaine, car il était de l'âge du cavalier Nestor et incapable de résister à un guerrier dans la force des années. Il cria trois fois vers le vaste Ouranos, et à ses cris accoururent Bismark au casque mouvant, le prince Charles, pareil au tueur d'hommes Arès, et la fleur des héros aux blonds cheveux nés dans la Germanie populeuse. Mais le noble Hapsbourg ne s'effraya pas du nombre de ses adversaires, et, brandissant sa lance d'airain, il adressa ces paroles rapides : « O le plus exécrable des hommes, orgueilleux Hohenzollern, c'est toi qui, convoitant mon héritage, as excité cette guerre funeste. Mais aujourd'hui tu vas expier en une fois les maux de mes compagnons que tu as tués dans ta fureur. Si Pallas Athéné m'accorde la victoire, je romprai la force de tes genoux, et les chiens et les oiseaux te déchireront tout entier. »

« Et le brave Hohenzollern lui répondit : « Hapsbourg, penses-tu m'effrayer par de vaines menaces, comme si j'étais un homme sans courage ou un enfant désarmé ? Hâbleur plein de jactance, toujours plus prêt à parler qu'à agir, tu n'arrêteras pas dans sa marche impétueuse celui que protégent les Dieux. Oui, j'agrandirai à tes dépens mes vastes domaines, et après avoir dispersé dans les combats tes compagnons fidèles et tes belliqueux alliés, je ravagerai tes États et je frapperai d'une riche rançon tes cités florissantes. Mais si Zeus et le fils de Zeus, l'archer Apollon, te domptent par ma lance, je rendrai ton corps à tes parents vénérables, s'ils veulent le racheter par l'offre de présents splendides et le don d'une province fertile. Et maintenant, noble Hapsbourg, combattons. »

Je pourrais prolonger longtemps cette imitation, qui n'a rien de servile, et dérober ses meilleures phrases au bon Homère qui s'endort ; mais M. Leconte de Lisle m'en voudrait si je continuais à parler avec irrévérence du père des poètes, dont il a traduit les vers, et des Dieux d'autrefois, dont il est le dernier fidèle. Je reviens aux choses sérieuses et je chante d'un ton plus haut. J'ai pour les poëmes d'Homère le respect qu'on ressent pour la source, même fangeuse, des grands fleuves qui fertilisent. L'*Iliade* en Grèce, comme les *Niebelungen* en Allemagne, fut la première aurore poétique qui se leva sur un peuple barbare, aurore dont l'éclat voilé fait présager les splendeurs du jour radieux qui doit suivre. On sent à ces premiers chants, on devine à ces harmonieux préludes ce que devait être cette nation qui, tirant de son sein fécond et montrant à son soleil de feu sa moisson de grands hommes éclos sous Périclès et renouvelée d'âge en âge, excella dans tous les arts, triompha dans tous les genres, et laissa, pour l'admiration et le désespoir des siècles vaincus d'avance, les modèles les plus achevés de l'idéale beauté. Athènes fut le flambeau du monde, et nous marchons tous à sa clarté disparue. Nous répétons encore les chants des poëtes inspirés, et nous rêvons de ces temples détruits que Phidias et Praxitèle élevèrent pour loger et pour séduire les Minerves qui descendaient des cieux ou les Vénus qui sortaient des mers.

Quoi qu'il en soit, c'est à bon droit que le vieil Homère préside le sénat des grands poëtes, qui tous découlent de lui. Tous ont puisé l'inspiration à cette source sacrée, et ont trouvé dans ses fictions agrandies et continuées des motifs de chants infinis et de larmes éternelles Tous ont salué le chantre divin qui, célébrant dans l'amour le premier fléau du monde enfant, lança les mille vaisseaux de la Grèce à la conquête d'une épouse adultère et fit de la beauté d'une femme la cause suffisante et le prix glorieux d'une bataille de dix années.

Chacun d'eux vit dans ses rêves Hélène passer sur

les remparts de Troie. Ronsard, qui traduisit Homère et ébaucha la *Franciade* longtemps avant que M. Viennet eût l'idée de la finir, commence ainsi un de ses charmants sonnets qui eussent désarmé Boileau, si Boileau les eût daigné lire :

> Il ne faut s'esbahir, disaient les bons vieillards,
> Devant le mur Troyen voyant passer Hélène,
> Si pour telle beauté nous souffrons tant de peine :
> Notre mal ne vaut pas un seul de ses regards.

Victor Hugo, à son tour, dans un des morceaux les plus achevés de ses *Voix intérieures*, loue une amie des anciens jours,

> . . . . . de ne pas haïr, en l'y voyant rêver,
> Le poëte qui chante Hélène et fait lever
>   Les plus vieux devant les plus belles.

Si je voulais ouvrir mon bagage d'érudition, je vous nommerais tous ceux qui, avant M. Leconte de Lisle, ont trahi le bon Homère en s'efforçant de le traduire; mais j'aime mieux, si jamais l'occasion s'en présente, être embrassé pour moi-même que pour l'amour du vieux grec et de l'ancien français. Je ne parlerai même pas de Mme Dacier, qui, la première, porta des bas couleur d'azur et pouvait dire « je ne vous aime pas » dans cinq ou six langues vivantes ou mortes.

Je franchis l'espace et je saute un bras de mer, un petit bras, rassurez-vous. C'est chose difficile, même pour un traducteur, que de se conformer à l'esprit et de se ranger à la simplicité du texte. Les Anglais, qui ont tant accusé les Grecs de Racine et les Romains de

Corneille de mentir à la vérité de l'histoire, ont oublié le *Caton* d'Addison et l'Homère de Pope. Quand Pope sortit de sa bosse cette traduction d'Homère qui obtint un grand et légitime succès, car elle a de la force et du feu malgré l'emphase et l'empanachement continuel, le seul helléniste compétent qu'il y eût alors en Angleterre, Bentley, jeta sa note discordante dans le concert des louanges. « C'est un très-joli poëme, monsieur Pope, mais je vous en prie, n'appelez pas cela de l'Homère. » Il y a maintenant en Angleterre un effort commun et comme un concours ouvert pour remplacer « cette belle infidèle », par quelque chose de plus vraiment homérique. On a réimprimé deux fois, dans ces derniers temps, la vieille traduction de Chapman, un contemporain de Shakespeare qui a traduit Homère avec un beau reste de flamme chevaleresque et d'ampleur encore rude, mais aussi en y ajoutant toutes les complications et les subtilités du style de la Renaissance. On vient d'essayer, pour mieux faire, tantôt la strophe de Spenser, tantôt le vers blanc de Milton, tantôt le rhythme et le ton des ballades populaires d'Écosse, où se chante cette vie aventureuse des chefs de clan qui ressemblent par tant de points aux héros du vieil Homère. — J'avais pourtant bien promis de ne pas faire d'érudition ; mais vous voyez, amis lecteurs, qu'en littérature comme en politique il est plus difficile de tenir que de promettre.

Il y a quelques années, M. Gladstone a donné trois volumes de commentaires enthousiastes sur Homère, et le premier ministre d'aujourd'hui, lord Derby, vient de publier, en vers, une traduction complète de l'*Iliade*. Sur le terrain littéraire éclate encore la vieille rivalité des whigs et des torys ; c'est à mon sens un noble spectacle que celui que nous donnent ces hommes considérables par la naissance, la fortune et le talent, qui, dérobant quelques heures au souci des affaires publiques et au tumulte de la vie mondaine, les consacrent tout entières au commerce des grands poètes et au culte des lettres humaines.

Je passe sous silence la belle traduction de l'Italien Monti, qui ne savait pas le grec, et l'admirable décalque donné par l'Allemand Voss dans une langue qui, de même que les gens qui la parlent, se soumet aux exigences et se prête aux annexions, et j'arrive, par le chemin des écoliers, à l'œuvre d'un maître, M. Leconte de Lisle. M. Leconte de Lisle est un vrai poète qui, las de ses tournées dans l'Orient mystique, revient à la terre sacrée qui inspira ses premiers chants. Il a la passion des beaux vers et le don de les produire, et il prend place au petit nombre des élus qui ont gardé le culte et le langage des Dieux.

M. Leconte a dû se poser la grave question de savoir si c'est en prose ou en vers qu'il convient de traduire les poètes. Le meilleur, à coup sûr, serait de les traduire en vers, mais j'avoue que cela ne se peut guère, sinon pour une citation détachée ou un morceau choisi et par une bonne fortune qui fournit à propos les rimes nécessaires. A vrai dire, l'affaire n'est pas de traduire les poètes, mais de les traduire en poète. Il faut qu'on sente dans « le *traître* » l'homme initié et sensible à tout le je ne sais quoi de la poésie, au charme mystérieux du rhythme, à la grâce indéfinissable d'une épithète, à la puissance d'un mot qui n'a l'air de rien et qui séduit pourtant. C'est une des grandes qualités de la traduction de M. Leconte de Lisle : elle est faite, comme on disait autrefois, de main d'ouvrier, et quoiqu'il soit coupable de quelques inexactitudes et de quelques erreurs, on peut appliquer à ce poëte qui s'exprime en prose, ce vers célèbre et délicat :

Même quand l'oiseau marche on sent qu'il a des ailes.

Comme l'Allemand Voss et lord Derby, dont j'ai parlé, M. Leconte de Lisle a lutté avec son modèle, de précision dans la pensée et de propriété dans le mot. Il a transporté Homère de la langue grecque dans la langue française comme on transplante un arbre déraciné du sol natal dans la terre étrangère. La difficulté, en traduisant le chantre de l'*Iliade*, c'est de rester fidèle au caractère primitif de son génie et de faire pressentir ces sources profondes d'élégance et de mesure, de finesse dans l'esprit, de délicatesse dans les sentiments, qui se répandront plus tard dans l'art grec élargi et transformé. C'est là le problème que M. Leconte de Lisle semble avoir résolu mieux qu'aucun autre, et il s'est taillé dans la gloire d'Homère une couronne que lui envieraient de plus fiers et que ne porte personne.

Je lui ai entendu reprocher d'avoir donné aux Dieux et aux héros grecs leurs noms propres et, par conséquent, leurs noms grecs. Nous avons gardé des habitudes latines, et il nous dérange d'entendre appeler « Aphroditè » l'aimable personne que nous nommions familièrement Vénus. Nous sommes des ignorants que la vérité déconcerte, et il faut entendre comment sir G. Bulwer Lytton nous gourmande dans son roman de *Pisistrate Caxton*. Un pédagogue allemand chapitre de la façon qu'on va voir les élèves qui suivent sa classe de grec. Je retranche, en traduisant, l'imitation de l'accent allemand qui est dans le texte. Que ceux qui tiennent à s'en faire une idée aillent écouter le baron de Rothschild, qui parle d'or — dans un allemand suspect ou dans un français douteux.

« Master Simpkins, » dit le professeur à l'élève, à quoi pensez-vous de traduire Zeus par Jupiter? Est-ce que ce dieu de l'Olympe, amoureux, irascible, assembleur de nuages, avec son aigle et son égide, a le moindre degré de ressemblance avec le très-grave, et très-officiel, et très-moral Jupiter Optimus-Maximus du Capitole romain, qui aurait été on ne peut plus choqué à l'idée de se déguiser en cygne ou en taureau pour séduire les innocentes Fraülein? Voilà une question, master Simpkins, que je vous pose une fois pour toutes.» — Et vous, reprit le docteur en se tournant majestueusement vers un autre écolier, « comment avez-vous pu prendre sur vous, monsieur, de traduire l'Arès d'Homère par cette platitude effrontée, Mars! Arès, master Jones, qui, lorsqu'il fut blessé, cria aussi fort que dix mille hommes ensemble, — ou aussi fort que vous crierez vous-même si je vous surprends à l'appeler Mars une autre fois! Arès, qui couvrait de son corps sept arpents de terrain, Arès, le tueur d'hommes! confondu avec Mars ou Mavors que les Romains ont volé aux Sabins! Mars, le solennel et calme protecteur de Rome! Master Jones, master Jones, vous devriez rougir de vous-même. Et toi, toi, Aphroditè, toi, dont les Saisons saluèrent la naissance, toi, qui as mis Adonis dans un coffre et qui l'as changé en anémone, devais-tu en venir à être appelée Vénus par ce petit morveux de Butterfield! une Vénus qui n'avait pas honte de patronner les vergers et les funérailles, et les sales égouts puants de Rome, une Vénus Cloacina! O mein Gott! venez ici, master Butterfield ; il faut que je vous fouette pour cela, il le faut, en vérité, petit garçon ! »

Ne nous laissons pas fouetter pour si peu, et repassons du plaisant au sévère. M. Leconte a rendu leurs noms aux Dieux et a donné à son style une couleur d'archaïsme. En théorie, il a raison. Le même travail se fait dans les traductions anglaises, et non-seulement là, mais partout, dans les arts comme dans les livres, dans les imitations libres comme dans les traductions exactes, dans les jugements du goût comme dans les commentaires d'érudit. Nous sentons maintenant le besoin et nous commençons à prendre l'habitude de distinguer entre Athènes et Rome et entre les diverses époques de l'art grec ou latin. C'est ce même besoin qui a fait reprendre à Augustin Thierry les noms germains et barbares dans ses études historiques. Pourquoi l'a-t-il fait? Est-ce par sotte ou puérile envie de se singulariser en cherchant dans l'orthographe de quelques noms propres une originalité qui lui aurait manqué d'ailleurs ? Non certes, mais pour que le lecteur fût à chaque instant averti que, depuis des siècles, l'histoire était défigurée et les dates confondues. C'était un procédé simple et naturel pour rétablir entre Clovis et Louis XIV une distance qui s'était par trop effacée, et, en outre, c'est rendre service au lecteur que de contraindre son esprit à un travail qui l'amène à s'instruire de ce qu'il ignore et à se remettre de ce qui l'a surpris.

Je soumettrai en terminant à M. Leconte de Lisle une observation dont, sans doute, il a déjà lui-même reconnu la justesse. Il aurait dû donner brièvement, et une fois pour toutes, au début, l'explication, — exacte, si cela se peut, vague, si la question reste vague pour les érudits mêmes, — de la valeur mythologique de certains termes qu'il emploie. Que veulent dire, au juste, pour n'en citer que trois, le mots de « Moire », de « Kère » et « d'Até » ? Ce sont des noms propres et il est bon de les conserver, mais encore faut-il savoir à quelles figures ces noms propres s'appliquent. Il est incommode d'interrompre sa lecture pour chercher dans Bouillet, où, en ce cas, on ne trouverait rien, et les traducteurs devraient toujours penser qu'ils travaillent pour ceux à qui l'original est lettre close. Je ferai enfin à M. Leconte de Lisle deux bien légères critiques. Pourquoi a-t-il traduit par « paroles rapides » un mot grec dont le sens exact est « paroles ailées » ? Pourquoi emploie-t-il le mot « agora », quand, à moins d'un commentaire, il eût dû se servir des expressions de « conseil » ou « d'assemblée » ? Mais ce sont là des détails auxquels s'ennuie le lecteur, et j'ai bien autre chose à faire qu'à chercher des brins de fumier dans les perles d'Ennius.

Bornons ici notre carrière. Je reviens de mon long voyage juste à temps pour saluer l'année qui s'en va et l'an qui vient. Que de choses et que de néants se sont pressés dans ce petit nombre de jours qui forment un si grand espace de la vie mortelle ! Quel triste passé et quel douteux avenir ! Je ne vous dirai rien des réveillons de Noël, — j'ai dormi, donc j'ai dîné ; — rien des étrennes, — je n'en reçois plus et j'en donne. A chaque année qui tombe, ma triste rêverie erre des autres à moi-même, et je songe à nos ambitions déçues et à nos espoirs fuyants. Quels progrès avons-nous réalisés ? Aucun. Sommes-nous plus heureux ? non ; plus riches ? non ; plus instruits ? non ; plus libres ? encore et toujours non. La liberté !... hélas ! ne la trouvant pas parmi nous, je fus la chercher chez les Grecs.

V

Février 1867.

M. VICTOR COUSIN

Je ne sais s'il n'est pas déjà un peu tard pour prononcer l'oraison funèbre de M. V. Cousin, philosophe platonicien et mandarin lettré. Au surplus, le temps ne fait rien à l'affaire, et pour parler des grands hommes trépassés il convient d'attendre une semaine ou deux, ce qui suffit pour éteindre le premier feu des regrets qu'ils inspirent. C'est seulement au sortir des grandes douleurs que les yeux voient clair et que l'esprit reprend sa mesure. Les philosophes, auxquels M. Cousin eut plus particulièrement affaire, ont déjà jeté sur sa tombe les discours funèbres et les bouquets d'immortelles, mais le propre de la philosophie qui vise à être la sagesse est de ne s'étonner de rien et de se consoler de tout.

Je commence. M. Cousin naquit à la fin du siècle dernier de parents pauvres, quoique horlogers, et, comme chacun sait, il est mort riche et philosophe. Aucun prodige n'accompagna sa naissance, et pour si petit événement ne se dérangèrent ni les astres du ciel, ni les montres de son père. Ses premières années s'écoulèrent sans incident notable; il prit ses sept ans, ce qui est l'âge de la raison, et peu après entra au collége, ce qui semblerait indiquer que ses parents, modestes pour eux-mêmes et ambitieux pour lui, voulaient le lancer hors du cadran des horloges et dans le mouvement des esprits. Quoi qu'il en soit, le jeune Cousin fut un de ces élèves prodiges sur lesquels s'arrête avec complaisance le regard des professeurs qui espèrent de l'avancement. Il approfondit les mystères du latin et les détours du grec, pour l'amour duquel il reçut tout enfant des couronnes de papier peint et les baisers des ministres. Est-il besoin que j'ajoute que plus tard il voulut mieux?

Je glisse sans appuyer sur ce printemps d'une existence heureuse. J'imagine cependant que ce fut au collége qu'il prit le goût de la philosophie et qu'il contracta la douce habitude d'aimer la vérité, mais de lui préférer Platon. Il entra à l'École normale et il en sortit, portant dans ses poches vides d'écus le trésor complet des connaissances humaines. C'était un puits de science qui n'attendait qu'une occasion favorable pour déborder en public. A vingt-cinq ans, l'occasion vint, et elle fit un professeur. Il se fit connaître et y gagna. L'avenir était à lui, et sa jeune renommée, en attendant l'heure des larges essors, jouait des airs philosophiques dans des trompettes de poche.

A ce moment la philosophie, accomplissant une de ces évolutions qui lui sont familières, éliminait quelques-uns des vices de son cercle. On revenait des doctrines matérialistes prêchées par Condillac aux théories spiritualistes renouvelées du Grec Platon. Ce fut M. Royer Collard qui, important parmi nous les philosophes écossais, dont, le premier, il étudia les systèmes et propagea les idées, ouvrit la voie nouvelle dans laquelle le suivit, à un intervalle respectueux, M. Cousin, qui ne le valait pas. Ni l'un ni l'autre n'inventèrent rien, mais le premier eut la gloire de restaurer un vieux bâtiment dans lequel le second eut le mérite d'attirer du monde. M. Cousin est et reste, avant tout, un recruteur de jeunes esprits et un promoteur des études philosophiques. Il inspira à la jeunesse de son temps le goût des choses sérieuses qu'aujourd'hui elle remet au lendemain; et s'il n'eut pas, comme jadis Alain Chartier endormi, la bonne fortune d'être embrassé par les reines, c'est qu'il passait à bon droit pour avoir des opinions avancées et le réveil facile.

M. Cousin entreprit l'histoire de la philosophie et de ses pérégrinations dans le monde. Il la prit à son berceau, alors qu'à peine née et déjà souveraine elle détournait Socrate du culte des dieux paternels, et la suivit à travers les siècles dans chacun des pays où elle avait dressé sa tente et mis sur les lèvres de ses grands adorateurs le langage de la raison sublime ou des folies abstraites. Il la chercha partout où elle n'avait cessé de fleurir et d'être aimée : sur la terre française, dans les brouillards d'Angleterre et les montagnes d'Écosse; il passa le Rhin à sa poursuite, et, venu en Allemagne pour cause de philosophie, il réussit à s'y faire arrêter pour cause de carbonarisme. Le jeune Cousin se livrait à la politique dans ses moments perdus; Dieu sait que je ne l'en blâme pas. On le conduisit en prison comme on y avait mené son maître Socrate : c'est dur, mais enfin, de tous les honnêtes gens qui furent incarcérés depuis que la terre tourne, et même avant qu'elle tournât, il n'est certainement pas le premier et malheureusement pas le dernier.

En philosophie comme en toutes choses, ce n'est pas tout que de raconter, il faut conclure. Pour raconter, il est nécessaire de beaucoup savoir, et pour conclure, de beaucoup réfléchir. Le jeune Cousin, — il fut toujours jeune, — ayant longuement médité dans le silence de son cachot, revint à l'air libre, armé de toutes pièces et s'étant taillé dans le système d'autrui une doctrine qui, pour n'être pas précisément neuve, n'en était pas moins consolante. Il prêcha l'éclectisme, et il le prêcha bien. Prenant son bien partout où il le trouvait, il composa un miel philosophique de toutes les fleurs éparses, ou mieux encore, choisissant les meilleurs effets de la garde-robe des sages et empruntant à l'un son nez grec, à l'autre sa jambe bien faite, il tailla, pour servir de modèle à ses contemporains, un philosophe de bonne mine et de joli costume, auquel devaient se complaire le jugement des hommes et le regard des femmes.

Il s'implanta dans une chaire, où j'aurais vraiment tort de dire qu'il ne fit pas bon effet et qu'il manqua ses entrées. C'était un vrai professeur de rhétorique et de philosophie mélangées : très-pompeux, mais très-doué, habile et chaleureux à l'excès, orateur éloquent et comédien de génie, il avait le grand art de se livrer tout entier, et le talent d'entretenir autour de lui un feu sacré qui embrasait les autres sans lui brûler les doigts. Il exposait clairement ce qu'il avait à dire, et ne devenait obscur que lorsqu'il ne voulait pas laisser voir qu'il marchait dans les ténèbres et ne reconnaissait plus sa route. Le souvenir de son enseignement ne peut encore s'effacer. Alors les professeurs avaient des disciples et la jeunesse des chefs illustres. C'était le temps où, dans la vieille Sorbonne, l'histoire, la littérature et la philosophie, ces trois larges branches des connaissances humaines, étaient parcourues par trois maîtres dans la science de penser et dans l'art de bien dire. De ces trois hommes, le premier parti est celui dont je parle ici ; deux survivent encore, ruines augustes du passé qui n'est plus, et que le temps épargne pour entretenir parmi nous l'admiration qui se perd et le respect qui s'en va.

En dehors de ses cours, M. Cousin a fait des livres. Il a traduit Platon, lequel a beaucoup écrit dans une langue que bien des gens comprennent. Sa traduction est excellente ou peu s'en faut, et le grec du maître n'a presque rien perdu à passer dans le français du disciple. Je me suis pourtant laissé dire que s'il recueillit tout l'honneur, il ne fit pas toute la besogne, et qu'il se para, peut-être indûment, de plumes qui travaillaient pour son compte et qu'il achetait bon marché. Je sais bien qu'on n'est pas parfait, et j'aime trop le miel pour n'être pas enchanté d'en goûter au détriment des abeilles qui le produisent. C'est pourquoi je n'insiste pas. Il publia également un ouvrage intitulé : *Le Vrai, le Beau et le Bien*, qui obtint la faveur publique et l'approbation des évêques. Le jour où parut ce livre, les ennemis de l'auteur prétendirent qu'il avait été plus fidèle à ses intérêts qu'à ses convictions : je ne sais, mais comme sans la religion, qui est une chose éternelle, la philosophie n'est qu'un mot passager, je loue l'auteur, s'il a demandé l'appui des évêques, de l'avoir obtenu, et s'il ne l'a pas cherché, de l'avoir mérité. D'ailleurs M. Cousin, dont il ne faut pas médire, pour trouver le beau n'avait qu'à écrire, pour faire le bien n'avait qu'à vouloir, et pour dire vrai n'avait qu'à s'observer. Il est certain qu'il s'observait peu, qu'il voulait rarement et qu'il n'écrivait pas toujours.

Il fut dans toute la force des termes chef d'école et maître d'école. Il y avait en lui à doses égales du révolutionnaire et du pédagogue ; il exerça une large et légitime influence sur les hommes et sur les choses. L'Université fut en bloc et à l'excès dominée par sa doctrine. Ses nombreux élèves, suivant ou prolongeant ses traces, apprirent son nom aux ignorants, et ses leçons aux incrédules, comme autrefois les bergers apprenaient aux arbres le nom charmant d'Amaryllis. Parmi ceux de ses disciples que la mort a déjà repris, je citerai Jouffroy, Saisset, Damiron, humbles savants qui ont laissé après eux le souvenir d'une vie honnête et le rayon d'une renommée discrète. Parmi ceux qui survivent au maître je ne puis oublier ni Barthélemy Saint-Hilaire, son ami, ni Rémusat, son collègue, ni Janet, écolier fidèle, ni Vacherot, disciple révolté, ni Jules Simon, qui depuis... mais alors il faisait du vieux Platon ces traductions exquises que Cousin signait avec une confiance méritoire et un touchant aplomb ; et enfin l'aimable Caro, fontaine de philosophie tempérée, dont le robinet s'ouvre sur le journal des sénateurs.

Il y a plusieurs hommes dans M. Cousin : le philosophe, dont je viens de parler; l'écrivain, qu'il me reste à juger, et enfin le politique, par où je veux finir. C'était un maître en fait de style et le plus lettré peut-être des mandarins qui siègent à l'Institut. Il continua la tradition et parlait la langue harmonieuse et pure des grands écrivains de ce dix-septième siècle qu'il chantait toujours et qu'il aimait si fort. Il n'est cependant, même quand il se promène dans ces temps glorieux où sa pensée habitait de préférence, ni un juge sans passions, ni un guide sans erreurs. Il manquait absolument, non de compétence, mais de mesure. Son adulation ne savait pas être simple, et il éprouvait parfois des enthousiasmes rétrospectifs qui prenaient feu comme des passions contrariées. Son cœur allait bon train, sa tête suivait; quand l'âge eut neigé sur lui, il poursuivit des chimères plus innocentes que les réalités dont il s'était servi, et s'éprit de fantômes riants qui lui rendaient dans le passé tout ce que le présent lui enlevait d'illusions, de jeunesse et d'amours.

En laissant de côté le style, qui vaut parfois mieux que l'homme, ses études historiques ne sont ni sans valeur ni sans charme. Il trouva sur les rayons des bibliothèques les carnets de Mazarin, et, muni de ces documents précieux, il écrivit sur la jeunesse de ce grand homme un livre qui ne sera ni lu sans plaisir, ni consulté sans profit. Tout lui plaisait dans Mazarin, même et surtout les défauts. Il aimait ce cardinal tolérant, ce politique rusé, ce comédien accompli et cet oncle de tant de nièces. Et pourtant, s'il eût vécu en ce temps-là, il eût été frondeur comme tant d'autres, et il eût guerroyé, malgré sa prudence, contre les rois, malgré sa philosophie, contre les dieux; jaloux de Marsillac et peut-être de Condé, et séduit par les beaux yeux des duchesses de Longueville et de Montbazon, il eût suivi dans l'intrigue et dans la lutte ces guerrières aux cheveux d'or qui donnaient l'espérance et la satisfaisaient.

Il eut au moins les charmes du songe, et, papillon déjà fané, mais toujours tenté, il effleura de ses ailes alourdies les fleurs des printemps morts et les femmes des temps passés. Il écrivit en amoureux l'histoire des héroïnes d'autrefois, Longueville, Hautefort, Sablé, et il lui semblait voir s'animer, dans leurs cadres dédorés, ces attrayantes figures, dont il prenait à son compte les sourires charmants et les regards humides.

Je ne dis rien de ses études sur les romans de Mlle de Scudéry, le *Grand Cyrus* et la *Clélie;* j'abandonne l'écrivain pour parler du politique. Il parcourut, dans sa longue carrière, le labyrinthe des conversions et le dédale des métamorphoses. A son début, jeune comme Hippolyte et même un peu farouche, il s'adoucit avec les années et changea avec les choses. De conspirateur timide, il devint libéral décidé, et passa petit à petit du rouge vif qui effraye les troupeaux au rose tendre qui séduit les bergers. Il acclama la révolution de Juillet, et accepta un ministère qui n'était, à tout prendre, que la récompense d'un talent qui avait fait ses preuves et d'un dévouement qui voulait être utile. Sous les goûvernements qui suivirent, il se tint à l'écart, mais prêt à tout. Il regarda notre dernière révolution en spectateur indulgent, bientôt convaincu de la nécessité des transformations et vite séduit à la grandeur du spectacle. Il ne se compromit point et n'engagea jamais assez loin et assez avant sa personne, pour qu'il ne fût plus maître de se reprendre sans violence et de s'offrir sans scrupules. Il lui semblait que le génie de Mazarin revivait dans quelques-uns des puissants d'aujourd'hui, et il est mort admirateur du présent et sénateur de l'avenir. Je dis sénateur, et pourquoi non ? il était philosophe et se fût résigné.

En parlant de M. Cousin, j'ai essayé de juger le philosophe, le politique et l'écrivain ; il me reste à dire ce que fut l'homme, ce qui ne laisse pas que d'être difficile et ce qui menace d'être long. Égoïste sincère, protégé d'une écorce aimable, il engagea plutôt son esprit que son cœur dans les liaisons qui firent le charme ou le délassement de sa vie. C'est pour lui-même qu'il aimait les autres, et il ne tenait à un ami qu'autant qu'il pouvait s'en servir comme d'un objet commode ou le manier comme un être discipliné. Il se garda des émotions vives et s'arrangea pour vieillir. Il occupa à ses divers travaux plus d'un secrétaire qu'il payait en paroles, et plus d'un disciple qu'il indemnisait en promesses : jeunes gens pauvres dont il aidait les premiers pas et qu'il comblait de ces petits services qui n'usent pas le crédit et n'épuisent pas la bourse. Mais dès que l'un d'eux s'écartait de lui pour essayer ses ailes et se confier à la fortune, il lui en voulait comme s'il eût été ingrat et le desservait comme s'il eût été ennemi. Il était jaloux de tout génie indépendant et de toute force insoumise. Haineux à patte de velours, vaniteux à l'excès, sensible outre mesure à la moindre attaque qui menaçait les châteaux de cartes de sa doctrine, il prenait feu comme un paquet d'étoupes et criait comme un philosophe qu'on écorche.

Il fut rarement plus charmant causeur : c'était merveille de l'ouïr. Partout où il trouvait un public, il déployait ses rares qualités d'acteur, le jeu savant, l'art de dire, et la pantomime expressive. Il improvisait comme un Italien à la parade, enflant sa voix, jetant les bras, remuant les pieds, travaillant de toute sa personne, et se donnant pour jouer la conviction plus de mal qu'il n'en fallait pour l'avoir. Les simples donnaient dans le piége et les initiés ne se défendaient qu'à grand'peine du charme sous lequel il les tenait. Léger comme un oiseau, souple comme une anguille, il s'échappait des mains ou glissait entre les doigts. Il aimait le plaisir et courtisa le sexe faible. Toujours économe, même dans ses bonnes fortunes, je crois me souvenir qu'il fit couronner par la riche et complaisante Académie un joli bas-bleu qui n'aurait mérité que des jarretières de fleurs.

Dans son testament, qui est peut-être sa plus belle œuvre, il montra des délicatesses de cœur et des libéralités de bourse qu'on n'eût certes pas soupçonnées en lui. En somme, après avoir longtemps vécu, il est mort sans avoir rien fondé de solide, ni laissé d'éternel. Sa doctrine s'écroule de toutes parts, sans qu'il ait fait dans les derniers temps aucun effort pour en soutenir l'ensemble ou en rajuster les débris. En philosophie, il commença par croire et finit par douter. En religion, il conclut des traités d'alliance et négocia sur les frontières. Il n'eut ni la foi qui sauve, ni le génie qui éternise. Indifférent à toutes choses et sympathique à toutes, menant de front le plaisir et l'étude, il n'eut pas ces indispensables éléments de l'homme, qui sont les croyances sincères et les fortes vertus. Pour finir et pour tout dire, il m'apparaît, tantôt comme un Anacréon, tendant aux colombes légères sa coupe où nagent les roses, tantôt comme un berger vieilli, chantant sur les ruines d'un temple d'où les dieux sont partis.

VI

Février 1867.

M. HAVIN ET LA STATUE DE VOLTAIRE ; LE PEINTRE BELLANGÉ ET SES ŒUVRES

M. Havin a eu une idée : vraiment ; et laquelle ? Il veut élever une statue à Voltaire ! Très-bien. Voltaire est grand, les statues sont chères et M. Havin, est riche.

Non pas A chacun son lot : M. Havin a eu l'idée, la démocratie fera les frais. La quête commence. Les plus forts souscripteurs verseront cinquante centimes ; au-dessus de dix sous, on rendra l'argent. Pauvre Voltaire !

La popularité, c'est la gloire en gros sous.

Il paraît que tu es populaire.

Les petits sous font les grosses rivières, et le *Petit Journal* le sait bien. Bientôt le casque de Mangin va résonner sous l'obole, et l'on aura recueilli assez de bronze en monnaie pour le convertir en statue. Le jour de l'inauguration, qui sera le plus beau jour de sa vie, M. Havin lira péniblement un discours fait sur commande et imprimé sur vélin. M. Havin n'est pas orateur, mais s'il devait une statue à un grand homme, c'est moins à Voltaire, dont il n'est pas le descendant, qu'à Guttemberg, dont il est l'obligé.

Quel tableau nous ménage l'équitable avenir ! Une foule immense, et au milieu un homme majestueux tenant d'une main un paquet de feuilles imprimées et s'appuyant de l'autre au piédestal d'une statue voilée. A un signe de l'homme, les voiles tombent, la statue apparaît et la foule applaudit : elle a deviné Voltaire et reconnu M. Havin. Citoyens, s'écrie l'orateur d'une voix harmonieuse et avec un geste que, n'étaient ses opinions, je qualifierais de noble, citoyens, Voltaire vous aimait... En voilà assez, et je sais le reste. Voltaire vengea les opprimés, émancipa les esprits, fit la guerre aux prêtres, poussa aux réformes et prépara 89. De plus il vécut longtemps, ce qui est un signe de force, et fit une grande fortune, ce qui est un signe d'esprit.

Puisque les Chambres ne sont pas encore ouvertes, et qu'un dieu nous a fait des loisirs, j'aime mieux commenter les œuvres de Voltaire que le texte des décrets récents. On doit aux morts moins de respect qu'aux vivants, et c'est seulement en remontant le cours des années que l'on peut retrouver la liberté qui vit dans le passé et la vérité qui fleurit sur les tombes. Comme ces Égyptiens qui instruisaient le procès des Pharaons couchés sous les pierres des Pyramides, nous attendons que les astres qui nous régissent se soient éteints pour jamais, avant d'oser signaler l'insuffisance de leur lumière ou les défaillances de leur marche.

Une statue; j'y consens, si je n'y souscris pas; j'aime les arts et parfois les artistes. Où placerez-vous l'image du grand homme? Est-ce à Chatenay qui le vit naître, sur le quai qui garde son nom, au seuil du temple où gît sa dépouille? Est-ce au bord de l'eau fuyante, à l'ombre des arbres touffus, au centre d'un jardin nouveau? La garderez-vous pour la surprise d'un coin de rue ou la ferez-vous sortir du pavé de vos places publiques, comme l'ornement d'une colonne ou le prétexte d'une fontaine? La statue de Voltaire, elle est faite comme il fallait et placée où il convenait. Le vieil Houdon l'a taillée dans un bloc de marbre que le temps a jauni. Le dieu garde encore le don d'émouvoir et l'apparence de vivre. Assis au foyer du théâtre où jadis retentissaient ses vers lancés par la voix de Clairon, non loin de cette salle qui se levait tout entière à son aspect pour honorer sa vieillesse radieuse et couronnée, il semble railler encore de son éternel sourire les comédiens sans puissance et les acteurs sans génie pour lesquels se dérange la foule indifférente qui circule devant son piédestal.

En parlant de Voltaire, je n'ai certes pas l'intention de contester son influence ou de nier son génie. Nul ne connut davantage l'ivresse de la gloire humaine. Il eut les courtisans et le pouvoir d'un roi et remplit un siècle entier du retentissement de ses œuvres et de son nom. Surchargé de victoires, il passa son temps tantôt à recevoir les hommages de ses adorateurs, tantôt à s'emporter contre ceux qui, s'attribuant le rôle des esclaves antiques, raillaient le triomphateur en marche vers le Capitole. Comme la Sibylle il rendait des oracles, et comme elle il eût pu brûler les deux tiers de ses livres sans diminuer en rien sa réputation d'écrivain incomparable et de prophète dans son pays. Universel et sans rivaux, il siégeait au premier rang dans ce temple du goût dont il avait décrit les portiques et commenté les hôtes. Il meurt, et, treize ans après, la Révolution, le reconnaissant pour son précurseur, lui accorda la sépulture du Panthéon, et, de cette église étonnée de sa destination nouvelle, chassa les reliques du Dieu immortel pour faire place à la cendre d'un homme.

Les années ont passé et Voltaire est entré dans les discussions ardentes de la postérité ; on en pense du bien, on en dit du mal, et, selon qu'on se préoccupe de son caractère ou de son génie, on va de l'éloge sans bornes à l'insulte sans mesure. Inviolable ou haï selon les opinions qu'on arbore, il est regardé tantôt comme le plus grand des philosophes, tantôt comme le plus dangereux des impies, et sa bonne fortune est telle qu'il reste encore le premier et qu'il dépasse ses rivaux dans les admirations qu'il excite ou dans les colères qu'il inspire. On lui prête tous les vices, on lui donne toutes les vertus, et il ne les eut ni tous ni toutes. Le plus curieux, c'est que ses adversaires et ses partisans, ardents à l'attaquer ou à le soutenir, ramassent à pleines mains dans ses œuvres des preuves décisives de leurs affirmations rivales ; ce qui semble établir deux choses : la première, c'est qu'il y a dans tout ce qu'on dit de lui un fond de vérité que la passion dénature ; et la seconde, c'est qu'il est impossible de prodigieusement écrire sans se contredire beaucoup, et de vivre longtemps sans se transformer un peu.

Ce que je m'explique à merveille, c'est le culte de M. Havin et son enthousiasme poussé jusqu'à la statue. Ce journaliste a fait à son héros quelques emprunts qu'il prend pour des ressemblances. Il a des opinions, des goûts, une canne et un fauteuil Voltaire, et, si l'on veut se donner la peine de chercher un peu, on voit briller chez le disciple l'absence de toutes qualités qui se réunissaient chez le maître. En un mot, M. Havin est, de la tête aux pieds, un voltairien que je n'ose appeler accompli. J'entends par là, qu'indifférent aux choses de l'autre monde et attentif aux affaires de celui-ci, il s'inquiète moins du ciel, dont il ne craint pas la chute, que de la terre qui tourne avec lui. Libre envers Dieu qui ne l'avertit pas, soumis aux princes qui le pourraient suspendre, audacieux contre tous ceux qui ne le rendent pas timide, riche et circonspect, sinon officieux du moins utile, il cache son dévouement comme Brutus cachait son or, sous l'écorce rugueuse d'un bâton creux qui ne lui sert ni à soutenir sa marche ni à menacer les puissants.

Voltaire fit, sa vie durant, la guerre à Dieu et à ses ministres, ce qui ne l'empêchait pas de courber le front devant Benoît XIV et de lui dédier sa tragédie de *Mahomet*. De même, M. Havin témoigne à son évêque une déférence courtoise ; mais il n'en est pas encore à lui dédier ses œuvres ou à lui envoyer son journal. Des gloires multipliées qui couronnaient Voltaire, les unes ont disparu dans la distance qui s'accroît, les autres vacillent comme des flambeaux qui s'éteignent. Il avait eu la prétention d'égaler Virgile et de surpasser Corneille, et nous n'avons retenu qu'à grand'peine le nom de son poëme épique et le titre de ses tragédies. Critique, il est sans portée ; philosophe, sans profondeur; historien, sans prévisions. N'ayant plus ses haines, nous jugeons mieux ses œuvres, et nous ne nous souvenons guère de tout ce qu'il a publié de tendre ou de léger, de servile ou d'insolent. Ce qui reste de lui, et c'est assez pour sa renommée, c'est son *Essai sur les Mœurs*, sa correspondance, dont le style vaut mieux que l'homme, et, enfin, s'il faut le dire, ce sont ses contes, où les merveilles de la forme et les richesses de l'esprit reluisent dans la fange parée comme des diamants sur une épaule impure.

Cependant Voltaire reste debout et sa grande renommée n'a pas souffert de tant de rayons perdus. Hélas ! sa force, c'est le souvenir du mal qu'il a tenté. Il n'a rien respecté, c'est ce qui fait qu'on le respecte encore. Sa raillerie outragea la religion et la gloire; il n'eut ni patrie ni croyance, c'est pourquoi il est le guide et la ressource de tous ceux qui, comme lui, sans amour et sans Dieu, n'ont ni l'esprit de rire, ni la force de penser, ni le talent d'écrire. Il prête des armes aux faibles et des arguments aux niais. Cet homme de génie est devenu le patron de la classe innombrable des ignorants et des sots. Son nom est inscrit sur le drapeau des sectaires qui prétendent déraciner de l'âme humaine le Dieu qui la remplit encore, et il est invoqué par tous ceux qui, marchant sur les pas de M. Renan ou dans les colonnes du *Siècle*, s'échelonnent, pour combattre, sur les degrés qui séparent les audaces de velours de la sottise en fleur.

O tempora! o mores! O les temps! ô les mœurs! Ce singulier personnage entreprend vingt affaires à la fois et il jette du feu partout. Il rime, philosophe et correspond; il donne des audiences, fait des voyages, compose des mémoires et écrit l'histoire. Il intrigue, spécule et s'enrichit. Il pousse à l'Encyclopédie, diffame quelques honnêtes gens, poursuit de ses sarcasmes Fréron et Desfontaines, et vit dans l'intimité d'une marquise complaisante et d'un roi philosophe. Sa langue fut la langue française, mais sa patrie était partout. Dès qu'on lui rend hommage, il est à l'aise et se sent chez lui. Il complimente avec autant de laisser-aller Richelieu qui prit Mahon, que Frédéric vainqueur à Rosbach. Il félicite un étranger qui nous bat et s'égaye aux dépens d'un concitoyen en déroute. Ce qu'il regarde, c'est la personne; ce qui lui plaît, c'est le succès; ce qu'il flatte, c'est la fortune. Ses affections furent moins vivaces que ses haines; cependant, outre lui, il aima quelques personnes, parmi lesquelles sa nièce Denis, Belle et Bonne, et un débauché selon son cœur, Villette, auquel il maria Belle et Bonne. Il fut charitable aux gens de Ferney, dota la nièce de Corneille et secourut Calas. Il faisait le mal avec délices,

4.

le bien avec ostentation. Mais, en fait de bonnes actions, la plus petite est d'un grand prix, et, selon le dire du poëte,

Tout se compte ici-bas et se rachète en haut.

La démocratie n'empêche pas les sentiments et n'exclut pas les faiblesses. On est homme, et ce mot-là dit tout. Ce qui rehausse Voltaire aux yeux de M. Havin, c'est moins le génie qu'il déploya que les relations qu'il entretint. Voltaire fut l'ami et l'obligé d'une impératrice et d'un roi. Il enseigna la poésie au grand Frédéric, la philosophie à Catherine la Grande, et s'il perdit son temps, il faut au moins reconnaître que, de ses deux élèves, l'un avait peu de dispositions pour la rime et l'autre pour la raison. Être le point précis où viennent aboutir l'admiration populaire et la faveur royale, devenir l'oracle de la multitude et le conseiller des princes, faire en faveur du vulgaire des livres conformes à l'ordonnance des cours, quel rêve pour un plumitif de la démocratie militante! Voltaire et M. Havin ont au moins une ressemblance commune : c'est leur amour du roi de Prusse, pour lequel tous les deux ont beaucoup écrit et prodigieusement travaillé.

En vérité, il est temps d'en finir. Avant d'élever la statue, expliquez-vous sur l'homme. Voltaire, à vous entendre, fut l'apôtre de la libre pensée! Ce n'est pas tout que de penser librement : l'important, c'est de penser juste. A ceux de vos lecteurs, et il en est, qui ont gardé la foi d'une autre vie et l'espoir des jours meilleurs, dites qu'il prêcha dans le monde la croyance du néant et la solitude du ciel. A ceux de vos lecteurs qui rêvent de Rome antique et des vertus républicaines, dites qu'il courba le front au niveau des mains, même avilies, qui disposaient de la puissance. A ceux de vos lecteurs qui aiment leur pays et connaissent son histoire, dites qu'il insulta ses gloires et railla ses désastres. A ceux de vos lecteurs qui comptent parmi les derniers amis de la pauvre Pologne, dites, dites encore qu'il applaudit à son martyre et chanta ses bourreaux, et vous viendrez après récolter des aumônes et proposer des statues. Pauvre Voltaire ! après les éloges de Frédéric II, ceux de Léonor Havin ! Il y a donc une justice en ce monde !

Il convient de varier les sujets, les genres et les temps. Je me suis rendu, l'autre jour, à l'exposition des œuvres du peintre Bellangé ; j'y allais avec le désir de voir, j'en suis sorti avec l'envie d'écrire. Tout ce que Bellangé a fait, ou presque tout, pend aux murs de deux ou trois salons. Tout est là : les tableaux et les ébauches, les croquis à la plume, les caprices du crayon, les œuvres de l'aurore et celles du déclin, les premiers succès et les derniers triomphes, les travaux, l'histoire et la vie d'un homme. Toutes ces toiles ont leur légende et leur langage. Chacune d'elles porte une date et rappelle un souvenir. Elles se suivent comme les jours, se ressemblent comme des sœurs. Images du passé perdu, dont elles nous rendent la vision fugitive, elles sont les fruits de la vie et les reliques de la mort.

Quoi qu'il en soit, l'artiste est là tout entier et peut être jugé selon ses œuvres. Mon impression sincère est que Bellangé avait plus de talent qu'il n'a laissé de renommée. C'était un véritable peintre, ayant la science acquise et la couleur innée. Il est personnel et a sa façon de voir et sa manière de rendre. Peintre de l'école militaire, il s'est voué à l'étude du soldat et à la reproduction des batailles. Il excelle dans l'art de disposer ses corps d'armée et de masser ses phalanges. Comme il saisit le militaire dans chacune des attitudes qu'il peut prendre, en marche, courant à l'ennemi, ou au repos entre la bouteille et la servante ! Comme il le rend au naturel ! visage martial, air joyeux, vif de mouvement, léger d'allures ! Il sait la poésie et les deuils du combat, et parfois une ombre de mélancolie se répand sur la toile attristée. Je n'ai pu voir sans émotion son tableau des deux amis, un des derniers qu'il ait faits.

Les deux amis, réunis dans la mort comme ils l'étaient dans la vie, sont couchés l'un près de l'autre sur la bruyère en fleur. Le capitaine efface de son carnet les noms de ces héros obscurs qui ne figureront plus dans les appels du soir, et les regarde de l'air indifférent et bon d'un homme qui sait que son tour viendra peut-être de reposer où ils reposent et de mourir comme ils sont morts.

Bellangé n'a pas de préférences : il traite d'une main exercée le canon, le cheval et l'homme. Regardez le meilleur peut-être de ses tableaux et le plus touchant à coup sûr, puisque le temps de l'achever ne lui fut pas donné. C'est la charge des cuirassiers de

Waterloo. Ils gravissent le plateau du Mont-Saint-Jean ; les uns tombent sous la mitraille anglaise, les autres s'élancent, bride abattue et sabre au vent. Il s'est inspiré des vers de Hugo, et le peintre vaut le poëte. L'œuvre de l'artiste embrasse le cycle entier des batailles modernes depuis Marengo jusqu'à Magenta. Tous nos combats heureux ne revivent pourtant pas sous ses pinceaux, et je sens que ce n'est pas sa faute si nos victoires sont plus nombreuses que ses tableaux.

J'ai revu là toutes les grandes pages de la vie du nouveau César. Partout l'Empereur au milieu de son armée, tantôt

> Gouvernant un combat du haut de la colline,

tantôt assistant au défilé de ses légions et salué par ceux qui vont mourir, tantôt dans quelque village de France, retenant la fortune lassée et profitant de ses derniers sourires. De tout cela, que nous reste-t-il ? le souvenir d'une gloire inutile et l'ombre d'un grand nom. J'allais en répétant tout bas les vers de Juvénal :

> *I nunc, i demens, et sævas curre per Alpes,*
> *Ut pueris placeas et declamatio fias.*

Va donc, insensé ! parcours les Alpes et l'Italie, lance tes aigles du Louvre au Kremlin, pour servir de légende aux enfants et de prétexte à un tableau d'histoire !

Le soir, je lisais dans les journaux le récit de l'inauguration du monument qui s'élève au champ de bataille de Montmirail. Il est bon que l'homme se souvienne, quand la nature oublie, et que les enfants placent une croix sur les terrains sacrés où leurs pères ont combattu. La cérémonie, comme il est d'usage, commença par des discours et finit par un banquet. Ce qui m'a frappé, c'est que sur ce théâtre de la dernière victoire de l'Empire, à la place même où nos soldats, ramenés après vingt années de triomphes sur le territoire de la patrie, luttaient non plus pour son agrandissement mais pour son salut, un député a célébré les bienfaits de la paix et le retour de la liberté, jadis l'ennemie, maintenant l'alliée du pouvoir. Quel changement dans les esprits et quelle leçon pour les puissants ! Il est donc vrai ! Nous avons enfin profité de l'expérience acquise. Ce qui nous reste au cœur, après tant de gloire inutile et de sang répandu, après tant d'épreuves subies et de gouvernements essayés, c'est le besoin de vivre en paix et la volonté d'être libres.

VII

Mars 1867.

M. CHESNELONG ET M. ÉMILE OLLIVIER ;
LA POLITIQUE DE M. ROUHER ; NOS CRAINTES ET NOS REGRETS

Heureux les députés, s'ils connaissent leur bonheur ! Ils parlent plus librement que nous ne pouvons écrire, et, pour comble de fortune, on leur a rendu la vieille tribune de Juillet, dont on a retranché les coqs depuis qu'il est certain que nous avons des aigles. Quand les débats de la Chambre me sont contés, j'y prends un plaisir extrême, et plus d'une fois l'envie me vient de lancer une interruption ou de placer un discours. Ah! si vingt mille électeurs seulement me donnaient le pouvoir de faire des lois et de parler pour eux, il me semble que je dirais des choses à étonner les murs, qui ont parfois des oreilles. J'ose croire que j'éviterais les syncopes de M. Marie, lequel a le tort de remplacer par une bouillie trop épaisse les petits cailloux que Démosthènes introduisait dans sa bouche éloquente.

Si je craignais de rester court, j'apprendrais par cœur mes harangues et je disputerais à M. Chesnelong le premier prix de récitation. M. Chesnelong est une des fleurs du pays basque qui devait tôt ou tard s'épanouir dans la grande serre de Paris. Sa réputation, trop serrée dans la ceinture d'Orthez ou dans les murs de Saint-Jean, se répandait dans les banlieues et courait, comme un isard émancipé, des rivages de la mer aux versants des Pyrénées. Né dans un pays dont les habitants sont poëtes et les jambons illustres, les comparaisons se pressaient sur les lèvres des indigènes qui voulaient le chanter en basque ou l'honorer en français. L'élévation de son esprit rappelait les cimes nuageuses de l'horizon, et ses paroles roulaient plus harmonieuses que les flots de l'Adour, qui, comme lui, réfléchissent le ciel et se perdent dans l'infini.

Pour que M. Chesnelong fût nommé député, il fallait que M. Larrabure se résignât à une abdication ou à un déplacement. Le gouvernement chérissait d'un égal amour ces deux défenseurs de sa cause, et s'il était touché de l'ardeur enthousiaste du conscrit, il ne pouvait oublier le dévouement du vétéran. On sait comment si on ne sait pourquoi M. Larrabure fit, d'Orthez à Pau, un voyage de complaisance. M. Chesnelong passa dans Orthez comme passe une lettre à la poste quand M. Vandal ferme un œil, et le département des Basses-Pyrénées, menacé de l'extinction d'un de ses flambeaux, eut la douce satisfaction de pouvoir les allumer tous les deux. M. Chesnelong, dont les discours sentent l'huile, a un vrai talent, celui de plaire. C'est le député modèle qui peut suffire à six années de travail effectif et régulier. Dans ce qu'il dit, rien qui étonne ou qui détonne. Ordinaire, mais fleuri, il se tient dans les régions mixtes, et il a le don d'exprimer l'opinion du plus grand nombre de façon à ce que personne ne se sente ni étranger à ses idées, ni éloigné de son talent. Il traite toutes les questions, effleure tous les sujets, réussit à tous les lieux communs, y ajoute le condiment des convictions religieuses tempérées, laisse reposer le tout, et sert à ses convives ce mélange agréable qui se débite à froid.

Après qu'il eut parlé, j'ai cherché ce qu'il avait dit. Où l'admiration déborde, la critique perd ses droits. J'ai cru comprendre cependant qu'aux yeux de l'orateur la liberté est un moyen, et le but, le bien-être ou le progrès. Pour nous la liberté est un principe dont l'application affermit le bien-être et constitue le progrès. Elle est la santé des nations viriles et la condition de la richesse, comme elle en est la garantie. Les peuples qui l'ont perdue cherchent des dédommagements dans des besoins satisfaits ou des chimères poursuivies. Les uns s'éprennent d'un conquérant et collectionnent des victoires ; les autres demandent des distributions de pain et les joutes du Colisée. Il en est qui, épris d'architecture, ont le goût des palais que l'on construit sans art et des jardins qu'on ne sait plus suspendre. Rome est tombée. Babylone n'est plus. L'Égypte déclina du jour où Cambyse entraîna dans une expédition lointaine une armée qui fut détruite non par les ennemis, tant de fois vaincus, mais par le soleil, à qui l'on éleva un temple de plus. Aujourd'hui, de cette grandeur disparue il ne reste pour la contemplation de quarante siècles au moins que des colosses de pierre dans un désert de sable.

Si M. Chesnelong s'épanouit, M. Ollivier s'abandonne ; l'un est au nombre des admirateurs enthousiastes, l'autre appartient à la classe des satisfaits par réflexion (1).

M. Ollivier, qui tourne avec une lenteur calculée, a mis huit ans à opérer son mouvement autour du soleil, et maintenant il est arrivé à ses antipodes, c'est-à-dire qu'il a la tête où jadis il avait les pieds, et que le jour se lève pour lui quand pour nous commence la nuit. Naïvement orgueilleux et plein de lui jusqu'aux bords, il regarde comme une preuve d'impuissance l'immo-

---

(1) Tous deux ont été républicains ; mais si peu !

bilité des autres, et prend pour des marches en avant ses évolutions dans un cercle. Grand homme de naissance, avec la vocation d'être utile, il demande une place au soleil et la veut lucrative. Comme autrefois Narcisse, il adore son image et se prend pour un ministre toutes les fois qu'il se regarde dans l'eau ; il adresse d'éloquents discours à cette figure qui est la sienne et dont il est épris. Il s'aime dans sa ressemblance, se parle et se répond, se contemple et se sourit, et s'indigne de ce que le plus léger vent vienne troubler la surface de l'eau, le visage du ministre et la douceur de son rêve.

Quand la grande Mademoiselle eut fait tirer le canon de la Bastille sur les troupes du roi, son futur époux, on dit plaisamment qu'elle venait de tuer son mari. M. Émile n'a tiré que sur lui-même et vient de tuer son portefeuille. Il a cessé de faire illusion, il fait nombre. Jadis compétiteur du pouvoir et vélite des libertés sages, il s'avançait les promesses aux lèvres et les réformes aux mains ; aujourd'hui, content de peu et de lui-même, il s'asseoit sur les bancs de la majorité, qui l'accueille comme un transfuge, et près d'un ministre qui le reçoit à correction. Il regarde rouler sans lui le coche dont il ne peut plus être le conducteur et dont il a renoncé à être la mouche. Instrument brisé avant d'avoir servi, il est devenu sans valeur depuis qu'il est sans résistance, et s'il a gardé la vanité de s'offrir, il a perdu le moyen de se faire accepter. Il a recueilli le prix de ses métamorphoses, — la solitude. M. de Girardin l'abandonne ; il est vrai que M. Philis lui reste; mais mieux valait pour lui un écho grossissant qu'un confident muet. Ce grand débris se console tout seul et, forcément voué au repos perpétuel, il regarde s'allonger devant lui son ombre vaniteuse, qui tourne encore pour le distraire (1).

M. Rouher n'a plus de rival et a déjoué les espérances d'un collatéral trop pressé d'hériter. Il peut se reposer sur ses lauriers récents et s'endormir au bruit flatteur des applaudissements qu'il soulève : *Plausuque sui gaudere theatri*. Habile comme toujours, il a rejeté le tiers-parti dans le giron de la majorité et a répété les confidences qu'il avait reçues de ceux qui manient la foudre et qui domptent les aigles. Si Jupiter aveugle ceux qu'il veut perdre, il favorise ceux qu'il veut garder. A entendre M. Rouher, tout s'améliore et progresse, et chaque journée de Titus est marquée d'un nouveau bienfait. Les commerçants sont déjà libres, et, sauf l'amende et la prison, les écrivains vont l'être. L'assemblée était sous le charme et ne s'en défendait pas. Et comme jadis, aux chants d'Orphée, les vieux chênes agitaient leurs cimes émues, à la voix du ministre, les graves législateurs inclinaient leurs fronts ridés par le souci des lois.

Aucun de ceux qui furent les quarante-six ne s'est levé pour répondre. Les ombres ne parlent plus. Et cependant à M. Rouher vantant les bienfaits concédés, les progrès accomplis et les libertés octroyées, on pouvait dire : Quel fruit nous revient-il de votre politique?

---

(1) Quand ces lignes furent écrites, M. Ollivier avait tourné : depuis, il s'est retourné. Il ne peut ni rester en place, ni en avoir une.

Au dehors, l'Italie, que vous avez faite, vous est-elle reconnaissante? L'Allemagne, que vous avez laissée faire, vous sera-t-elle alliée? La Russie, que vous avez vaincue, vous prend-elle pour juge dans les affaires de Pologne, pour guide dans la question d'Orient? Au Mexique, d'où vous faites une retraite que ne chanteront pas les Xénophons de l'avenir, qu'avez-vous gagné qui soit la récompense de l'argent dépensé et du sang répandu ? Au dedans, les impôts aggravés, les emprunts successifs et la dette publique accrue ; l'armée doublée, malgré la paix ; malgré nos vœux, les libertés ajournées. Si bien que du second empire il faut remonter au premier pour retrouver un gouvernement qui ait exigé plus de soldats, de pouvoir et d'argent. La liberté qui vous berça vous ouvrit le territoire de la patrie et les perspectives de l'empire, rendez-lui en échange son droit de cité et sa part de puissance. Si M. Ollivier eût tenu un pareil langage, il eût peut-être séduit la Chambre et conquis son ministère. Quand le paysan du Danube eut fait entendre au Sénat romain la vérité toujours bonne à dire, il se coucha dans l'attitude d'un condamné ; il se releva patrice.

En quinze années de pouvoir absolu, un peuple vieillit et s'endort. Aujourd'hui, si le réveil se fait, si le mouvement se propage, si les générations nouvelles aspirent avec plus d'ardeur les souffles de la vie et de la liberté, l'honneur de cette renaissance revient tout entier à ceux qui n'ont pas désespéré : quelques députés dans les Chambres, quelques journaux dans le pays. Pour prix de ses services, et comme récompense de son courage, la presse eût, ce semble, mérité des lois plus douces. Cependant, on nous réserve l'amende, comme à des millionnaires; la prison, comme à des malfaiteurs; nous serons, comme devant, jugés, supprimés et timbrés. C'est le cas d'être meilleurs que la fortune et de répéter avec le poëte qu'aimait l'empereur Auguste : Aujourd'hui, rions et chantons; qui sait si nous vivrons demain?

VIII

Avril 1867.

LE R. P. MINJARD, LA RETRAITE DE M. WALEWSKI,
LE JARDIN ET LE DUCHÉ DE LUXEMBOURG.

J'ai chômé la semaine dernière. On s'en est aperçu et même on s'en est plaint. Je croyais sincèrement que je pouvais parler ou me taire à mon choix, et que ceux ou celles qui daignent s'intéresser à moi comprendraient que si je n'écrivais pas, c'est que je n'avais rien à dire. Il n'en est rien, et puisqu'il est des personnes qui aiment ma prose, il est clair que n'ai pas le droit de les en priver. La vanité s'éveille en moi, et je me dis que si mon silence est remarqué, c'est que mes œuvres sont remarquables. Je ne suis pas une violette, et j'en gémis.

On me fait remarquer que les sujets abondent. C'est

possible, mais j'ai le malheur ou de ne pas les voir, ou de n'en être pas séduit.

— Parlez-nous du théâtre? — Je n'y vais guère. — Des livres nouveaux? — Je ne lis que les anciens. — De Clichy, où l'on illumine? — Je n'ai pas de dettes; il est vrai que je peux en faire, et ceci est une idée. — Nous sommes en carême — A qui le dites-vous? Je jeûne, je vigile, et depuis trois semaines j'ai mangé plus de poissons que je n'en pêcherai jamais. — Allez-vous au sermon ? — Hélas! madame, j'ai négligé d'en entendre, depuis que j'ai pris l'habitude d'en faire. — Tant pis, je le regrette: pour vous, qui pourriez profiter; et pour moi, que vous pourriez instruire ; vous m'eussiez dit par quel côté le P. Félix se rapproche du P. de Ravignan et comment le P. Minjard se distingue de Lacordaire. — Hélas! madame, il ne se distingue pas, et, s'il faut tout vous dire, j'aime mieux parler d'Alexandre que de ses successeurs.

L'habit, qui fait le moine, ne fait pas toujours l'orateur; mais, comme dit le berger de Virgile, dont j'imiterai la prudence :

Non licet inter nos tantas componere lites.

Il ne nous appartient pas de soulever de si grands débats, et il est convenable de s'abstenir, dès qu'il devient difficile d'allier le respect à la franchise. Toutefois, j'ai gardé du P. Minjard un souvenir que je retrouve aisément dans ma mémoire, d'où peu de choses s'envolent. Il y a de cela six ou sept ans, et dans ces temps lointains vous étiez une fleur en bouton, ou, si vous aimez mieux, un enfant qui promettait de s'épanouir en femme ; le P. Minjard prêchait alors à la Madeleine, ma paroisse et la vôtre ; il eut un joli succès, et vos pareilles couraient à ses sermons comme les hommes courent au feu, quand le feu paraît quelque part. Il trouvait le chemin des cœurs, chemin qui n'est pas sans charmes, vous en conviendrez vous-même, et plus d'une, en l'écoutant, sentit poindre à ses yeux ces larmes brillantes que j'aime mieux comparer à des gouttes de rosée qu'à des perles, car la rosée vient du ciel et la perle se trouve ailleurs.

J'allai l'entendre. Le Révérend Père parla de la jeunesse, et le sujet ne me pouvait déplaire, car j'étais jeune alors et je moissonnais à pleines mains où je glane aujourd'hui. A cette époque, beaucoup des nôtres, nobles cœurs, épées vaillantes, s'enrôlaient gaiement sous la bannière pontificale et offraient leur vie pour défendre de toutes les royautés de ce monde la plus petite et la plus haute. Ils l'ont offerte, en effet, et Dieu l'a reprise à plusieurs. Le monde n'a pas oublié les glorieux vaincus d'Ancône et de Castelfidardo, et mon cœur se gonfle d'orgueil en pensant qu'ils se sont levés parmi nous, ces jeunes hommes qui ont donné le seul grand exemple de sacrifice et de dévouement qu'aient vu nos misérables temps.

Je m'imaginais que le prédicateur leur réserverait ses plus éloquents éloges et ses fleurs les plus fraîches ; nullement, le Révérend Père avait alors un charmant défaut dont chaque jour le corrige : la jeunesse, dont il nous parlait. Les jeunes curés sont durs aux autres comme à eux-mêmes; les vieux seuls ont acquis cette indulgence souriante qui est une des grâces de la vertu. L'orateur fut sans pitié pour la jeunesse, dont il était membre. Il lui reprocha ses vices et ses erreurs, son ignorance et ses excès, et, aussi impitoyable qu'un juge de la sixième chambre vis-à-vis d'un journaliste, il nous damna tous en bloc, sans exception, sans talent et sans merci.

Comme de coutume, ce fut à la fin qu'éclata le bouquet. Les jeunes gens, dit le Révérend Père en accompagnant ces mots terribles d'un geste qui n'était pas plus rassurant qu'eux, les jeunes gens méritent d'être fouettés en place publique, par la main, — ici une pause, — par la main d'un sergent de ville. J'avais eu peur que le bourreau n'intervînt, comme dans M. de Maistre, et j'en fut quitte pour la peur et pour les sergents. Ayant regardé du coin de l'œil le brigadier de service, je lui trouvai le bras long et la main large, et je m'affermis sur ma chaise pour me soustraire au grand air de la place publique et à la droite des sergents.

Depuis ce jour-là, je garde rancune au P. Minjard. — Bah! reprit mon interlocutrice, tout Père frappe à côté; mais brisons là, et, s'il vous plaît, parlons politique. Que pensez-vous de la retraite de M. Walewski? — Hélas, madame, Dieu nous l'avait donné, Dieu nous l'a repris. — Mais enfin il y a quelque chose?— J'en conviens, il y a toujours quelque chose, mais soyons discret, et ne jouons pas avec le feu des fausses nouvelles. Eh bien, on dit, on prétend, on se répète que M. Walewski a été sacrifié à M. Rouher, qui le trouvait faible, et à la majorité, qui le pressentait libéral. Il aimait trop M. Ollivier, c'est ce qui l'a tué.

Comprenez-vous, madame, à quels dangers nous exposaient les opinions subversives de cet homme en place déjà remplacé et replacé? Les membres de la rue de l'Arcade ont jeté à temps le cri d'alarme, et une fois encore le Capitole est sauvé. M. Walewski rentre au Sénat, où son filet de libéralisme va se perdre comme un ruisseau dans la grande mer. M. Schneider arrive à la présidence au moment même où l'on parle de M. Rattazzi pour reformer un nouveau ministère italien, et le monde continuera d'aller comme il allait. Il ne restera de l'incident que le cri de M. Latour Dumoulin : « C'est le triomphe de la réaction! » Par ce mot, charmant du reste, M. Latour Dumoulin a tué sa réélection, bien compromise déjà. Quand ils ont tant d'esprit, les députés vivent peu.

— Et le Luxembourg ? — Voulez-vous parler du jardin que nous n'avons plus, ou de la province que nous voulons avoir ? Les deux sont un sujet de regrets et d'interpellations. — Ah ! monsieur, je vous croyais assez d'esprit pour éviter les plaisanteries faciles. Faut-il tant se plaindre pour l'arrangement d'un jardin où, depuis l'enfance, ni vous ni moi n'avons mis les pieds, et pour la chute de quelques arbres qui ne reverdiront plus ? Les oiseaux chanteront ailleurs, et il est encore, Dieu merci, des branches pour les nids, des retraites pour les sages, des ombrages pour les amours.

Ah! madame, vous bornez votre affection à votre arrondissement et vos regrets ne passent pas l'eau. Nous verrons ce que vous direz quand on embellira les Tuileries d'un boulevard planté de maisons, et quand M. Alphand repassera où Lenôtre a passé. Mais des propos frivoles passons aux choses sérieuses. Nous avons un jardin de moins, aurons-nous un département de plus ? La France dit : Peut-être, et la Prusse : Que sais-je ? Le roi de Hollande a, dit-on, l'intention de vendre, pour la bagatelle de cent vingt millions, un grand-duché en bon état, peuplé de deux cent mille habitants, qui multiplieront, j'aime à croire (1). Au prix où sont les hommes et surtout leurs compagnes, les Luxembourgeois ne sont pas chers à cinq cents francs l'un dans l'autre. Allons, messieurs, montez les enchères. Un grand-duché pour cent vingt millions, ce n'est pas vendu, c'est donné.

Personne ne dit rien ? Allons, madame, voulez-vous être grande-duchesse ? Faites un signe et je couvre l'enchère... Je me risque et je mets cinq francs. A cent vingt millions cinq francs le Luxembourg et ses dépendances, bois et terres, ruisseaux et plaines, enclos et maisons, bêtes et gens. Chère madame, nous faisons là un placement à dix pour cent ; suivez bien mon raisonnement : chaque Français paye de cinquante à soixante francs d'impôt annuel, deux cent mille Luxembourgeois multipliés par cinquante donnent dix millions, année commune. Ils les donnent avec enthou-

(1) Le roi de Hollande a fini par garder son grand-duché et ses petits sujets.

siasme! Vous m'objecterez qu'il y a des charges dont je ne tiens pas compte. C'est vrai, mais il y a des ressources dont je n'ai pas soufflé mot. Nous pressurerons les peuples. Partout où il y a de la gêne, je n'admets pas qu'il y ait de grands-ducs.

Je m'arrête ici, et en me relisant je m'aperçois que me taire eût été plus sage et surtout plus facile.

IX

Avril 1867.

DES DEUX DUMAS, ET SURTOUT DU SECOND.

Mme Aubray a des idées qui ne lui coûtent guère. Je viens de les entendre, ce qui n'est pas facile, vu le prix des loges et l'engouement du public. Autant vaut parler des gens qui ont des idées que de ceux qui ne pensent à rien. Voici le plan de ma causerie du jour : un mot sur le père de l'auteur, deux sur l'auteur, trois sur la pièce.

La France a deux Dumas, comme elle eut deux Corneille. Le père est le plus jeune des deux; l'enfant prodige est mort, l'enfant prodigue a survécu, et, depuis qu'il existe, a dépensé, sans compter, sa gloire en fusées, son génie en monnaie et sa monnaie partout. Il nous a trop amusés pour que nous lui soyons sévères, et nous l'aimons trop pour ne pas lui pardonner tout.

Chose étrange, il a gaspillé plus qu'il n'avait, et il avait reçu assez de talent et gagné assez de bien pour enrichir cent pauvres d'esprit et cent pauvres d'argent Aimable et bon, mais léger et besoigneux, il écrivit pour ses créanciers, ce qui l'empêcha de se borner, et perdit à ce jeu-là, non pas tout, mais une partie de sa séve et de son talent. Il composa de charmantes histoires, et il en eut de vilaines.

Comme il voyageait avec fruit et comme il contait avec grâce! Il s'essaya dans tous les genres, poésie, drame et roman, et partout laissa son souvenir et son sillon Son imagination fut la folle de tous les logis, et sa fantaisie nuança ses ailes de la couleur de tous les temps et du reflet de tous les cieux. Pour parler le langage hippique, il l'emporta sur Walter Scott d'une longueur et demie, et, pour me servir d'une langue moins profane, il est digne de délier les cordons des souliers de Shakespeare. Orgueilleux de bonne foi, nègre au teint pâle, cheveux crépus, œil vif, bouche sensuelle, il a l'air d'un sultan de comédie qui use sa dernière douzaine de mouchoirs; revenu des lointains pays, fatigué des Muses et blasé sur les amours, il a gardé pour la joie de ses derniers jours sa santé de fer et son incomparable estomac. Populaire et partout bien reçu, à lui tout seul, s'il faut l'en croire, et il ne le faut pas, il a fait Louis-Philippe et défait François II. familier des grands, camarade de Garibaldi, lié, tour à tour et à de longs intervalles, avec les brigands d'Espagne et les princes du Caucase, il n'en est ni moins gai, ni plus fier, et, comme le pigeon de La Fontaine, il raconte à ses frères, qu'il désennuie, ses aventures et ses voyages. Rien ne lui est étranger, ni le monde, ni la littérature, ni la cuisine : il tient la queue de la poêle et retourne une omelette de la main qui détrôna les rois et fit *Monte-Cristo*.

Son fils est un de ses meilleurs ouvrages. Heureux le second Dumas, s'il avait pris toutes les qualités du premier aussi soigneusement qu'il en évita les défauts. Moins inventif, mais plus réglé, moins fécond, mais plus laborieux, il a remplacé les dons innés par le talent acquis, et le génie absent par le travail et par l'art. Le père, et je demande grâce pour une comparaison hasardée, le père était une terre généreuse qui fleurissait sans culture; le fils est un terrain plus avare qui ne produit pas sans fatigue et se repose après la moisson. Tout dans le second Dumas, jusqu'à l'esprit, sent l'huile et la meilleure qui se puisse sentir, ce qui revient à dire qu'en admettant le résultat obtenu, on s'inquiète de l'effort déployé. Les fleurs qui s'épanouissent sous le vitrage des serres sont plus belles et plus rares que celles qui naissent aux champs abandonnés, mais il leur manque ce je ne sais quoi qui est la grâce même et qui leur vient en liberté d'un rayon de soleil ou d'une goutte de rosée.

M. Dumas fils s'est fait seul et se doit tout, renommée, fortune et succès. Dès qu'il a pu, il a volé de ses propres ailes, et au lieu de dépouiller le vieil homme, c'est-à-dire son père, il a tout pris sur son propre fonds, et tout créé de ses ressources. Son début fut un triomphe mérité. Du premier coup il donna sa mesure, et depuis, s'il n'a pu grandir, il a su se maintenir au rang qu'il avait conquis dans la faveur publique. Il a la conscience de sa valeur et le respect de son art, ne tient pas une boutique, mais une école dramatique. Tandis que ses rivaux élèvent à la hâte des baraques provisoires en vue d'une vogue de cent jours, il construit lentement et couronne son édifice avec un soin intelligent. Il cherche à jeter dans ses comédies le reflet des mœurs et l'image des vivants, et à en faire un miroir limpide où se reproduisent la couleur du temps et la force des choses. Ces œuvres, fortement voulues et jetées de haut, contiennent, agitent et mêlent les questions actuelles, les vices nouveau-nés et les problèmes endormis ; aussi, dès leur apparition, elles entrent dans les controverses ardentes et passent comme ces chars emportés qui soulèvent dans leur marche les clameurs des passants et la fange des chemins.

M. Dumas fils a ouvert des chemins inconnus, où s'est lancé derrière lui le troupeau des imitateurs. Il a exploré un nouveau monde, je veux dire le demi-monde. Le premier il a transporté sur la scène la courtisane moderne et nous a fait pleurer sur les malheurs d'une Marguerite effeuillée. On vit défiler une série de personnages pris sur le vif, et ressemblants à faire peur, les figures de nos amis, et les ombres de nous-mêmes. Plus de convention ni de morale, mais la vie réelle et le vice sans fard. Entremetteuses et fils de famille, soupers bruyants, amours tarifés, rires bêtes, paroles vides, sottes actions, et, reine de toutes les fêtes, but de toutes les intrigues, cause de toutes les ruines, la fille perdue, couverte de diamants qu'au jour de sa vente prochaine se disputeront les marchandes à la toilette et les lionnes du grand monde ! Boileau prétend qu'il n'est pas de serpent qui, par l'art imité, ne puisse plaire aux yeux. Le serpent nous plut. Et tout à coup la pécheresse ressentait les effets bienfaisants d'une passion qui, pour n'avoir rien de platonique, n'en était pas moins sincère. Qu'importe ! la vérité, de tout temps, nous fut plus chère que Platon. Ce mal d'amour se compliquait du mal de poitrine. Aimer, n'est-ce pas se racheter ? Mourir, n'est-ce pas expier ? Ainsi, disait l'auteur, ainsi pensait le public qui s'apitoyait chaque soir sur cette victime de l'amour instantané et de la phthisie galopante.

Une autre fois je ferai un voyage complet autour des œuvres de l'auteur, et j'irai en pèlerinage du Demi-Monde au Fils naturel. Aujourd'hui j'oublie les détails pour n'envisager que l'ensemble. M. Dumas n'écrit pas pour nous raconter, mais pour nous prouver quelque chose. C'est un philosophe qui met sa morale en action dramatique : il traite les questions sociales par la comédie en cinq actes, et s'efforce de faire rentrer les exceptions dans la règle, comme on ramène les brebis égarées dans la bergerie commune. Il réhabilite les Madeleines par l'amour, les fils naturels par le génie, et pour corriger la société des misères qu'elle ne peut guérir et des préjugés qu'elle ne peut vaincre, il lui prescrit de rendre l'honneur aux courtisanes qui s'amendent et de refaire une légitimité aux bâtards qui se distinguent. L'auteur est un orfévre qui parle d'or, et il se fait juge là où il devrait rester neutre. Il aime mieux fausser notre jugement que corriger le sien, et il me rappelle l'histoire de ce bossu qui ne pouvant redresser sa taille voulait courber le dos des autres.

M. Dumas serait trop heureux s'il employait à penser mieux que tout le monde le talent qu'il dépense à penser autrement. Pour me servir de l'ellipse de Jean Racine, nous l'aimons paradoxal, que ferions-nous sensé? Vous vous souvenez de l'affaire Clémenceau. Ce Clémenceau, comme de raison, est un bâtard qui, comme de juste, a du génie dans la sculpture et du malheur dans l'existence. Il épouse une Polonaise de la petite Pologne, et, artiste excellent, mais époux singulier, il taille d'après sa femme une infinité de Vénus qu'il expose à l'étalage des marchands de bronze. Sa Polonaise le trompe d'abord pour un Russe, ce qui est d'un mauvais cœur, puis pour des Français, ce qui indique du repentir dans l'inconstance, et enfin pour un monarque grisonnant, ce qui dénote de l'intelligence dans la rechute. Ce dernier trait est pris sur nature. Mais chut! si jadis on a vu des rois épouser des bergères, on le voit encore aujourd'hui.

Clémenceau voyage pour se distraire, et revient amoureux de sa femme et jaloux du prince régnant. Il entre un beau soir chez son infidèle et l'égorge au petit jour. Après quoi il se constitue prisonnier et écrit ses mémoires. En habile homme, M. Dumas pousse à l'acquittement des Clémenceaux présents et futurs, par cette raison que la société est responsable des égarements de ses enfants perdus, et que l'on doit considérer comme naturels les actes de ceux qui ne sont pas légitimes. De ce que nous avons des lois contraires à la recherche du père et des préjugés favorables à sa présence, il s'ensuivra que les Antonys ou les Clémenceaux, invoquant la fatalité qui arme leurs bras d'un couteau de cuisine ou d'un couteau à papier, s'écrieront pour toute défense : O société, voilà de tes coups ! Jeune homme, tu avais du génie, ce qui est plus rare que d'avoir un père ; tu es l'artisan de ta destinée et la cause de ton malheur. Aussi, si je fais partie du jury qui te jugera, je t'appliquerai le maximum des journalistes, quand bien même tu m'offrirais de me sculpter, sous les traits de Bacchus indien ou d'Apollon vainqueur.

J'arrive maintenant aux idées de Mme Aubray. Cette respectable dame a pour idées la régénération de l'amour et le pardon des fautes. A ses yeux, il n'y a pas de coupables, il n'y a que des malades, et aucune maladie n'est mortelle. Une femme quitte son mari et ses enfants pour courir les champs avec les amoureux de sa belle nature ; elle avait cette fièvre des voyages que les années dissipent : pardonnez, dit Mme Aubray à son ami Barantin, la guérison de la femme adultère, c'est le pardon du mari trompé. Je suis homme et non médecin, répond l'ami Barantin ; et il a cent fois raison. Ma femme est vieille et sans clientèle, et je vois dans son repentir plus d'intérêt que de sincérité. Quand la Madeleine pénitente répandit sur les pieds du Christ ses pleurs, ses parfums et ses cheveux, Dieu pardonna, mais il savait bien que les remords étaient durables et que les cheveux étaient vrais.

Mme Aubray fait la connaissance d'une certaine Jeannine, mère sans mari et riche sans héritage. Jeannine raconte l'éternelle histoire des filles qui naissent courtisanes. A dix-sept ans, Dieu, le bel âge! elle a, par un de ces hasards qui n'arrivent qu'aux filles pauvres, rencontré sur le chemin de sa mansarde l'héritier d'un agent de change. Aimait-elle? Pas si niaise. Elle a cédé aux conseils de sa mère et à l'éloquence du trois pour cent. Elle n'a pas plus de remords qu'elle n'eut de vertu. Son séducteur s'est marié en lui laissant comme souvenir un petit garçon et de petites rentes, et elle débite son anecdote d'un air si candide et d'une voix si douce que Mme Aubray l'appelle une inconsciente et en fait son amie.

Chère demoiselle Jeannine, ne croyez pas un mot de ce que vous dit Mme Aubray; toute fille de dix-sept ans est assez grande pour se garder de la cueillette des pommes et des discours du serpent. On ne se trompe pas entre le bien et le mal, et tous les choix sont libres. C'est la facilité du vice qui fait le prix de la vertu. Une fille qui tombe a beau s'écrier : « C'est pour ma mère, » ce prétexte n'amortit pas la chute, et si la famille a des exigences, la piété filiale a des bornes.

Mme Aubray reçoit Jeannine à correction et veut la placer avec avantage. Un bon mariage couronne les bonnes œuvres. Prenez mon ours, dit-elle, à un jeune écervelé qui, ayant fait de l'amour une profession, veut avancer dans la carrière : l'ourse est-elle jeune et jolie, douce, riche et honnête? Non. Comment, non? Elle a un enfant de cinq ans dont vous serez le père; c'est un commencement de famille et une avance d'hoirie. Le jeune écervelé recule plus épouvanté que le flot qui apporta le monstre funeste à Hippolyte. Voyons, soyons sérieux, reprend Mme Aubray, dont les idées bouillonnent. Êtes-vous sans reproche pour avoir le droit de jeter des pierres dans le jardin des autres ? Il n'y a qu'une photographie dans l'album de Jeannine et il y en a cent dans le vôtre. Il faut des époux assortis, et en rendant quatre-vingt dix-neuf points à votre femme vous jouerez à égalité la partie du mariage. Si le passé vous gêne, vous l'oublierez, et, quoi qu'en ait dit César, il vaut mieux être le second dans une jolie ville que le premier dans un triste village.

Jamais paradoxe aussi fortement rayé ne frappa les oreilles des bons bourgeois assis sur des fauteuils payés d'avance. On n'est pas forcé de réfuter tout ce qu'on est contraint d'entendre. On sait le reste. Le jeune Aubray est amoureux de Jeannine et demande à sa mère un consentement qu'elle refuse. Pourquoi ? dit le fils respectueux. Parce que Jeannine a failli, répond Mme Aubray, revenue à un bon sens passager. — Mais tu voulais la marier à un autre. — Mais cet autre n'est pas toi. — Mais le repentir, mais le pardon, mais l'amour ! j'aurai donné le précepte et non l'exemple. Mme Aubray avait perdu ses idées, son fils les lui rapporte. En guise de récompense honnête, elle lui accordera la main de Jeannine. C'est sublime ! s'écrie le jeune étourdi ; c'est raide ! reprend l'ami Barantin. Et sur ce, ce n'est pas la pièce qui tombe, mais la toile. Ainsi finit la comédie.

Eh bien ! cette comédie, tous les critiques l'ont applaudie, de crainte sans doute de passer pour les Zoïles d'un autre Homère, la peur de paraître jaloux leur a fait perdre le courage d'être sincères. Où ils ont perdu leurs droits, je voudrais reprendre les miens. M. Dumas fils n'a pas consommé cette œuvre du démon qui s'appelle une comédie... l'œuvre se traîne sur ses quatre actes boiteux. Peu de mouvement, d'intrigue et de vie; en revanche, des phrases sonores et des tirades de sept lieues ; l'intérêt languit et l'ennui gagne. On entend à chaque instant la détonation des paradoxes, et on achèterait plus cher que sa stalle quelques minutes d'arrêt à la station du bon sens. Les mots pour rire n'abondent pas dans le dialogue, et les personnages de l'auteur ont trop d'idées pour avoir un peu d'esprit. Du talent, cependant, et qui en doute ? mais dépensé à donner aux filles-mères une petite place au coin du feu des vestales. A la sortie, j'entendais un monsieur fredonnant le refrain d'une chanson bien connue :

> Le jour viendra que le père éclairé
> Donn'ra sa fille au forçat libéré.

Ne hâtons pas cette heureuse journée, et n'éclairons pas le père.

Si M. Dumas a voulu démontrer que le repentir rachète les fautes et relève les coupables, il n'a pas l'étrenne de sa preuve. Seulement il faut appliquer au pécheur qui revient sur l'eau la règle des jeux innocents : Quiconque a failli doit donner un gage. Rien n'est plus commun que le nom de repentir, rien n'est plus rare que la chose. « Ah! tu crois qu'il n'y a qu'à dire : je me repens, et que Dieu va te donner tout de suite la force et le triomphe. Dieu ne croit pas les hommes sur parole, et il ne commencera à se fier à ton repentir que dans deux ou trois mois; ainsi nous avons du temps devant nous. » Qui a dit cela? M. Dumas fils, dans un roman de sa jeunesse. Il avait raison alors; il a tort aujourd'hui. Jeannine pleure, Jeannine crie, Jeannine veut qu'on la marie. Hé, pas si vite, mademoiselle. Cherchez l'expiation avant de demander la récompense. N'en déplaise au sexe opposé, un mari jeune, beau, amoureux et riche, c'est ce qu'il y a de mieux dans cette vallée de larmes que nous appelons la vie; c'est le phénix des anciens, la perle rare, le rêve des vierges, la couronne des édifices et le gros lot des loteries autorisées.

Mais je vais plus loin. Je suppose chez la jeune fille coupable la contrition parfaite et un repentir de première classe; malgré tout cela, je ne me sens aucune velléité de m'agenouiller à côté d'elle-même sur le même coussin, comme dit M. Ponsard dans une langue qu'il suppose poétique. J'en ferais mon amie peut-être; ma femme, jamais. Préjugé? non; sentiment? oui. Nous voulons pour compagnes

> Des femmes d'un tel prix
> Qu'il soit bon d'en tirer les âmes de nos fils,

a dit Augier dans des vers supérieurs à ceux de Ponsard, déjà nommé. Le pardon ici-bas n'est pas le frère de l'oubli, et l'innocence a moins de mérite peut-être, mais a plus de charmes que le repentir. Nous avons l'ambition naturelle d'être en amour les premiers et les seuls. Les femmes ressemblent à l'oranger dont les fleurs blanches ornent leurs fronts novices. Il faut les cueillir en boutons sans attendre qu'elles aient donné des oranges.

Au lieu de guerroyer contre les préjugés, pourquoi ne pas s'en prendre à nos vices ? Il y a dans cette société prude et corrompue de beaux sujets qui dorment en attendant le poëte. A qui s'enrichit tout est pardonné, et on ne s'inquiète pas de l'impureté de la source en face de la largeur du fleuve. J'ai vu des voleurs impunis adorés des honnêtes gens sans fortune... J'ai vu des épouses ouvertement adultères parer leur mauvaise renommée d'une ceinture de diamants, ouvrir de larges salons trop étroits pour leurs hôtes, et donner la laideur de leurs maris comme la raison d'être de leurs amants. J'ai vu des femmes sans reproche jeter des regards envieux dans l'alcôve des courtisanes et acheter des diamants de rebut tombés d'une épaule impure J'ai vu des jeunes gens de famille attendre pour se marier que le ciel eût mûri les vendanges de Beaune ou d'Épernay, et chercher dans un vin généreux la vérité, c'est-à-dire la fortune. J'en ai vu qui, au lendemain de leurs noces, payaient de la dot de leurs femmes abandonnées les services de leurs maîtresses reconquises. J'ai vu des vieillards chargés d'années vendre, à deniers comptants, cette part d'honneur et ces souvenirs de gloire qui, venant de leurs aïeux, devaient retourner à leurs fils.

Voilà d'admirables matières à mettre en vers et en prose. En vérité, ce siècle est un mauvais moment; de tout ce qu'on entend les oreilles sont blessées, les yeux choqués de tout ce qu'on voit. A l'Académie, M. Nisard, l'inventeur des deux morales, fait l'éloge de M. Dupin, qui perfectionna son invention. A la chambre, M. Ollivier, rapporteur de la loi qui dote M. de Lamartine, engage les souverains actuels à imiter ce roi de Perse qui jetait un collier d'or au bout de chaque palmier vénérable qu'il rencontrait sur sa route bordée de palmiers. J'imagine que si l'on remplaçait palmier vénérable par olivier pacifique, on n'échangerait que le nom des arbres et nullement le sens des mots. Des journalistes poursuivis, des lois de réaction votées, des bruits de guerre, à l'horizon, et nulle part la liberté. De quelque côté qu'on regarde, les craintes dépassent les espérances, et les événements, les hommes.

X

Avril 1867.

M. TAINE ET SON VOYAGE EN ITALIE.

Aujourd'hui, celui qui vient de loin n'a beau jeu de mentir. S'il se trompe, chacun peut le reprendre; s'il dit vrai, il n'instruit personne. L'Europe est connue comme le loup blanc, et même mieux. Tout le monde peut aller à Corinthe et tout chemin mène à Rome. Cela étant, tout voyageur qui a la prétention d'intéresser le public au récit de ses expéditions doit appartenir à l'espèce des Dumas, des Joanne ou des Speke. Il faut ou qu'il ait de l'esprit comme un diable, ou qu'il soit exact comme un guide, ou qu'il ait bu le Nil à sa source. S'il n'a rien à m'apprendre, s'il ne sait rien inventer, ou s'il ne peut m'être utile, qu'il n'écrive pas ses impressions. C'est si facile !

Si j'allais en Italie, — beaucoup d'honnêtes gens y vont et malheureusement n'y restent pas ! — irais-je vous peindre la couleur du ciel, l'aspect des cités ou la figure des montagnes ? Non, certes, et si, dans une église ou dans un musée, j'éprouvais quelque émotion profonde de chrétien ou d'artiste, j'aurais la pudeur de la garder pour moi comme un trésor particulier et un bonheur dont on jouit seul. En pareille matière, tout a été dit par de meilleurs que moi, et sur chaque ruine du passé les chants ont poussé plus nombreux encore que les fleurs. Prenant l'Italie telle qu'elle est, j'essayerais de faire connaître les destinées où elle tend et les hommes qu'elle produit. Je décrirais ce roi galant homme qui a quelques-uns des talents d'Henri IV, celui de battre excepté ; j'aborderais dans l'île où réside communément cette héroïque ganache, idole et jouet d'un peuple d'enfants ; j'irais entendre ces députés, bruyants et sans profondeur, comme les torrents des Apennins ; puis, au-dessus du tumulte des hommes et des choses, dans la sphère sereine où ne montent ni le bruit des passions, ni l'écume des flots, je placerais la figure auguste et couronnée du vieillard qui représente un Dieu.

L'Italie est pour la cour de Vienne une utile et agréable voisine. Elle la console dans ses afflictions et la relève dans ses désastres. En effet, dès qu'un prince éprouve l'envie de cueillir sur les champs de bataille quelques feuilles de ce laurier qui va si bien aux têtes royales, il cherche à l'Autriche une querelle d'allemand, glane deux ou trois victoires, conclut la paix et revient triompher. Heureusement l'Italie est là pour offrir à l'Autriche l'occasion de prendre sa revanche et de gagner une bataille. Elle pousse même l'obligeance jusqu'à varier les éléments de ses défaites et à se faire battre tantôt sur la terre ingrate, tantôt sur la mer perfide. Si Custozza ne fut qu'un événement vulgaire, Lissa ressemble à une attention délicate, et il faut avouer que, surtout pour des Autrichiens novices en de telles aventures, l'abandon d'une victoire navale réunissait l'attrait d'une nouveauté et le charme d'une surprise.

Après cette digression, j'arrive au but. M. Taine, pour son malheur, a fait son tour d'Italie et appartient à la famille des écrivains voyageurs qui partent avec une plume et reviennent toujours avec un livre et parfois avec deux. Je supplie M. Taine, s'il lit ces lignes, de n'y point voir ce qui n'y saurait être, une intention blessante ou une pensée hostile. J'aime sa personne et son talent, et quoiqu'il y ait entre nous des abîmes, je lui tend la main par-dessus. Il est lettré comme un mandarin, instruit comme un bénédictin, consciencieux dans le travail et patient dans l'effort, et en louant ici ses qualités innées ou acquises j'ai le plaisir d'être impartial et la conviction d'être juste. Aussi ardent à rechercher la vérité qu'habile à la découvrir, c'est un philosophe à système et un critique de parti pris. Né Français et construit en Allemand, il a avalé plus de théories qu'il n'en peut rendre, et a pour tête un secrétaire mécanique dont chaque tiroir renferme une erreur raisonnée. Il part du vraisemblable pour arriver au faux, et comme il a sur toute chose une doctrine inflexible, il est obligé de violenter les faits pour les introduire dans ses systèmes, imitant en cela les serpents de la plus grande espèce, qui, pour engloutir un bœuf, sont contraints de le broyer sous l'étreinte et de l'allonger comme un câble.

Quand M. Taine s'est embarqué pour l'Italie, il a cru, et de bonne foi, comme tout ce qu'il croit, rivaliser avec Colomb et découvrir un monde inconnu. Tout l'étonne dans ce pays nouveau, les montagnes, dont quelques-unes sont des volcans, et les naturels, dont plusieurs sont des mendiants. Il mesure en curieux la profondeur des lacs, examine en artiste les merveilles des cités, et chante en poëte les nuages ou l'azur du ciel. S'il pleut, il joue de la harpe ; s'il fait beau, il prend la lyre. Il sent avec force et rend avec effort. Inépuisable et fleuri dans ses descriptions, il embarrasse sa phrase d'images plus cherchées que justes, et de mots plus retentissants qu'expressifs. Comme écrivain, il n'a pas reçu la simplicité et n'a pas acquis la grâce. Homme d'étude et de cabinet, il éprouve, une fois lâché en plein air, la joie d'un prisonnier qu'on délivre et les étonnements du rat qui court le monde. Ce philosophe, matérialiste quoi qu'il en ait, admire dans la nature les combinaisons merveilleuses du hasard tout-puissant. O philosophe! devant les splendeurs de la terre, nous avons, comme vous, des admirations et des chants ; seulement nous louons Dieu qui fit toutes choses, et dans les mers immenses et les cieux étoilés nous reconnaissons les historiens de sa grandeur et les œuvres de ses mains.

M. Taine, à peine arrivé à Rome, s'épanouit dans la critique et nage dans l'hérésie. A l'en croire, la ville est sale, le Tibre est jaune, les rues trop étroites, les églises trop dorées. C'est bien possible. Il y a, d'ailleurs, un grand charme à être seul de son avis et à remonter le courant des opinions admises, et je sais qu'en matière de critique, un paradoxe bien soutenu a plus de piquant qu'une poignée de vérités vulgaires. Mais M. Taine ne s'arrête pas en si beau chemin. Il nous dit que Rome a des airs de tombeau, et, empruntant un mot à M. de Girardin, il ajoute « qu'elle pue « la mort. » Non! vous êtes trop visiblement orfévre, et à votre insu l'oreille de l'athée perce sous la peau du critique. A Rome, tout vit à jamais, et le passé luimême se revêt de jeunesse et d'immortalité. Les pierres parlent, et partout la mort féconde enfante la vie éternelle. Des ruines du Colisée surgit la coupole de Saint-Pierre, merveilleuse fleur de l'art qui s'élève sur le tombeau des martyrs. La ville aux sept collines est le centre et le rendez-vous du monde. Le Dieu unique a remplacé les dieux évanouis, et les étrangers, venus pour interroger la poussière animée des Catacombes ou du Forum, regardent de nouveaux et de plus saints triomphes gravir le rocher du Capitole immobile.

Je ne suivrai pas M. Taine dans ses courses de villes en villes. Il m'apprendrait peu de chose et me conduirait trop loin. Je laisse aller le voyageur de pays en pays, et je m'attache au critique d'art. M. Taine doit être un juge exquis des beaux arts, puisqu'il professe à leur École. Malheureusement, il a un système inflexible, et il veut emprisonner dans le cercle qu'il a tracé ce qu'il y a de plus indéfinissable et de plus rare, — le génie. Selon lui, l'art est un reproducteur exquis, et, depuis l'antiquité jusqu'à nos jours, les peintres et les sculpteurs n'ont eu d'autres prétentions que d'égaler la nature et de tracer des images aussi parfaites que leurs modèles. M. Taine a étudié l'anatomie à ses heures de loisir, et il parle du corps humain comme quelqu'un qui l'a disséqué. Il s'exprime sur l'art en beau langage médical, et il agrémente de poésie l'idiome des vétérinaires. L'autre jour, professant à l'École des Beaux-Arts, il a déclaré que le Titien « avait donné aux extrémités les teintes ocreuses des aponévroses et des gaînes tendineuses. » Eh! mon Dieu, oui, tout simplement!

Ainsi, selon vous, Phidias, Praxitèle et tous les grands artistes qui s'épanouirent sous Périclès, n'avaient d'autre but que de tailler dans le marbre pentélique la ressemblance des vierges qui remplissaient leurs amphores au courant de l'Ilissus et des beaux jeunes gens couverts de la poussière d'Olympie. Sans préoccupation de l'idéal et satisfaits des types exquis qui posaient devant eux, ils façonnaient leurs Jupiters sur le patron des athlètes couronnés et n'avaient pas l'ambition de gonfler d'un souffle divin la poitrine des Immortels. Tout leur art n'était que l'agencement des muscles et la perfection des lignes. Allons donc ! Si les statues qu'ils nous ont laissées ont triomphé des siècles impuissants, c'est qu'elles attestent les efforts du génie et qu'elles portent l'expression d'une beauté plus qu'humaine ? Ces anciens, dant la religion n'était qu'un poëme infini, avaient peuplé de divinités leurs flots, leurs forêts et leurs monts; en sculptant pour leur temple les Minerves et les Vénus, ils regardaient le modèle en s'inspirant de plus haut. Ils cherchaient si des vagues des mers ou du sommet de l'Ida ne surgissait pas quelque apparition rayonnante, et levaient les yeux sur leur ciel d'azur sans cesse sillonné par les chars ou les ailes des dieux protecteurs d'Athènes !

Si j'ai bien compris l'auteur, l'idéal n'existe ni dans l'art ni dans les artistes. Les grands hommes de la Renaissance prenaient pour modèle d'atelier un Italien de belles proportions et le transformaient, selon le caprice de la palette ou du ciseau, en saint du ciel, ou en courtisan des Médicis. Ils avaient étudié le nu et tenaient à prouver qu'ils avaient fait de bonnes études. Dans les tableaux de maîtres on sent sous les plis de l'étoffe la saillie des muscles et les attaches des membres. Ils ont peint ce qu'ils voyaient, des corps vigoureux et bien portants, et, comme l'âme n'existe pas, ils n'ont pu ni la voir ni la rendre. La Vénus du Titien est un bel animal féminin tel que Venise en sait offrir, et une madone de Raphaël n'est que le portrait d'après nature d'une ouvrière de Rome ou d'une nourrice de la banlieue. Eh bien, non ! malgré vous, je persiste à croire que Raphael, en peignant ses Saintes Familles, pensait à tout autre chose qu'à reproduire exactement les traits des laveuses du Tibre et des bambins du quartier. Il a cherché à mettre dans le sourire de la mère et dans les regards de l'enfant quelques reflets du ciel entrevu, et à créer des images dignes d'être exposées sans insulte sur les murs des cathédrales et sur la pierre des autels.

Dirai-je encore à M. Taine qu'il n'y a pas entre les races et les climats des différences aussi absolues que ses théories le comportent ? Ceci nous mènerait bien loin, et j'ai hâte de terminer par un mot d'éloge à l'adresse de l'auteur et du livre. Je vais citer quelques lignes dont je condamne le sentiment, mais dont l'expression m'enlève. L'auteur, se promenant dans les rues de Pise et s'indignant que le même soleil ait pu luire sur les splendeurs d'autrefois et sur les ruines présentes, compare les cités qui vieillissent à l'homme qui dépérit. L'humanité dont nous sommes membres a, dit-il, son image dans la Niobé de Florence. « Autour d'elle ses filles et ses fils, tous ceux qu'elle aime, tombent incessamment sous les flèches des archers invisibles. Un d'eux est abattu sur le dos et sa poitrine transpercée tressaille ; une autre encore vivante lève des mains inutiles vers les meurtriers célestes ; la plus jeune cache sa tête dans la robe de sa mère. Elle cependant, froide et fixe, se redresse sans espérance et, les yeux levés au ciel, contemple avec admiration et avec horreur le nimbe éblouissant et mortuaire, les bras tendus, les flèches inévitables et l'implacable sérénité des dieux. »

Eh bien, non! l'humanité n'est pas ce marbre inconsolable qui pleure éternellement l'immolation de ses fils. C'est la mère aux flancs féconds dont les enfants se renouvellent comme les fleurs des printemps et les fruits des automnes. L'homme ne sent pas, comme vous le dites, peser sur sa tête la main des puissances fatales! Il sait qu'il a sa part de douleurs et son lot d'espérances, et que, jouet du temps mais fils du ciel, s'il n'est que l'habitant passager des cités d'ici-bas, il doit être l'hôte immortel de la patrie sans orages. Quand son heure est venue et qu'il sent sa poitrine trouée par la flèche inévitable du Dieu qui le rappelle, il ne se plaint pas, mais il prie; il sait qu'il ne meurt pas, mais qu'il va renaître, et, emportant ses souvenirs de la terre et ses douleurs d'un jour, il les change contre le don du bonheur sans fin et la possession de cieux sans limites.

Il me faut descendre de ces hauteurs et revenir de Venise, où le carnaval s'agite, à Paris, où les souscriptions triomphent; on quête des petits sous pour la statue de Voltaire, on va remplir jusqu'aux bords la tirelire de Lamartine. La France donne quatre cent mille francs à un grand poëte ruiné, et prouve une fois de plus qu'elle est assez riche pour payer ses gloires. Quels revers! et faut-il que la profondeur des chutes se mesure à la hauteur des essors? Je n'ai pas le courage de railler cette vieillesse indigente, et je me souviens que ce mendiant fut un dieu. Où est le temps où, saisissant la lyre, il tirait de l'instrument divin des accords dont toute oreille était charmée et toute âme attendrie? Où est le temps où il voyait à ses pieds la France, comme une autre Elvire, aussi tendre et moins constante?

> Toutes ces choses sont passées
> Comme l'onde et comme le vent.

XI

Mai 1867.

M. ROUHER.

Pendant les jours d'abstinence que nous venons de traverser, j'ai conçu la pieuse pensée de raconter un à un les grands hommes qui sont aujourd'hui l'honneur de l'Empire et la parure du siècle ; ce sera long, mais méritoire. Il m'a semblé d'ailleurs que, pour les jours de disette, c'était une bonne fortune que de pouvoir offrir les portraits des demi-dieux dont les fronts touchent aux cieux et les pieds à nos têtes.

Si j'ai usé de la liberté de blâmer, c'est pour rehausser

le prix des éloges, et si j'ai mis des ombres aux tableaux, c'est pour faire valoir leur lumière. Comme l'astrologue de la fable, j'ai étudié la marche des étoiles fixes et des astres rayonnants, mais je me suis gardé du puits profond où séjourne la vérité, — celle au moins qui n'est pas bonne à dire.

Ab Jove principium, dit un proverbe latin d'une incontestable justesse. Tout commence à Jupiter. Je ne le nie pas, mais je craindrais les suites de ce commencement périlleux. Je négligerai donc le premier des dieux pour le premier de ses ministres, et je tâcherai, en restant tout à fait sincère, de n'être qu'à demi flatteur. Le 30 novembre 1814, jour d'heureuse mémoire, sans que sa venue ait été accompagnée d'un prodige au ciel ou d'un tremblement sur la terre, un fils naquit dans la maison de M. Pierre Rouher, avoué près le tribunal de Riom. L'enfant reçut le doux nom d'Eugène, lequel, en français, n'a l'air de rien, mais en grec signifie « bien né ». Parfois les ministres naissent sous le toit des avoués, comme les aigles au nid des colombes. Le père, homme modeste, se contentait du tribunal; le fils, plus ambitieux, s'introduisit à la cour.

Autant le printemps de 1814 avait été funeste, autant l'hiver nous devait être propice, et Dieu seul savait alors ce que le berceau d'un enfant contenait d'espérance et d'oubli : nous l'avons appris par la suite. Ainsi donc le pays qui avait vu naître Vercingétorix nous donnait M. Rouher, après dix-neuf siècles de repos, et il était dans la destinée de la vieille Auvergne d'enfanter pour les Césars, tantôt des ennemis dignes de les combattre, tantôt des auxiliaires capables de les servir.

Il y a un grand charme à connaître les origines de ce qui doit être grand, et c'est pourquoi on aime à remonter à l'enfance des hommes qui gouvernent la terre comme à la source des fleuves qui la fertilisent. Chez le jeune Rouher, le goût de la procédure n'attendit pas le nombre des années, et il fit voir de bonne heure ce profond amour du droit qui devait le servir si bien et le mener si loin. Dès l'âge le plus tendre, au lieu de creuser des trous dans le sable ou de façonner des cocottes en papier, il jouait avec le timbre de la loi et forgeait des dossiers en miniature. Plus tard, ce fut un clerc d'une assiduité hors ligne, et ses contemporains n'ont pas oublié de quelle ardeur il leur vantait la munificence des avoués et les plaisirs de leurs études. Puis, ayant prêté son premier serment, il débuta avec succès au barreau de sa ville natale, et mit enfin le nez dans des dossiers sérieux. Il devint en peu de temps le premier dans sa bourgade et le prophète de ce pays volcanique, et il arriva vite à être aussi connu que les fontaines de Clermont ou les sommets du Puy-de-Dôme.

Les avocats arrivent à tout. Il vint à Paris comme député de sa province aux assemblées républicaines, et se fit remarquer par l'étendue de ses connaissances, le charme de sa parole et la fougue de ses opinions. Je devine plutôt que je ne connais cette partie de son existence, et je sais seulement qu'en 48 il votait pour

Cavaignac et qu'il tenait essentiellement à ce que le général n'ignorât point cet incident. Le général dut avoir du plaisir à le connaître et de l'intérêt à s'en souvenir. Mais où sont les neiges d'antan et les votes d'autrefois ?

J'ignore de quelles grâces était orné son printemps, moi qui ne l'ai vu qu'à l'automne. Aujourd'hui, c'est un Auvergnat de grandeur raisonnable et de fortes dimensions. Sa tête, ample et carrée, supporte sans fléchir le poids de sa pensée. Des cheveux, noirs, abondants et bouclés qui l'ombrageaient jadis, beaucoup sont allés rejoindre le vote de 48, mais il ramène les fidèles avec l'espérance secrète de faire illusion sur leur nombre. Les yeux, bruns, intelligents et vifs, regardent en face, et voient plus loin que le nez spacieux qui domine sa bouche éloquente. Il a les épaules larges, les mains épaisses, les jambes volumineuses, l'extérieur massif, et réunit en un mot tous les caractères de cette race persévérante qui fournit à la France les porteurs d'eau et les ministres d'État.

Cet homme puissant, dans l'intimité devient un homme excellent; il aime la paix et la demande aux autres. Prompt à obliger, mais lent à se mouvoir, il donnerait volontiers, si pour satisfaire un solliciteur il n'avait qu'à dire un mot qui serait gracieux, ou qu'à étendre son bras, qui est long. Il raffole du piquet, et, joueur difficile, il s'irrite des retours de la fortune et des victoires de l'opposition. Ses goûts n'ont rien de raffiné, ses dépenses rien d'excessif. Il adopte les poses négligées, familières aux grands hommes, et souvent à ses réceptions on l'a vu debout et causant, une jambe sur le tapis, l'autre à l'écart sur un fauteuil, et jouant dans les salons le rôle du colosse de Rhodes sur la mer. Aucun luxe, ni de table, ni de voiture, ni de toilettes. On comprend à le voir passer que l'habit ne fait pas le ministre et qu'il n'a dû que médiocrement souffrir de la grève des tailleurs.

On ne lui connaît pas de bonnes fortunes, et on lui en suppose une grande. Toutefois il ne possède qu'une seule maison, sise à Paris, dans le haut des Champs-Élysées, c'est-à-dire dans un quartier où l'on construit beaucoup et où l'on n'exproprie pas encore. Il n'avait payé que cent francs le mètre le terrain sur lequel s'élève cette maison, plus grande à coup sûr que celle de Socrate et peut-être moins bien remplie. Il possède en outre, du côté de Brunoy, une villa des champs où il se rend tous les dimanches pour goûter l'agréable oubli d'une vie agitée et respirer un air auquel il permet d'être libre. Il rejette, une fois par semaine, le lourd fardeau des affaires, et il s'amuse à ne rien faire et à n'être rien. Le jour où il a voulu être quelque chose, c'est-à-dire conseiller municipal, il a échoué dans ses desseins ambitieux et a trouvé les électeurs des campagnes plus rétifs que les députés des chambres. Étrange ! Mais s'il se trouvait parmi ses électeurs quelques porteurs d'obligations mexicaines, il est assez naturel que ces hommes des champs, en se souvenant de ses conseils, l'aient refusé pour conseiller.

C'est un homme de convictions tempérées, mais de passions violentes. Il se dérobe parfois, se laisse souvent ramener et s'emporte presque toujours. On m'a cité de lui un trait qui montre bien l'ardeur de son tempérament et la mobilité de son esprit. A un conseil présidé par l'empereur, il soutint, dans une question de chemin de fer, une opinion qui devait être la bonne, puisque c'était la sienne. Il discuta pendant deux heures, lâchant bride à sa fougue auvergnate et faisant des merveilles de parole et du feu des deux pieds ; au sortir de la séance, il dit tranquillement à un de ses contradicteurs les plus persévérants : « Après tout, que m'importe ! » La seule question qui lui importe, c'est celle de la liberté commerciale, dont il devint le partisan déterminé après en avoir été l'adversaire convaincu. Là-dessus il s'est fait intraitable, au point de ne pas souffrir de controverse et d'interdire, au nom de la liberté de commerce, la liberté de discussion. Il considère le traité de 1861 et les réformes qui l'ont suivi comme la plus grande de toutes les œuvres de sa vie et celle qui est destinée à le conduire à l'immortalité, dont, j'en suis persuadé, il se soucie fort peu. Il a raison : pour devenir immortel il faut commencer par être mort, et le premier pas coûte tellement qu'on oublie ce qu'il rapporte.

Il sait prodigieusement de choses et n'oublie rien de ce qu'il sait. Maintes fois, engagé résolûment dans le dédale des affaires compliquées, il a su retrouver sa route à l'aide de son vaste savoir et de son lumineux bon sens. Rien ne lui est étranger et rien ne l'arrête. Souvent il a discuté le procédé de fabrication, les prix de revient, de transport et de vente, comme s'il avai été lui-même ouvrier, producteur ou négociant, et de façon à confondre les hommes spéciaux, étonnés d'apprendre de lui là où ils croyaient pouvoir l'instruire. Ce sont là des qualités rares et qui vont bien à un ministre dirigeant. Sa mémoire est prodigieuse. Si parfois il paraît ne plus se souvenir des incidents de sa vie passée, c'est que le résultat obtenu le rend indulgent pour les détails et qu'il considère que ses moyens remarquables justifient sa fin glorieuse.

Si gouverner c'est prévoir, il gouverne mal, car il prévoit peu. Il ne travaille pas pour l'avenir, non par défaut d'intelligence, mais par sécurité d'esprit. Renfermé dans une insouciance aimable et confiant dans sa vigoureuse nature, il est convaincu qu'il ne se présentera jamais de difficultés qu'il ne puisse ou résoudre ou tourner. Fidèle aux traditions de sa race, il n'aborde pas les longs travaux sans calculer le succès qu'il en pourra cueillir. Aussi se préoccupe-t-il avant tout de l'effet à produire aux chambres et des succès oratoires qui, en grandissant sa renommée, affermiront son pouvoir. Puis, la session passée et les beaux jours revenus, il ajourne à l'année suivante les orateurs de l'opposition et s'endort, comme un autre Platon, au bourdonnement des abeilles dont il arracha l'aiguillon.

Pendant les discussions du Conseil d'État ou des commissions, il a l'air préoccupé de tout autre chose que de ce qu'il entend. Coiffé d'une calotte de velours noir descendue sur ses yeux, dont elle voile le rayonnement, mollement couché dans un fauteuil qui gémit, mais qui résiste, les mains plongées dans ses poches, le ventre poussé en avant, il semble dormir et rappelle aux érudits ce bloc indigeste et lourd dont parle le poëte des *Métamorphoses*. Tout à coup la masse s'agite et se détend, le ministre s'éveille et parle; avec une grande abondance de mots heureux et d'idées justes, il reprend la question débattue et la met en lumière; il l'épuise, la conduit et la porte vers une solution qui, sans lui, se serait fait plus attendre et eût été moins heureuse. Si l'affaire est sérieuse, il s'anime, enfle sa voix et emprunte à la rhétorique ses comparaisons, ses images et ses fleurs; si le débat se prolonge et s'il trouve de la résistance, il bouillonne comme l'eau sur le feu et entre en éruption comme les volcans d'Auvergne aux anciens âges. Dès qu'il se passionne, ce qu'il fait vite et volontiers, il se croit convaincu et sa conviction l'entraîne. Il s'épuise en s'irritant et domine moins sûrement les autres dès qu'il commence à perdre le vaste empire de lui-même.

A la Chambre, il se tient mieux et, chose difficile à croire, se contient plus longtemps. Il conserve la calotte noire que M. Ollivier arbora en face de lui le jour où il se crut sur le point de devenir son remplaçant ou son sosie. Il écoute ou semble écouter. Pendant les discours de ses adversaires, il ne cesse de produire des observations malignes, des jugements téméraires et des mots charmants, le tout à demi-voix, mais de façon pourtant à ce que ses voisins l'entendent et puissent se répéter le mot de Caton sur Cicéron : « Quel aimable ministre nous avons là! » Mais peu à peu il perd patience, hausse le ton et arrête les orateurs adverses par des interruptions dont la forme est rarement courtoise. Cette conduite est plutôt celle d'un chef d'opposition que d'un premier ministre ; mais il ne peut chasser son naturel, qui reviendrait au galop, et tel qu'il est la majorité l'aime encore et l'applaudit toujours.

Enfin son tour est venu et il s'apprête à répondre. Après avoir ôté sa calotte, il se dirige vers la tribune et gravit les escaliers qui y conduisent avec l'assurance majestueuse d'un vieux zouave qui monte à l'assaut. Il a vraiment l'air robuste et la tournure martiale. Il va parler, on fait silence ; il parle, et la majorité admire. Si sa parole, un peu pâteuse au début, s'éclaircit par la suite, ce n'est pas sans raison qu'on lui a donné le surnom de Démosthènes avant les cailloux. Sa voix est sonore, son geste large, ses mouvements amples. Il discute sans se troubler, s'anime sans se démener, et donne à la tribune le spectacle d'un athlète vigoureux, intelligent et souple.

Ses procédés habituels de discussion sont d'un orateur habile : il commence par poser nettement la question, rappelant ce que ses adversaires ont dit, et déclarant hautement qu'il va reprendre leurs arguments un à un pour les réfuter dans l'ordre même où ils ont été émis ; puis il déplace le débat, change le terrain et, quand il le juge utile, ce qui lui arrive souvent, néglige absolument de remplir le programme qu'il s'était tracé, laisse de côté les objections dont il devait faire justice, et dédommage ses auditeurs par l'énergie avec laquelle il affirme ce qu'il prédit sans certitude et ce qu'il débite sans croyance. A la moindre contradiction il perd les bénéfices de sa modération et s'agite à la tribune comme la sibylle sur son trépied. Incapable de se mettre au diapason normal, il eût fait merveille sous un chef parlementaire qui lui eût montré le droit chemin et donné la note juste. J'oserai dire qu'il aurait besoin, pour adoucir et régler sa voix, sinon de la flûte antique, trop tendre pour lui, peut-être au moins de la vielle nationale que Vercingétorix aimait et dont ses enfants jouent encore.

M. Rouher répond aux interruptions avec une verve dépourvue d'atticisme ; il abonde en mots heureux qui partent comme des balles et vont frapper quelqu'un. Avocat de fortune, il défend avec succès un gouvernement qui prête à l'attaque et donne au défenseur. Dévoué à sa tâche, il ne produit pas la parole sans dépense physique et ne remporte la victoire qu'à la sueur de son front. Il sort de la tribune comme un lutteur de l'arène, couvert d'écume et trempé d'eau. Cependant le bruit des applaudissements retentit à ses oreilles et il voit descendre à lui les flots dociles des majorités captivées. On entoure sa personne, on presse ses mains puissantes, on attend une parole amie, tandis que les députés rebelles regardent des hauteurs où ils siègent les empressements de la foule et les ondulations de la vallée.

M. Rouher a, comme je l'ai dit, l'art d'écouter sans en avoir l'air. Lorsqu'il était vice-président du Conseil d'État, il agaçait profondément M. Baroche par le nombre des lettres qu'il écrivait en séance et entassait avec méthode, s'interrompant dans son petit travail pour prendre la parole, sans hésiter à le faire et sans paraître y être prêt. A la Chambre il affecte une tenue plus régulière et une attention plus soutenue. Après avoir parlé, il s'inquiète peu de la façon dont ses paroles ont été reproduites par la sténographie et figureront au *Moniteur*. Il a des secrétaires, mais il n'en abuse pas ; il tire tout de lui-même et est le père de ses œuvres. Il médite ses discours futurs soit à table, soit en voiture, soit au théâtre, partout où, même au milieu de la foule et du bruit, sa pensée peut trouver la solitude et le recueillement, et il arrive à la Chambre prêt à tout, même à se taire.

Les grandeurs n'ont pas augmenté sa fierté et il fait bon visage à ses compagnons d'autrefois. Quand M. Baroche fut nommé au Conseil d'État, un de ses intimes amis vint le trouver en lui disant : « Je ne sais si je dois encore te tutoyer ? — Faites ce que vous voudrez, » répondit M. Baroche avec l'urbanité courtoise qui est l'un de ses plus grands charmes. Un ancien ami de M. Rouher lui disant « vous » dans des conditions analogues, reçut comme réponse ces simples et touchantes paroles : « Veux-tu que mon pied.... » Je n'ose achever la phrase, et j'ignore si le ministre exécuta jusqu'au bout ce premier mouvement qui devait être le bon. Tout ce que je sais, c'est que les pieds de M. Rouher peuvent sans se gêner rendre des centimètres aux pieds fameux sur lesquels filait la reine Berthe.

En somme, ses qualités vivent en paix avec ses défauts ; je ne ferai le compte ni des unes ni des autres, par peur des longues additions. Aura-t-il sa place dans l'histoire ? Ceux qui viendront le verront. Malheureusement pour lui il n'a pas de rivaux, et c'est l'aiguillon de la concurrence qui exalte les facultés et double les forces humaines. Il se repose dans la certitude de ne pouvoir être remplacé, car autour de lui il n'est personne qui brille par des connaissances aussi variées et un talent aussi rare. Sûr de sa situation, il ne songe pas assez à celle du pays, se laisse aller à sa nature au lieu de la réprimer, et se croit éternel sans vouloir être patient. C'est pourquoi, si un rival surgit tout à coup, il verra venir à lui une grande lettre cachetée contenant un décret de deux lignes, et il tombera lourdement, pareil à ces héros d'Homère dont le corps couvrait un arpent et dont les armes passaient au vainqueur.

En terminant, je retrouve dans ma mémoire les vers que Lucain met dans la bouche de Caton jugeant Pompée. Nos temps sont moins fertiles et nos hommes moins grands ; n'importe, voici les vers :

Civis...... multo majoribus impar
Nosse modum juris, sed in hoc tamen utilis ævo.

Je donne en guise de conclusion la traduction un peu longue, ou plutôt l'imitation assez fidèle que j'ai essayé d'en faire : « Ce fut un citoyen ayant, à un moins haut degré que nos pères, l'amour du devoir et le respect des lois, utile pourtant au temps où il a vécu et à ceux qu'il a servis. »

XII

Mai 1867.

CHOSES ET AUTRES : LES ÉLECTIONS DE L'ACADÉMIE, LE NOTAIRE DE NAPOLÉON 1er ET LE COCHON DE SOULOUQUE.

Les lauréats de l'Exposition qui ont composé les hymnes à la paix devaient croire à la guerre; autrement ils n'ont pas d'excuse. Quand je songe que nous venons de surpasser la générosité d'Octavie payant cinq cents sesterces chacun des vers consacrés par Virgile à l'éloge de Marcellus, je trouve que nous n'avons pas plus de raison que nos poëtes n'ont de rimes.

La poésie n'existe plus que dans le cœur des jeunes filles, et encore je n'en jurerais pas. D'ailleurs, on se marie si vite. On a chanté au commencement de ce siècle, on saute à sa fin. Musset n'est plus, Victor Hugo se pose en prophète, et la lyre aux mains de Lamartine s'est changée en tire-lire. Heureusement il nous reste encore M. Camille Doucet, à qui un grand personnage adressa un jour ce compliment mérité : « Monsieur, j'aime vos vers, ils ressemblent à de la prose. » Le grand personnage avait raison. Combien de prétendus poëtes marchent sur les traces de M. Jourdain et font de la prose sans le savoir.

On ne peut parler d'un académicien sans songer à l'Académie, et me voilà conduit à faire l'éloge des deux immortels récemment introduits dans la fameuse quarantaine. L'éloge, oui ; et, après réflexion, je maintiens le mot. L'Académie n'est pas uniquement une société de littérateurs, c'est, avant tout, un salon bien composé, et pour en enfoncer les portes il ne suffit pas de savoir écrire, il faut aussi savoir vivre. De tous les écrivains de ce siècle, le plus brillant peut-être est celui qui vient de se faire photographier en compagnie de la femme-cheval ; et cependant s'il se présentait au seuil du palais Mazarin, j'imagine qu'on renverrait au manége cet Achille suranné qui s'exerce au jeu de l'arc sous la direction d'une centauresse aux bras blancs.

Nous sommes si pauvres en hommes que j'applaudis sans réserve au succès de ceux qui réunissent ces deux frères ennemis, le caractère et le talent. Le P. Gratry est un de ceux qui ont su rendre la science attrayante et la vertu aimable. Aumônier de l'École normale et lauréat de l'Académie, après avoir tenu sa place parmi les jeunes, il avait droit à un fauteuil parmi les sages. Quant à M. Jules Favre, n'ayant pas été son client, je ne ferai pas de reproches à sa parole ; n'étant pas femme, je n'en ferai point à sa figure. Je lui sais gré de n'avoir pas désespéré de la liberté proscrite et d'avoir opposé aux violations du droit la protestation énergique d'un homme courageux sachant parler. Je connais ses défauts et je n'ignore pas ce que l'architecture de sa bouche éloquente peut attirer de critiques et soulever d'objections. Mais qu'importe la forme du temple, pourvu qu'il y réside un dieu !

A ceux qui veulent s'égayer les sujets ne font pas défaut. Un député de Paris, pavé de bonnes intentions, et un avocat obscur, fils d'un musicien célèbre, se sont donné une mission et ont imaginé d'aller exposer en Allemagne deux échantillons de la France démocratique, harmonieuse et pacifique. Ces messieurs sont venus, ont pris part aux agapes de la fraternité, et à la fin du banquet ont ouvert aux longs discours leurs lèvres humides de bière prussienne. M. Garnier-Pagès ayant été compris des meilleurs juges de Berlin, je persiste à croire que le français qu'il parle n'est que de l'allemand mal prononcé. Quant à M. Hérold, en souvenir d'un chef-d'œuvre dont il hérita, il a composé sous le titre de *le Pas de Clerc* les paroles d'un opéra-comique dont malheureusement son père n'écrira point la musique.

Je suis retourné l'autre jour à l'exposition Ingres, sans que ma première impression se soit sensiblement modifiée à cette seconde visite. Je me suis arrêté longtemps devant le portrait de Napoléon I*er*, en grand costume d'empereur. Ce tableau, qui est mauvais, m'a remis en mémoire une anecdote qui est bonne. C'était en 1796 : Joséphine, avant d'épouser le général Bonaparte, vint consulter M*e* Raguideau, son notaire, sur l'opportunité d'un mariage qui allait unir une veuve expérimentée au jeune vainqueur de Saint-Roch. C'est une folie, répondit le sage tabellion, que d'épouser un officier sans fortune et sans avenir. Joséphine, qui ajoutait plus de foi aux oracles de la devineresse Lenormant qu'à ceux du notaire Raguideau, n'en fit qu'à sa tête et fit bien. Elle aimait, chose assez commune ; elle se maria, chose assez rare en ce temps-là.

Bonaparte, qui avait entendu l'opinion émise sur son compte, fit son chemin par-devant notaire. Comme chacun sait, de général il devint consul et de consul empereur. Toutefois, s'il avait beaucoup avancé, il n'avait rien oublié. Quelques années plus tard, peu d'instant avant de partir pour Notre-Dame, au moment où il revêtait le costume du sacre et ajustait à ses mains ces gants brodés d'or dont Ingres nous a retracé la fidèle image, il cria d'une voix tonnante : « Qu'on aille me chercher Raguideau. » Raguideau arriva plus tremblant qu'une feuille de papier timbré et convaincu qu'il était arrivé au jour de son dernier contrat. « Eh bien ! lui dit l'empereur du plus loin qu'il l'aperçut, est-ce que je suis sans fortune ? est-ce que je n'ai pas d'avenir ? » Puis laissant, selon l'expression de Tallemand des Réaux, l'homme de loi tout déferré, il ajouta : « Je vous nomme notaire de la famille. » Tout est bien qui finit bien.

Je ne sais comment amener la seconde histoire que j'ai dessein de raconter, et j'ai grand besoin que l'indulgence du public couvre les fautes de l'auteur. Si je passe de Napoléon à Soulouque, on dira que je néglige l'art des transitions et la règle des unités, et on aura bien raison. Cependant les révolutions d'Haïti font songer au vieux Soulouque, dont le noble nom est porté par un des chevaux qui doivent bientôt disputer le derby de Chantilly. Soulouque se passa la fantaisie d'être empereur. Ce nègre désagréable tyrannisa ses sujets; c'est pourquoi on le mit à la porte.

Au temps heureux de sa puissance, Soulouque avait un ami pris dans cette espèce si calomniée qui fournit jadis un compagnon à saint Antoine. Ce porc, s'il faut l'appeler par son nom, vivait dans l'abondance des biens de ce monde et aspirait aux honneurs, ni plus ni moins que feu le coursier de Caligula. Il habitait la même chambre que le souverain, et, si j'ose ainsi parler, s'asseyait à la même table. Il engraissait à vue d'œil, sans que l'inquiétude de la mort vînt corrompre chez lui les plaisirs de l'embonpoint, et le prince qui l'admettait comme convive n'avait jamais eu l'idée de le transformer en plat.

La capitale de l'empire, la ville de Port-au-Prince, était justement fière de ses illustres hôtes. Il faut que je dise, pour l'intelligence de ce récit, que dans cette florissante cité, les jours de marché sont d'autant plus fréquentés qu'ils sont plus rares. Or donc, un jour de marché, il prit fantaisie au compagnon du prince de faire une promenade et de voir du pays : il se dirigea du côté de la ville, l'air pensif, les yeux baissés et le nez près de terre, comme il convient à ses pareils. Les rues regorgeaient de monde et partout les marchands étalaient aux yeux des passants ces beaux fruits dorés, inconnus à nos froids pays et qui mûrissent là-bas sous les rayons du soleil indulgent.

L'animal aux longues soies allait flânant et flairant, dans l'attitude d'un propriétaire qui visite ses domaines et se promène pour sa santé. Merveilleusement servi par un odorat de première classe, il avisa un panier rempli de bananes, dans lequel il insinua son groin vénéré. Il se gorgeait du bien d'autrui, lorsque le possesseur du panier, arrivant au secours de sa marchandise compromise, congédia le larron d'un coup de pied qui porta dans un des jambons de derrière. Mal en prit au marchand d'avoir ignoré le haut rang du voleur. En France, chacun doit savoir le texte des lois ; à Haïti, chacun doit connaître la qualité des personnes. Des espions, témoins du fait, le rapportèrent à l'empereur. Le marchand, appréhendé au corps et reconnu coupable du crime de lèse-majesté, fut fusillé sans autre forme de procès. Dans cet heureux pays, la loi de l'État c'est le plaisir du prince, et Soulouque, déjà orné du surnom de grand, conquit pour jamais le titre de juste.

Ce n'est pas sans raison qu'on a vanté l'esprit des bêtes. Le porc avait oublié le coup de pied qu'il avait reçu, mais se souvenait du repas qu'il avait fait. Il prit l'habitude de sortir du palais aux jours de marché public. Du plus loin qu'ils l'apercevaient, les marchands, dont la mémoire était au moins égale à la sienne, venaient à lui, lui offrant en tribut la dîme de leurs marchandises et le dessus de leurs paniers. Qui flatte le favori fait sa cour au monarque. Cet état de choses dura jusqu'au jour où les insurgés détrônèrent l'empereur, qui prit la fuite, et mangèrent son favori, qui ne sut pas se sauver.

Maintenant l'histoire est finie. Un ex-ministre de

Soulouque, qui, las du pouvoir et content de sa fortune, vit à Paris dans le plus doux des exils, la conta naguère à un de mes amis ; mon ami me l'a redite ; après lui je la répète. Cet ex-ministre — un noir superbe — avait coutume, toutes les fois que dans nos pays civilisés il était témoin d'un acte qui choquait ses fausses idées en matière d'administration, de justice et de gouvernement, de s'écrier d'un ton plaintif : « Cela me rappelle le cochon de Soulouque. » Cette exclamation frappa ses auditeurs, qui lui en demandèrent le sens, et il raconta, sans se faire prier, l'anecdote qu'on vient de lire. Quant à moi, — s'il faut que je le dise, et pourquoi ne le faudrait-il pas ? — cet animal, d'abord battu, puis courtisé, me fait songer à un certain nombre de gens qui de valets sont passés maîtres.

XIII

Mai 1867.

LES ROIS A L'EXPOSITION.

Il pleut des souverains, et chaque jour amène son prince. Heureux Paris ! c'est pour contempler les splendeurs de ton Exposition, les perspectives de tes boulevards et la tournure de tes femmes, que tant de rois, fils, frères et parents de rois, quittant parlements, généraux et ministres, abandonnent les peuples nombreux dont ils sont la joie, l'espérance et l'amour.

Ils viennent du Nord glacé et du Midi brûlant. Les uns ont confié leurs personnes sacrées aux vaisseaux qui sillonnent la mer; les autres sont montés sans crainte dans ces wagons dociles qui gardent leurs accidents pour les bourgeois sans valeur et les martyrs du commun. Pour que la fête soit complète et qu'aucun des souverains ne manque à l'Exposition universelle, on nous annonce la visite du Commandeur des croyants. Sa Hautesse viendra, accompagnée de ses grands-vizirs et de ses eunuques noirs, triste postérité des Giafars et des Mezrours. Même on dit que, pour glorifier le prophète qui veille sur ses jours heureux et pour humilier ces chiens de chrétiens qui n'ont qu'une femme, Elle amènera les fleurs de son sérail et les plus belles des épouses qui se disputent ses regards souverains et ses mouchoirs de batiste.

J'avouerai ma faiblesse; j'ai tâché d'apercevoir au passage un au moins de ces privilégiés qui marchent aux jours d'apparat le sceptre en main et la couronne en tête. On me disait : Vous verrez de quelle flamme leurs yeux étincellent et de quelle grâce leur sourire est empreint. Sur toute leur personne flotte un air de jeunesse éternelle et de majesté native. Ils sont d'une autre espèce que nous, étant plus beaux et paraissant plus grands. Leur mise indique un prince, leur démarche trahit un dieu. — Je répondais : Vous m'étonnez, car d'après leurs portraits que j'ai vus, leurs discours que j'ai lus et leurs œuvres que je connais, je ne les trouve ni séduisants, ni éloquents, ni sages. — Et mon interlocuteur reprit : Si leurs paroles sont insignifiantes, c'est la faute des traducteurs ; si leurs actions sont mal jugées, c'est le crime des factieux ; si leurs photographies sont mal venues, c'est une malice du soleil.

Je ne pourrais approuver ces ressentiments de l'astre-roi contre ses rivaux d'ici-bas et je ne crois pas que la lumière se venge ainsi de ceux qui ont essayé parfois de la couvrir de leur ombre ou de la mettre sous le boisseau. Quoi qu'il en soit, je marchai à la rencontre des princes régnants, prêt à tout, comme le sage, certain de les admirer, mais craignant d'en être ébloui. Aucun accident ne m'advint. Le premier monarque m'étonna ; au second, je fus rassuré ; au troisième, j'en pris l'habitude. Ces demi-dieux m'ont paru avoir la figure de bons vivants et l'air de simples mortels. Je puis me tromper et je n'affirme rien. Ils sont vivants et mortels, mais ils peuvent ne pas être bons, et je ne sais pas s'ils sont simples.

Je les ai regardés de tous mes yeux, avec le respect et l'impartialité qui conviennent, et j'ai ressenti à cet examen une pointe d'orgueil bien naturel, j'en conviens, mais bien coupable, et j'en rougis. Je n'ai pas trouvé qu'il y eût entre les princes et moi la différence qu'on avait dit, et il m'a semblé que j'avais la taille et le physique requis pour régner sur des principautés de quarante mille âmes et plus. Ma modestie m'empêche de m'égaler aux souverains de première grandeur, mais je rendrai bien ma pensée en empruntant un souvenir à Boccace et à La Fontaine. Astolphe, roi des Lombards, lesquels de son temps valaient mieux que du nôtre, se croyait le plus beau des hommes et, comme il arrive d'ordinaire, l'avis du prince était celui de ses sujettes. Un jour, un des sénateurs du royaume lui dit avec une franchise remarquable chez un dignitaire rétribué : « Sire, mon frère Joconde est encore plus beau que Votre Majesté. » Astolphe vit Joconde et convint qu'il avait un rival. — Eh bien, j'ai, non pas un frère, mais un cousin qui me semble beaucoup mieux tourné que le prince de ***, héritier d'un grand empire. Si le prince de *** en doutait, je m'engage à lui présenter mon parent.

Je sens que la franchise m'entraîne et je demande pardon de mon irrévérence envers ceux qui aiment qu'on les loue et non qu'on les critique. Les princes sont si habitués à s'entendre comparer au soleil, qu'il y a peut-être inconvenance à ne les traiter que de simples flambeaux. J'ai une tendance fâcheuse à croire que tous les hommes sont pareils et qu'ils devraient tous être libres. Un grand ministre disait un jour à un grand roi, en lui rendant compte d'une négociation compliquée : « Sire, j'ai pris la liberté.... » Le monarque, peu constitutionnel, répondit : « Rendez-moi ce que vous m'avez pris. » Ce prince fut très-grand ; il gagna deux batailles.

Il y a plus d'une ressemblance entre un monarque et un académicien, et on peut trouver plus d'une analogie entre les académiciens et les bâtons flottants : de loin c'est quelque chose, et de près c'est beaucoup moins. Je me souviens qu'il y a quelques années je fus convié à un festin dont les meilleurs morceaux étaient destinés à des membres de l'Institut. Tous les convives étaient immortels, j'étais à peu près le seul périssable. J'ouvrais les yeux et les oreilles, comme faisaient les nautoniers de l'*Odyssée* à la vue et au chant des sirènes. Hélas! les académiciens n'étaient plus en forme et ils racontaient, sans perdre un coup d'osanores, des anecdotes vieilles comme le temps et comme eux. Si aucun d'eux n'avait de l'esprit comme quatre, tous possédaient de l'appétit comme quarante. Au dessert, le vénérable M. Cousin, gesticulant avec fureur, renversa d'un coup de coude un fromage de Camembert qu'il dédaignait en philosophe et dont j'eusse goûté en amateur.

Je reviens à mes moutons, c'est-à-dire aux princes de ce monde. J'ai vu le jeune roi des Belges, et je n'ai pu m'empêcher d'envier la grandeur de sa fortune et le sort de ses sujets. Il règne sur cinq millions d'âmes neutralisées et tient sous son sceptre indulgent un peuple sage, heureux et libre. Si ce prince est doué de quelque mémoire, il doit à chaque pas qu'il fait parmi nous réveiller un souvenir et retrouver un regret. C'est de ce château, d'où tant de princes sont partis pour l'exil, que son beau-frère Maximilien s'est élancé pour l'empire. Tout souriait et brillait alors : une couronne dans le présent radieux, l'espérance à l'horizon doré. Les aigles de France et d'Autriche prenaient leur vol pour le Mexique, et l'on attendait merveille de la combinaison de ces nobles oiseaux. Il a suffi de bien peu d'années pour que les aigles revinssent au pays natal et pour faire évanouir les apparences de la grandeur, les rêves de la fortune et le fantôme d'un empire !

Le jeune roi aura dû prendre quelque intérêt à visiter les propriétés de son grand-père, qu'un décret fameux a retranchées d'une opulente succession. Neuilly, dont les frais ombrages ont abrité sa mère et ses oncles ; Monceaux, où jadis son aïeul Égalité promenait sous les portiques du temple grec ou sur les bords des eaux vives les courtisanes de la République et les héros de la Montagne. M. Haussmann a passé par là. Le vieux parc, réduit de moitié, rajeuni d'autant, bordé d'hôtels, entouré de grilles, voit fuir dans ses allées les voitures qui vont au bois et s'asseoir sur ses bancs les bonnes du quartier, rêvant d'un militaire qui vient trop tard ou disparaît trop tôt.

On nous annonce la prochaine arrivée du roi de Prusse, et j'avouerai que, las des photographies qui le trahissent et des statues qui le grandissent, je ne serais pas fâché de contempler ce victorieux au naturel. Ce souverain a de quoi être fier de lui et content de nous. Il a cousu à ses États un nombre suffisant de duchés et de royaumes et nous a ravi l'innocente joie de nous arrondir du Luxembourg. Le traité de Londres ne me jette pas dans des transports d'allégresse, et si dans les guerres mal engagées il y a l'effroi de l'incertain, dans les paix mal conclues il y a la crainte du provisoire. J'admire comme tout le monde le rare talent de prononciation dont fait preuve M. de Moustier en lisant à la tribune les documents qui tranchent les difficultés nées on ne sait pourquoi, apaisées on ne sait comment; je ne suis pas ingrat et j'ai le culte des marquis. Mais c'est en toute connaissance de cause que j'aimerais à couvrir d'éloges cet homme d'État prodigieux qui, dans la diplomatie, est au prince de Talleyrand ce que, dans la cuisine, le baron Brisse est à Vatel.

Je ne suis pas entré dans la ligue de la paix que les riches manufacturiers de l'Alsace proposent à l'admiration et à la signature des peuples, et, pour tout dire, si je donne aux Allemands le doux nom de frères, ce n'est pas que mon cœur m'y pousse, mais bien que l'histoire naturelle m'y convie. Je n'ai aucune sympathie pour ces fumeurs philosophes et ces buveurs mélancoliques qui cherchent la vérité au fond d'une chope de bière ou d'une pipe de porcelaine. Il y a plus, il ne me déplairait pas de me baigner dans les eaux du Rhin français et de me savoir chez moi dans la ville dont Jean-Marie Farina est le plus illustre enfant. Toutefois, ni le Luxembourg ni le Rhin ne valent la peine que nous fassions sentir aux Allemands la supériorité des chassepots, ni que nous accueillions mal le roi de Prusse, pour qui nous avons tant travaillé. On ne peut tout avoir, et nous avons tant de choses! Que le roi Guillaume assiste seulement à une séance de nos Chambres, et il conviendra vite que nos députés surpassent les siens par la promptitude de leurs décisions et l'indépendance de leurs votes.

Le prince de Galles vient de nous quitter, emportant des grandes dames françaises un ineffaçable souvenir;

et tous et toutes conviennent que ce prince allemand est le plus aimable des Anglais. Le vide qu'il laisse sera prochainement comblé. L'empereur de toutes les Russies franchit la distance qui le sépare de nous, et, loin des barbares commis à son sceptre, il vient se réjouir des merveilles de la civilisation et du spectacle d'un peuple libre. Le maître de soixante-dix millions d'hommes est un personnage de grande taille. Moins réussi que son prédécesseur, plus attrayant que son héritier, aucune de ses parties n'est irréprochable, mais sa façade est majestueuse. Il a les cheveux blonds, les yeux bleus, le regard ferme et doux. Habile à tous les exercices du corps, cavalier intrépide et chasseur passionné, il prouve à ses sujets que les bêtes révoltées sont forcées de reconnaître son empire et de plier sous sa main. S'il monte un cheval difficile, le cheval cède promptement aux durs conseils de l'éperon, et si dans les forêts blanches de neige il fait à quelque ours insoumis l'honneur de se mesurer avec lui, c'est un honneur auquel il est impossible que l'ours échappe et difficile qu'il survive.

Ce souverain gigantesque a toutes les vertus privées. En public, il pose et en impose. Malgré tout, il est timide sous des airs de fierté et cache souvent l'embarras qu'il ressent sous la majesté qu'il affecte. Prodigue à certaines heures, économe à d'autres, il donne aux apparences, représente avec faste et vit simplement. Nul ne paye plus facilement les dettes d'un favori, nul n'attache plus volontiers une croix à l'uniforme d'un fonctionnaire. Il aime le jeu, les fêtes, le théâtre, les revues, et généralement toutes les occasions qui permettent à un empereur de montrer à son peuple les insignes de son rang et l'attirail de sa gloire. Comme ses sujets, il chérit le Kümmel national et tout ce qui s'ensuit. Comme eux aussi il accorde aux vins de France la préférence que Philippe de Macédoine témoignait aux vins de Grèce (1).

Tout le monde sait les importantes mesures qui furent prises sous son règne et comment sa volonté généreuse a rendu à vingt millions de paysans le nom, le rang et la dignité d'hommes. Et, comme il semble impossible que le même prince soit excessif dans le bien et dans le mal, on lui est trop reconnaissant des bienfaits répandus par ses ordres pour lui imputer la responsabilité des cruautés commises en son nom. Et cependant, lui régnant, la Pologne persécutée s'est levée une dernière fois, appelant comme toujours à son aide la France, par qui jadis Dieu agissait dans le monde. Ce qui advint appartient aux vengeances de l'histoire. On vit les balles des soldats pleuvoir sur la foule désarmée, le sang des victimes rougir le pavé des places publiques et le marbre des autels, les lois suspendues, le pillage organisé, et la fortune, le courage ou la foi devenir des causes de ruine, de supplice ou d'exil. Puis, quand l'ordre régna de nouveau dans Varsovie muette, on apprit que de longues files de

---

(1) On se rappelle le vers fameux :

Quand Auguste avait bu, la Pologne était ivre.

Le czar s'imagine que dès qu'il est ivre la Pologne n'a plus soif.

bannis, prêtres, vieillards, enfants, se dirigeaient vers le pays des longues souffrances et des hivers sans fin ; et ce fut le cas de s'écrier avec le poëte :

> Pologne et Sibérie, ô czar...
> Ce sont les deux moitiés de ton funèbre empire :
> L'une est l'oppression, l'autre le désespoir.

Faut-il rappeler les mesures employées pour prévenir le retour des séditions futures : les évêques arrachés à leurs diocèses, les citoyens à leur foi ; la dépopulation érigée en système, les terres confisquées vendues à vil prix, le Russe substitué au Polonais sur le sol et dans les biens ; la langue et la religion des aïeux mises au nombre des proscrites, et la liberté et la conscience humaines violées dans leurs plus chers asiles et leurs derniers refuges ? Toutes ces choses se sont accomplies à la lumière du ciel, et le seul qui soit venu en aide aux faibles et aux vaincus est un vieillard faible et vaincu comme eux ; le seul qui ait protesté est le pontife désarmé qui plane au-dessus des rois et du temps, ayant Dieu pour appui et l'Éternité pour promesse.

Avant de nous faire visite, le czar a jugé convenable de nous rendre ceux de nos compatriotes auxquels, par mesure politique, il avait ordonné le séjour de la Sibérie. C'est d'un prince miséricordieux et prudent. J'aime à croire, toutefois, qu'en accueillant l'hôte puissant qui vient à nous, nous nous souviendrons des soldats, des proscrits et des martyrs. Le sang de la Pologne s'est mêlé au nôtre dans les victoires qui couronnent ce siècle naissant; ses fils infortunés ont trouvé en France un asile inviolable et une patrie nouvelle. Enfin, c'est en terre française qu'Adam Mickiewicz et tant d'autres dorment de l'éternel sommeil.

Les choses tristes qui font pleurer ont des côtés plaisants qui font rire. Je sais un épicier convaincu qui, joyeux de cet arrivage de Russes, faisait sa provision de chandelles en prévision de la hausse d'un comestible aussi recherché des Cosaques. J'ai ôté à ce brave homme cette illusion de boutique et cet espoir de fortune. Pas de rêverie, lui ai-je dit, comme le czar aux Polonais. Un de mes amis, peintre de talent et garçon d'esprit, m'a fait part d'une idée heureuse et que je donne pour ce qu'elle vaut : il proposait de considérer les souverains comme les tableaux et d'exposer les refusés à côté des élus. Il ne serait pas sans intérêt peut-être de mettre en présence les spoliateurs et les spoliés. Quel spectacle si, à la même table, se trouvaient d'un côté le roi de Prusse, tout seul ou flanqué de son premier ministre, et de l'autre les ducs de Hesse et de Nassau, expropriés tous les deux, le roi de Danemark, réduit de deux provinces, et enfin ce pauvre roi de Hanovre, dont jadis on vola la couronne sur un champ de bataille et dont aujourd'hui on pille l'argent chez les banquiers ! Quel contraste si on voyait le roi d'Italie, protégé par l'ombre de Cavour et les épées de l'étranger, et en face de lui les nobles victimes qu'il a faites, le duc de Modène, les souverains de Parme et de Naples, et auprès d'eux le grand vieillard du Vatican. On déciderait alors si c'est aux faibles ou aux puissants que doivent échoir les sympathies du peuple et le respect des juges, et si les uns portent aussi bien la fortune que les autres le malheur.

Et maintenant passons à d'autres sujets et allons, si vous voulez, sur la pelouse de Chantilly, où les chevaux courent, comme jadis jouaient les acteurs, devant un parterre de reines et de rois. Les fleurs des deux mondes émaillaient le gazon vert et pliaient sous la pluie pénétrante. J'ai vu des députés muets faire auprès des beautés célèbres leur apprentissage du discours, et des femmes ornées de maris frétiller dans un cercle de jeunes gens comme des carpes dans un filet. Toujours les mêmes filles d'Ève et chez elles le même désir de briller, le même luxe de toilettes et le même appétit des pommes. Ah! si c'est là le plus grand monde, qu'on me ramène au plus petit.

Enfin on vit paraître les concurrents du grand prix, les chevaux de race pure, d'origine irréprochable et d'un sang moins mêlé que le nôtre. Ils s'alignent, s'élancent et longent dans leur galop rapide les tribunes chargées de monde, la lisière de la forêt, les écuries des Condé et les réservoirs du château. Ils se suivent, se devancent et s'espacent. Dans la ligne droite, trois concurrents seulement se disputent le ruban bleu du turf et l'argent du grand prix. Ils volent, l'un près de l'autre, le cou tendu, les naseaux brûlants, aiguillonnés de l'éperon et du fouet des jockeys. Enfin, une immense acclamation retentit. Patricien, fils de Monarque, a battu d'une demi-longueur Trocadéro, son noble frère. Dieu soit loué! la bouquetière Isabelle n'aura pas besoin de renouveler son costume. Les autres chevaux ont couru pour une place, ni plus ni moins que des hommes.

Il faut finir. L'autre jour, dans un journal qui reçoit les confidences de l'Olympe et publie le récit de ses splendeurs, je lisais, avec un intérêt facile à comprendre, la longue liste des personnages conviés à une fête de première classe. Il y avait là, comme dit, ou à peu près, l'apôtre saint Jean dans son compte rendu des solennités de l'autre monde, des gens parlant toutes les langues, venus de tous les pays et exerçant tous les commerces. Quelques grands seigneurs, beaucoup de petits, des journalistes, des avocats, des inconnus, — un vrai bouquet de fleurs disparates, mais odorantes. Je pensais, — et je ne puis croire, quand on compare le ciel à la terre, qu'il puisse y avoir la moindre inconvenance à ne pas donner la préférence à la terre, qui tourne un peu trop, — je pensais que dans le paradis du Très-Haut, tel que saint Jean le fait pressentir, on doit trouver une société moins mélangée que dans les fêtes d'ici-bas, telles que les décrit un confrère.

XIV

Juin 1867.

LES CAUSERIES DE M. DE PONTMARTIN, LES CHANSONS
DE GUSTAVE NADAUD.

J'ai sous les yeux deux volumes à l'aide desquels je compte alimenter ma causerie d'aujourd'hui : les *Nouveaux Samedis* de M. A. de Pontmartin, les *Chansons* de Gustave Nadaud. Nommer, c'est déjà louer ; comme il faut de l'ordre en toutes choses, je commencerai par les *Samedis*, je finirai par les *Chansons*.

Si M. de Pontmartin avait le droit de se juger lui-même, il rendrait en sa faveur un de ces arrêts inattaquables qui font sensation dès qu'ils paraissent, et loi dès qu'ils vieillissent. Lui seul, en parlant de lui, pourrait dire juste et dire tout. S'il lui était permis de se dédoubler en s'oubliant et de se prendre pour un de ces auteurs auxquels un éloge de lui semble le présage ou la couronne d'une renommée légitime, de quelle grâce il dépeindrait son génie souple et varié, sa finesse, qui est un don, sa mesure, qui est une force ! Comme il louerait en lui le goût qui choisit, l'esprit qui charme et l'art d'écrire aussi juste qu'il pense !

Comme il vanterait son amour des lettres humaines, sa fidélité aux croyances embrassées, et cette noblesse native qui, durant le cours d'une vie honorable et longue, l'a tenu à l'abri des défaillances et au-dessus du soupçon !

Lui seul aussi, sévère quand tout le monde est charmé, pourrait signaler les imperfections d'un style dont la pureté nous séduit, et les taches d'un talent dont l'éclat seul est constaté. Il s'accuserait peut-être, dans un de ses futurs samedis, des vivacités de ses jeudis d'autrefois, et confesserait que, cédant aux ardeurs d'un zèle sans charité, il a frappé souvent à travers et quelquefois à tort. Lui seul, je le répète, est en état de réaliser l'impossible, c'est-à-dire un éloge dont la nouveauté le satisfasse ou une critique dont la justesse le touche. A cette double tâche échoueraient les meilleurs. Que M. de Pontmartin veuille donc me pardonner si, pour dire du nouveau livre qu'il nous donne tout le bien que je pense, je n'ai ni le talent qu'il faudrait ni l'autorité qui convient. Pourtant la sincérité a son prix ; c'est pourquoi la louange la meilleure sort des lèvres des petits et des humbles.

Le récent volume de M. de Pontmartin contient, comme ses aînés, de sérieuses et fortes études sur les hommes qui ont fait parler d'eux ou qui ont écrit pour les autres. Littérateurs et romanciers, hommes d'État et philosophes, femmes d'aujourd'hui, monarques d'autrefois, passent sous le joug d'une critique inflexible et savante. M. de Barante, jamais assez loué ; le comte Beugnot, un peu surfait ; M. de Laprade, un ruisseau poétique; Mme Swetchine, une chapelle ardente; Néron, qui rebâtit Rome où M. Veuillot vient d'aller. Tous ces personnages apparaissent à la place qu'ils occupent dans la famille des penseurs, des écrivains et des poëtes : morts, ils peuvent apprendre, et, vivants, deviner ce que leur poussière évanouie laisse après elle de souvenir ou d'oubli.

M. de Pontmartin est un incomparable charmeur. Il prend le lecteur par la confiance qu'il inspire et le retient par la grâce qu'il déploie. Il a la force de se contenir et l'art de se diriger. Il se développe avec calme comme une rivière au long parcours qui ne retarde sa marche qu'afin de donner à ses flots plus d'espace pour féconder la terre et réfléchir les cieux. Il sait son chemin, et s'il s'en détourne parfois, c'est pour décrire plus de terrains et embrasser plus d'horizons. Sa critique observe, découvre, conclut et crée. J'oserais lui reprocher quelques faiblesses amicales et certaines indulgences partielles qui partent de son cœur et non de son esprit; mais comme il revient vite à l'impartialité première qui est le fond de sa nature et le signe de son talent! En parlant de ses amis, il ne cesse pas d'être vrai, mais il devient prodigue; sans leur retrancher aucune des qualités qu'ils possèdent, il leur suppose celles qui leur manquent ou leur prête celles qu'il a. Même en supposant, il reste juste; même en prêtant, il reste riche.

J'indiquerai comme modèles de critique les trois articles qui ouvrent le volume et qui traitent du roman selon MM. de Goncourt, Dumas fils et Erckmann-

Chatrian. On ne peut ni mieux penser, ni mieux dire. Les auteurs de « l'affaire Clémenceau et du fou Yegof » y sont traités de main de maître, et il semble que M. de Pontmartin ait voulu rendre sa critique digne des écrivains qu'elle avait à dépeindre et rivale des œuvres qu'elle avait à juger. Toutefois l'étude sur les frères de Goncourt est peut-être la meilleure du livre et la perle du collier. Cette fois, pour venger la morale des audaces essayées contre elle, M. de Pontmartin devait percer le bouclier dont Sainte-Beuve protégeait les coupables ; aussi jamais on ne vit plus acérées et plus pénétrantes dans sa main les armes de la raison souveraine et du bon sens vainqueur. Rien chez MM. de Goncourt n'égale la prétention orgueilleuse, si ce n'est l'impuissance radicale. Sisyphes attelés à un caillou qui résiste à leur traction jumelle, ils font du bruit sur place, ne pouvant faire du chemin sur les hauteurs, et opposent misérablement, à la violence de l'effort, l'inanité du résultat.

J'ai sur M. de Pontmartin un triste avantage, celui d'avoir lu et de lire encore le dernier roman de ces Siamois littéraires. La chose s'appelle *Manette-Salomon*, et depuis six mois se sert en tartines dans les colonnes d'un journal du soir. Si je vous dis que Manette-Salomon est un modèle d'atelier qui pose à deux francs l'heure pour les Vénus sortant des mers, et si j'ajoute qu'un artiste en renom la prend pour femme après l'avoir prise pour modèle, vous comprendrez ce qu'un pareil sujet peut recéler dans ses flancs de phrases sonores, de descriptions interminables et de théories légères : peu m'importe que les personnages d'un roman ou d'un drame s'agitent dans le bourbier natal, si l'auteur traverse de l'étincelle créatrice le limon qui fait les hommes. Ici, ce n'est pas le cas : ni vie, ni intérêt, ni passions, mais des tableaux à l'état d'ébauche, ou plutôt de débauche, et des pages lascives qui semblent avoir pour but de provoquer la curiosité des oisifs et la sensualité des vieillards.

J'ai réservé pour la fin le point le plus délicat à toucher. Il me reste à parler d'un chapitre inédit qui appelle à coup sûr l'attention et peut-être la controverse. Ce chapitre a pour titre : « La littérature pieuse. » Voilà, écrit M. de Pontmartin dans une note qui en dit plus qu'elle n'est longue, « ce que pourrait être la critique littéraire, s'il nous était toujours permis de nous abstraire des servitudes de journal, de parti ou de coterie. » Ici, je crains de comprendre, ou j'ai peur de deviner. L'auteur veut-il dire que, si dans la littérature où il est passé maître il se permet une opinion opposée à celle des princes de l'Église militante, il ne pourra la publier dans un journal qui défend l'alliance nécessaire de la religion divine et de l'humaine liberté? En ce cas, il se tromperait une fois, ce qui, pour lui, ne serait pas coutume. Le chien n'est pas ce qu'il y a de mieux dans l'écrivain, et cependant il est dans ses attributions de regarder un évêque. Il y a manière et moyen de tout dire, et ce n'est pas à M. de Pontmartin, si versé dans le secret des nuances, que j'apprendrai que vis-à-vis de l'évêque d'Orléans, son contradicteur principal, on peut, sans rien céder de ses croyances légitimes, témoigner d'un respect qui s'impose comme un devoir et se ressent comme un charme.

Je crois que s'il est un journal exempt de servitude et étranger aux coteries, c'est celui qui s'honore de la collaboration de M. de Pontmartin et qui souffre la mienne. Je ne m'avance pas beaucoup en affirmant que la *Gazette* eût inséré ce fameux chapitre par cette seule raison qu'il traduit de justes idées dans un noble langage. M. de Pontmartin se demande, en commençant, si la littérature pieuse, telle que nous la connaissons par ses productions récentes, s'accorde avec les idées, les besoins et les conquêtes de ce siècle progressif. Il se répond non, ce qui est dur, mais permis. Je ne vois là qu'un généreux conseil donné aux écrivains catholiques, celui d'implorer de Dieu les dons qu'il refuse ou concède, persuasion, intelligence et génie. Tout cela est bon à dire et doux à entendre. A en croire M. de Pontmartin, il y a dans le domaine de la littérature pieuse des livres imparfaits et des libraires intrigants. Le remède est facile, il consiste à composer de meilleurs ouvrages et à fermer le temple aux vendeurs. L'auteur ajoute : « L'Église devrait-elle avoir ses chevaliers comme l'industrie? » Voilà un joli mot : il est de ceux qui désarment en faisant rire. Tous les journaux l'eussent accueilli, car ceux même que domine l'esprit de parti se rangent toujours du parti de l'esprit.

Voici maintenant qui devient grave. Il paraît, — je n'affirme rien, — que Mgr d'Orléans renouvelle contre Molière les anathèmes de Bossuet et interdit aux hommes du monde dont il dirige les consciences la lecture de certaines œuvres de Voltaire, de Rousseau et de Montesquieu. J'hésite, je l'avoue, et je songe malgré moi aux pétitionnaires de Saint-Étienne. Je me recueille et j'écoute deux voix distinctes et puissantes. La première, celle de M. de Pontmartin, s'écrie : « Quelle belle thèse pour un évêque... au lieu « de dire aux hommes du monde dont on dirige les « études littéraires : Passez vite..., ne touchez pas à « ces mauvais livres..., leur dire : Lisez, n'ayez pas « peur ! Prenez votre part de ces trésors de malice et « d'esprit. Initiez-vous à ces révoltes de l'esprit contre « de longues servitudes....., allez au fond de ces « œuvres et de ces audaces ; puis recueillez-vous et « regardez par quelles voies mystérieuses la Provi- « dence sait contraindre l'ouvrage des hommes à pro- « duire ce qu'elle veut et non ce qu'ils veulent. Ce que « ses destructeurs ont vaincu n'était déjà plus que « poussière et que cendre... Ce qui a péri, c'était le « simulacre, la draperie et le fantôme ; ce qui a sur- « vécu, c'était la vérité immortelle... Notre société, qui « a ses vices et ses erreurs, est mille fois plus conforme « que l'ancienne à la pure doctrine évangélique, car « dire que l'Évangile est méconnu là où l'ont proclamé « la liberté et l'égalité civile..., ce serait un plus gros « blasphème que tous ceux qu'on peut rencontrer chez « Voltaire et chez Jean-Jacques. » Cette voix éloquente me charme et me pénètre : elle a cessé de chanter et je l'écoute encore.

La seconde voix, celle de l'évêque d'Orléans, si je puis me permettre de placer mon langage mondain sur des lèvres brûlées au charbon d'Isaïe, la seconde voix parlerait ainsi : « Oui, nous le savons, la liberté exerce sur le cœur et l'esprit de l'homme un légitime empire, empire si grand, que nous, les serviteurs de Dieu et les ministres des autels, nous l'invoquons comme la garantie des consciences et la messagère du vrai. Mais nous savons aussi que pour la pratiquer comme il convient, il faut la connaître telle qu'elle est. Nul choix n'est libre s'il n'est éclairé, et la lumière vient de Dieu, au nom de qui nous enseignons. Nous ne pouvons empêcher personne de cueillir les fruits du mal suspendus au vieil arbre de science. Seulement, chargés de prémunir les fidèles contre les piéges de la parole et les séductions de l'esprit, nous ne disons à nos disciples « Prenez et lisez » que lorsque, affermis dans la foi et nourris par l'expérience, ils peuvent, sans danger pour leurs âmes, savourer ce que le génie même dévoyé a créé dans les lettres humaines de hardi, de sublime ou d'exquis. » Et il me semblait que cette seconde voix, ainsi entendue, loin de contredire la première, lui apportait comme auxiliaires les tempéraments de la raison et les conseils de la sagesse.

Avec M. de Pontmartin et tant d'autres fermes esprits, je crois et je sais que la religion peut être de son temps, parce qu'elle est de tous les temps. Elle est compatible avec les progrès des sciences et les hardiesses des lettres, et rien de ce qui fait l'homme meilleur ou plus instruit ne peut lui être étranger ou ne lui saurait être hostile. Sans doute, l'Église visible, et par l'Église j'entends les hommes et non les institutions, a eu ses défaillances, ses erreurs et ses éclipses ; mais pour se purifier il lui suffit de revenir à ses origines, et elle retrouve la tradition du progrès dans les souvenirs de son berceau. Telle qu'un fleuve qui, las de voir ses flots corrompus par la fange des vallées, songe à la montagne blanche d'où son onde est sortie, elle n'a qu'à remonter à sa source pour retrouver l'air pur, les eaux limpides, les neiges vierges et les hauteurs sereines.

Quand M. de Pontmartin me dit que les apôtres que l'Église a fournis à la liberté ont reculé parfois jusqu'à la barbarie des vieux âges, je ne vois là qu'une de ces contradictions sans nombre qui se disputent l'âme humaine. Quand il me montre le Père Lacordaire retournant à son couvent pour livrer ses épaules au bâton disciplinaire et sa joue aux soufflets des moines, je médite le récit de cette folie sainte, mais je sens un contraste salutaire entre la chair coupable et châtiée et l'âme immortelle et pure. Qu'importe le corps et ses douleurs ! l'esprit souffle et nous emporte sur la montagne légendaire d'où l'on découvre l'avenir idéal et les horizons promis.

Que de choses à dire encore ! Mais le temps presse, et, laissant le livre de M. de Pontmartin à ses brillantes destinées, j'arrive, selon ma promesse, aux chansons de Nadaud. La chanson est vieille en France, comme la gaieté, le bon sens et l'esprit. Ce n'est pas d'hier qu'elle a joui des égards dus à son rang et qu'elle s'est classée parmi les muses de la patrie. Pour mieux rester dans nos mémoires et mieux courir sur nos lèvres, elle a emprunté le secours ami de la musique, sa sœur. Sa fortune se lie à la nôtre et elle a marqué de son rire étincelant chaque événement de notre histoire. Elle n'a épargné ni les ministres, ni les puissants, ni Mazarin, un demi roi, ni Maintenon, une demi-reine ; elle a promené ses refrains joyeux dans le repos des bivacs et le tumulte des batailles, marié ses couplets au tintement des verres entre-choqués, et suivi dans son vol léger l'amour jeune, libertin et changeant.

Rieuse comme la comédie, mordante comme la satire, épanouie comme le printemps, elle a égrené sur nos pères et sur nous son chapelet de notes sonores. Faut-il citer les poëtes qu'elle inspira et les heureux qu'elle a faits : parmi les anciens, Collé, Boufflers et Bernis ; parmi les modernes, Désaugiers, de chère mémoire ; Béranger, en cheveux blancs.... Anacréons couronnés de roses fraîches et de grappes mûrissantes, chanteurs éternels bercés par la muse indulgente et portés sur ses ailes d'or à l'immortalité joyeuse ?

M. Nadaud est le digne héritier des maîtres qui ne sont plus. Il les continue sans leur ressembler, et leur succède en les complétant. Il est moins naturel que Collé, mais plus artiste ; moins bruyant que Désaugiers, mais plus fin ; moins agressif que Béranger, mais plus tendre. De tous ses devanciers, il est le plus poëte et le seul musicien : au lieu d'adapter ses vers à des airs vieillis ou connus, il compose lui-même la musique de ses paroles, met la note sous le mot et, comme les premiers-nés d'Apollon, marie sa voix harmonieuse aux sons de la lyre aux sept cordes. Je ne sais si, comme Amphion, il bâtirait une ville aux accents d'un piano constructeur, mais, plus heureux qu'Orphée, qui n'enchantait que les chênes ou les lions, il a charmé et charme encore les plus belles et les meilleurs.

Il excelle dans tous les genres, hormis le genre ennuyeux. Spirituel et malin, il ne fait la guerre à personne, ni aux vaincus ni aux puissants, et ne met pas de noms propres sur les ridicules et les vices qu'il flagelle. Il peint et n'attaque pas. Il plaît et n'offense point. De ses chansons, combien sont parfaites et laissent, après que la dernière note a vibré, leur écho dans nos oreilles et leur charme dans nos cœurs ! Il est indulgent et doux pour les faiblesses qu'il partage. Si parfois il se risque au spectacle des danses légères et sous l'ombre des jardins défendus, si même il joue dans quelque scène libertine le rôle de témoin ou d'acteur, il jette sur les nudités qu'il évoque le manteau de la poésie et le prestige de la musique. Il a le respect des mots, sinon des choses, et s'il cède au plaisir, il se refuse à l'orgie. En revanche, il ressent les généreuses ardeurs et les nobles passions; il est de son temps, surtout de son pays, et réserve ses meilleurs chants aux dieux qui ne sont pas partis : la jeunesse, la gaieté, l'amour et l'amitié.

Ah ! l'amour ! Il porte bonheur à ceux qui l'ont connu comme à ceux qui l'ont chanté. Lisez dans le volume de Nadaud, *l'Insommie*, *la Forêt*, *le Cavalier* et tant d'autres chants attendris sortis de la même source et dorés du même rayon. Avec quel art le poëte cueille et ranime

La lumineuse fleur des souvenirs lointains.

Il fait apparaître dans le silence de la nuit et sous les arbres de la forêt l'image de celle qu'on ne nomme pas, et peuple nos rêveries d'ombres fugitives et de formes aimées ; tout se réveille en nous au son de la musique et au bruit des paroles, regrets, désirs, espérances ; comme l'amant que l'habitude ramène aux lieux connus d'où sa raison l'éloigne, nous répétons, voix basse et cœur ému :

> Maudits cheval et cavalier
> Qui ne sauraient pas oublier
> Leur route.
> Fuyons, fuyons ; presse le pas....
> Mais non ; ne l'aperçois-tu pas
> A sa fenêtre ?
> Il faut lui dire adieu ; demain,
> Nous nous remettons en chemin....
> Peut-être ?

Il me resterait, après avoir vanté les qualités du poëte, à signaler ses défauts. C'est une tâche facile que je laisse à ceux qui préfèrent le plaisir de la critique au charme de l'éloge. Si je disais à M. Nadaud que son vers fléchit souvent et parfois tombe ; que j'ai noté ici une incorrection, là une obscurité ; que telle chanson ne vaut pas telle autre, il me répondrait comme Pandore au brigadier : « Vous avez raison. » Aussi je me tairai. Si le silence est une faute, il est charmant d'avoir tort.

Cependant, dans une chanson qui a pour titre : *Lanlaire*, je note et je transcris ces deux vers :

— Êtes-vous légitimiste?
— Je suis toujours de mon temps.

Brigadier, vous avez raison. Nous ne sommes pas de notre temps, aujourd'hui moins que jamais. Nous ne demandons rien, nous n'avons rien, nous ne sommes rien. Spectateurs attristés des œuvres mauvaises qui s'épanouissent au soleil, si nous n'avons pas la puissance de les empêcher, nous sommes exempts du remords de les avoir accomplies. Libres autrefois, au passé vont nos regrets ; vers l'avenir nos regards.

P. S. Avez-vous lu la jolie causerie dont M. Sainte-Beuve vient de gratifier le Sénat? Je ne juge pas la question, mais la causerie. C'est fin, spirituel et littéraire. M. Sainte-Beuve, comme il le dit lui-même, appartient au *genus irritabile vatum*. Il est irritable ; il fut poëte, et son dépit s'en va en paroles charmantes. Il surpasse ses collègues, y compris le président, comme le mont Blanc des collines. C'est bien le *primus inter pares*, le premier parmi les pairs, je veux dire parmi les lettrés, qui ne sont pas les sénateurs.

XV

Juillet 1867.

LETTRE D'UN JAPONAIS A SA FIANCÉE.

L'hôte du Grand-Hôtel, Taïko Sama, de ses fenêtres entr'ouvertes regardait le spectacle et écoutait le bruit de Paris, la grande ville. Dans une tasse à portée de sa main droite nageaient les feuilles vertes du thé, doux à sentir ; dans une pipe à portée de sa main gauche brûlait l'opium, père des songes, de sorte que Taïko-Sama ne cessait de boire que pour fumer et de fumer que pour boire. Et cependant, entre deux gorgées du breuvage qui réjouit le cœur et deux aspirations de la fumée qui crée les rêves, Taïko-Sama ferma les yeux, pencha la tête et soupira.

Bien qu'il ait les goûts d'un Chinois, Taïko-Sama est un Japonais pur sang, étant né dans l'île Xicoco, une des plus grandes de celles qui flottent, comme des vaisseaux, sur l'océan Pacifique. Pris à vingt ans du désir de connaître et du goût de voyager, il avait accompagné, dans sa visite à l'Exposition universelle, le frère de cette émanation du ciel appelée Taïcoun par les frivoles humains. Il a lui-même une parenté incontestable avec les astres du ciel, et s'honore à juste titre de compter parmi ses ancêtres un empereur tombé jadis du firmament comme une rosée bienfaisante. Taïko-Sama a tout ce qui constitue le bonheur : visage aimable, esprit cultivé, grande fortune et naissance illustre. Il est favori du prince, mandarin de première classe, et décoré de l'ordre du Dragon vertueux. Si on ne lui parle pas à plat ventre comme à l'empereur, ceux qui l'abordent doivent abaisser leur tête soumise au niveau de leur flexible échine. Enfin il possède deux sabres finement trempés dont la morsure est une caresse, et qui lui permettront de s'en aller sans douleur vers le soleil son cousin et les étoiles ses aïeules.

Et cependant Taïko-Sama soupirait. Rien, ni le jeu des acteurs en renom, ni la déclamation des rhéteurs officiels, ni la danse des nymphes légères; rien, ni les boulevards aux longues perspectives, ni les maisons chargées de drapeaux, ni les cafés pleins de lumières; rien, ni le passage du sultan dans les carrosses du grand roi, ni les merveilles de l'industrie, ni les femmes, faciles comme des esclaves d'Orient, parées comme les idoles indiennes, peintes comme les porcelaines d'Yeddo; rien ne pouvait faire naître un désir dans son cœur, un rayon dans ses yeux, un sourire à ses lèvres. Il rêve de la patrie absente, de la mer bleue et de la plage humide d'où sa bien-aimée suit le vol des vaisseaux qui reviennent de l'Occident.

Taïko-Sama a une fiancée, et c'est pourquoi il soupire. Il songe qu'entre elle et lui s'étendent l'immensité des plaines liquides et l'ondulation des flots sans nombre. Il se sent aimé, mais si riches et si beaux sont les jeunes hommes de Niphon et de To-sando, qu'il peut craindre que les yeux de son amie ne cherchent trop complaisamment le miroir des sabres rivaux. Les absents ont souvent tort, et il a lu dans un poëte français que les amants heureux ne doivent aller qu'aux rives prochaines. Il veut au moins qu'une lettre de lui, le devançant au pays natal, porte à sa fiancée, consolée et charmée, l'assurance de son amour et le récit de ses voyages. Taïko-Sama connaît l'art de promener sur le papier une plume trempée d'encre de Chine, et aucun mandarin ne fait naître des pensées plus heureuses de l'accouplement des syllabes. Ce qu'il écrivit, je peux vous le faire connaître. La lettre de Taïko-Sama s'est envolée vers les rivages de Xicoco, mais son manuscrit est tombé dans les mains d'un académicien versé dans la langue japonaise et ignorant de la sienne. L'académicien traduisit le japonais de Taïko, et j'ai traduit de mon mieux le français de l'immortel.

« O ma bien-aimée ! c'est Taïko-Sama qui parle ou plutôt qui écrit ; perle des îles, âme de ma vie, reflet visible des dieux cachés ! que Brahma miséricordieux t'accorde comme à moi la santé et comme à moi le souvenir. Éloigne de ton esprit les pensées mauvaises et de tes lèvres les aliments défendus ; ne néglige ni d'orner ta mémoire des préceptes des sages, ni de purifier ton corps aux ablutions prescrites. Puisse enfin mon nom t'arriver dans chacune des harmonies d'ici-bas, le chant des oiseaux, le murmure des vagues et le soupir du vent.

« Je tiens ma promesse de te conter mes aventures au lointain pays d'Occident. Où je suis, tu croiras être ; ce que j'ai fait, tu croiras l'avoir accompli ; ce que j'ai vu, tu penseras l'avoir regardé. Te souviens-tu de l'heure de nos adieux, et comme j'étais partagé entre le regret de te quitter et le charme de partir ? L'amour eût été le plus fort et jamais je ne me fusse éloigné des jardins où tu fleuris, rose du pays natal, si le jeune frère du Taïcoun ne m'eût fait signe de suivre la trace que laissaient ses pieds glorieux. Je ne pouvais demeurer, moi chétif, sur le rivage où sa grandeur n'attachait plus mon prince. Je mis le pied sur le vaisseau, qui, après s'être balancé sur les vagues comme un oiseau qui cherche sa route, s'envola vers les pays dont nos jours sont les nuits. Bientôt la rive où tu avais voulu rester pour nous voir de plus loin s'effaça dans la distance, et je me trouvai seul, perdu au milieu des vagues profondes et des ombres du soir. Enfin les étoiles percèrent l'obscurité, et il me semblait que l'une d'elles se levait au-dessus de toi, et qu'en se détachant du ciel elle était venue tomber dans les plis de ta robe, ou mêler à tes cheveux noirs une fleur d'or et de lumière.

« J'étais triste et je pleurais ; mais bientôt au mal de la pensée vinrent s'ajouter les souffrances du corps. Ma bien-aimée, ne navigue jamais. A l'imprudent qui pour la première fois tente la traversée des mers, il semble que le cœur se brise et que la vie s'échappe. Je ne te décrirai pas les tortures que j'ai supportées avec l'indifférence du philosophe et le courage du guerrier ; aucun langage décent n'a de paroles qui les rende. Après une longue série de jours et de nuits agités, nous vîmes enfin apparaître les rives françaises et les ports hospitaliers. Un des premiers, je touchai la terre étrangère, dont le contact me rendit mes forces et ma santé. Le bruit du canon salua notre arrivée, les vaisseaux à l'ancre hissèrent notre drapeau à la pointe de leurs mâts; un peuple curieux bourdonnait sur le rivage, et j'ouvris largement les yeux au spectacle des choses inconnues.

« Quelques jours après nous arrivions à Paris, la capitale de l'empire dont nous étions les hôtes. Je fus présenté, quoique indigne, au souverain régnant, dont le portrait, que je t'envoie, fut tracé par les rayons du soleil mon cousin. Je te raconterais comment ce prince s'empara du pouvoir et comment il l'exerce, si dans ce pays le directeur des postes n'était soupçonné d'ouvrir les lettres qui ne lui sont pas adressées. La plupart des habitants de Paris, m'a dit son préfet, un homme aimable, sont des nomades et non des indigènes, et il est certain que la cité reconstruite à grands frais a perdu de l'allure sévère de la capitale d'un peuple, pour prendre l'aspect étrange d'un bazar ouvert aux étrangers. Ses monuments, églises, palais, casernes, racontent ses métamorphoses. Les premiers répondent à la foi, les seconds à la grandeur, les derniers aux besoins des temps. « Pourquoi tant de ca-« sernes ? » ai-je demandé à un mandarin de première classe. Il m'a répondu : « C'est pour loger nos soldats. « — Pourquoi tant de soldats ? — C'est pour remplir « nos casernes. — N'est-ce que pour cela ? — C'est pour « vaincre l'ennemi au dehors et maintenir l'ordre au « dedans. — N'avez-vous pas la paix ? — Si, mais la « guerre peut surgir. — L'ordre est-il troublé ? — Non, « mais il peut l'être. » Après le départ du mandarin, je me suis dit qu'un pays est malheureux qui ne sait ni prévenir les maux qu'il redoute ni jouir des biens qu'il possède.

« Je profitai de mon premier instant de liberté pour me faire conduire au palais de l'Exposition universelle. Jamais monument ne fut moins digne des richesses qu'il contient. Chaque peuple expose au dedans les produits de son industrie et vend au dehors les échantillons de sa cuisine. L'édifice est tantôt taverne, tantôt bazar, tantôt musée. C'est une ruche cosmopolite où les abeilles affluent de tous les points du monde. O ma bien-aimée! notre pays figure avec honneur à ce concours des nations. Nous sommes les mêmes qu'autrefois, et les années, qui ne nous ont rien donné, ne nous ont au moins rien repris. J'ai admiré nos belles armes, nos riches étoffes, nos laques semées de poudre d'or et nos porcelaines teintes de la couleur des papillons et de la pourpre des fleurs. Partout ailleurs en Europe la science progresse et l'art décline. L'homme, le conquérant de la matière, est vaincu par sa conquête; dans sa recherche de l'utile, il a oublié les secrets du beau, et il a payé d'une qualité disparue chacun de ses besoins satisfaits.

« Tandis que, charmé de voir et désireux d'apprendre, je parcourais les galeries du palais, je m'aperçus que, devenu l'objet de la curiosité publique, j'étais suivi de près et observé de loin. A Nangasaki, où l'on est sérieux, un Français passe inaperçu; à Paris, où l'on est frivole, un Japonais fait sensation. Ce peuple est affamé de spectacles! Ici, pour un étranger qui survient, un ballon qui s'envole ou un cheval qui s'abat, les oisifs s'attroupent plus nombreux que les mouches qui sentent le sucre. O ma bien-aimée! ils examinaient tout en moi : la démarche qui trahit le prince, le vêtement que tes mains ont brodé et le visage dont les traits t'ont séduite. « Quelle distinction « dans sa personne! » disaient les uns; et je souriais

en approuvant. « Il a le sabre de son père, » disaient les autres, et je souriais sans comprendre. Deux femmes s'approchèrent de moi, et l'une d'elles, la plus jolie, m'adressa ces paroles légères : « Bel étranger, à
« ton costume on devine ta richesse, à ta mine on te
« prendrait pour un roi. En échange d'un des diamants
« de ta couronne, je t'offre la boucle de ma ceinture et
« la fleur de mon amour. » J'étais ému et rougissant, mais ton image, un instant chassée, revint charmante à ma pensée, et je répondis à la vierge de l'Occident :
« Cesse de me tenter, fille aux cheveux de flamme.
« J'ai donné mon cœur à la perle de Xicoco, à celle dont
« les yeux sont deux rayons, la voix une harmonie,
« l'haleine un parfum, à celle que Brahma a pétrie de
« son plus pur kaolin, et dont la chevelure dénouée
« bat les hanches rebondies. »

« Elles s'éloignèrent le rire aux lèvres. Autour de moi on faisait comme elles. On m'a conté qu'elles étaient de celles qui exposent leur vertu et négocient leur beauté. Plus d'un grand, ajoute-t-on, venu à Paris sous couleur d'Exposition, se laissa prendre à leurs charmes et mit à leurs petits pieds des lambeaux de son traitement. Plus d'un leur envoya les clefs des portes secrètes pendues au dos des chambellans. Jadis on en a vu qui épousaient des bergères, aujourd'hui on en connaît qui effeuillent des marguerites. *Margaritas ante reges*, comme me disait, dans un latin audacieux, un immortel dont la centième année doit éclore aux roses prochaines.

« L'autre jour, à mon réveil, j'ai vu les maisons pa-

voisées de drapeaux de toutes couleurs, les uns portant à la hampe, les autres portant au centre des oiseaux farouches et couronnés. J'ai cru qu'on avait gagné une bataille ; je me trompais : on attendait deux monarques. L'un, petit roi devenu grand, a dépouillé ses voisins, tantôt par des guerres bien conduites, tantôt par des alliances bien faites ; l'autre, maître de la moitié du monde, règne sur ses sujets comme la grue dont parle un fabuliste régnait sur les grenouilles épouvantées. Tous ces princes, laissant leurs femmes à la maison, viennent à Paris se distraire un peu des soucis du ménage et des ennuis du trône. Pour réjouir ces nobles hôtes de la France, on prépare des grands bals, des petits soupers et des revues sur l'herbe. Toutes les fois qu'un empereur reçoit un collègue, il prend un plaisir extrême à lui offrir la vue d'une grande armée en bataille. Cela fait bien dans le paysage et vaut un discours du trône. Le propriétaire des troupes a l'air de dire à son camarade de couronne : « Vous le voyez, mon frère, moi aussi j'ai des
« soldats qui n'attendent qu'un léger prétexte pour se
« couvrir d'une gloire immortelle. D'un mot, je vous
« les jette sur le Rhin. Du Rhin à la Vistule, il n'y a
« qu'un de mes pas, un pas de géant ; *et nunc reges in-*
« *telligite*, et maintenant, ô rois ! comprenez, comme
« s'écriait le grand Bossuet en ses funèbres oraisons. »

« Admis dans le salon des grands à titre de Japonais sans conséquence, j'ai, suivant ma coutume, regardé les visages et observé les mœurs. J'ai vu les ministres de la parole, les sénateurs de la vieille garde et l'esca-

dron volant des préfets. J'ai contemplé, l'œil ébloui, les fonctionnaires de haut parage et les uniformes brodés dont le contenu aide à la gloire et veille au salut de l'empire. Une chose m'a surpris et m'a fait moins admirer, mais réfléchir davantage. Tous ces personnages, ou presque tous, ont servi vingt gouvernements avec un zèle égal et des appointements divers. Comme une girouette qui tourne sur elle-même à chaque secousse du vent, ils ont, en s'attachant à leurs places, suivi les évolutions de la fortune inconstante. Je leur ai dit qu'au Japon quiconque en changeant de parti était soupçonné de blesser ses convictions en servant ses intérêts devait se faire en plein ventre une incision diagonale, mais profonde. Ayant ainsi parlé, je détachai de ma ceinture mon sabre d'acier poli, et je l'offris poliment à mon interlocuteur stupéfait. Il me répondit : « Autres pays, autres mœurs. Mon prince, je
« me déclare incapable de m'ouvrir la partie de moi-
« même que vous indiquez d'un air noble et gracieux.
« Où donc mettrai-je la main, quand il me faudra pro-
« tester en public de ma fidélité aux principes et de
« mon dévouement au prince ? »

« J'ai entrevu le demi-monde et j'ai fréquenté le grand. Les extrêmes se touchent et souvent se confondent. Les femmes n'ont qu'un souci, la parure; les hommes n'ont qu'un but, la fortune. Chez celles-là, la vertu se déguise sous les apparences du vice; chez ceux-ci, la délicatesse ne s'arrête qu'à la frontière de la loi. Des banquiers hardis lancent une pluie de titres sur l'immense tribu des dupes. Le dénoûment ne se fait pas attendre et l'opération porte ses fruits : à qui voulait acheter un château en Espagne, il ne reste plus même en France une chaumière et, par conséquent, un cœur. Mais plus l'actionnaire se ruine, plus le spéculateur s'enrichit. J'ai vanté à ces hommes d'argent les honnêtes coutumes du Japon et je leur ai présenté le sabre affilé qui pend à ma ceinture. L'un m'a répondu : « Naïf enfant du Xicoco, je ne suis pas si sot « que d'éventrer la poule aux œufs d'or. » Un autre m'a dit : « Ma religion me défend d'ouvrir brusquement « les portes du temple où j'ai placé mon Dieu. »

« Hier, un bruit sinistre s'est répandu dans Paris. On parlait de l'expédition du Mexique et de son dénoûment lugubre. Mais voici longtemps que mes doigts tiennent la plume agile qui court sur le papier. Demain, ma bien-aimée, j'achèverai ma lettre commencée. L'heure du repos est venue; ma tête s'incline et mes yeux se ferment. Le sommeil, disent les sages, est la liberté de l'âme. Puissé-je revoir en songe la réalité disparue, les rivages de la patrie et le contour des îles heureuses! Puissé-je retrouver ton sourire et ton image dans l'illusion des rêves d'or! »

XVI

Juillet 1867.

FIN DE LA LETTRE D'UN JAPONAIS A SA FIANCÉE.

Après huit heures d'un repos profond Taïko-Sama s'éveilla, léger comme une plume au vent, gai comme un oiseau chanteur. Il regarda le temps et vit qu'il était beau ; il relut la lettre et trouva qu'elle était bien. Puis, reprenant la plume, il traça les lignes suivantes :
« O ma bien-aimée ! réjouis-toi, car je vais revenir. Prépare pour le festin du retour la chair blanche des jeunes chiens et le nid de l'hirondelle errante. Avant trois lunes accomplies, je reverrai le sol natal, si Brahma me vient en aide, lui qui apaise la mer et qui conduit les vents. J'ai choisi pour toi de riches présents, dont les uns rehaussent la beauté, les autres conservent la jeunesse, des colliers de perles imitées avec art, des « Suivez-moi, jeune homme », flottant jusqu'à terre, des fausses nattes couleur de pourpre et les flacons onctueux de Piver, le décoré.

« Puisque je t'ai parlé de l'expédition du Mexique, je te dois quelques mots sur son origine et sur sa fin. Prête l'oreille, ouvre les yeux et révère plus que jamais le gouvernement du Mikado, pasteur des âmes, et du

Taïcoun, prince des peuples. Au Japon, les hommes politiques ne font que ce qu'ils savent, et ils savent peu ; en France, les hommes d'État ne savent pas ce qu'ils font, et ils font beaucoup. Or, il advint que grâce au concours d'un citoyen nommé Jecker, on réclama au Mexique la bagatelle de quelques piastres fortes. Le bruit courut, — comme l'esprit le bruit court les rues, — le bruit courut que plusieurs Parisiens d'importance témoignèrent à ces piastres une affection aussi forte qu'elles. Une poule survint : d'aucuns voulurent la gagner, et voilà la guerre allumée.

« Il s'agissait d'honneur et d'argent, comme dans la pièce de M. Ponsard, — un poëte distingué qui n'est plus. — L'honneur n'était pas perdu, mais l'argent pouvait l'être. La nation toujours généreuse se résolut à dépenser cent millions pour en recouvrer deux ou trois. Il y avait bien une grande idée à l'horizon, car partout où va le drapeau de la France il est certain qu'une grande idée le précède. Des vaisseaux chargés d'hommes franchirent le vaste Océan. La Vera-Cruz fut occupée, Puebla fut prise d'assaut et Mexico ouvrit ses portes. C'était assez pour la gloire et trop pour le bon sens. Le pays s'émut et demanda qu'on mît un terme à une expédition où il ne sentait ni ses intérêts en cause, ni sa grandeur en jeu. L'effort de l'opinion se brisa contre la volonté du prince. En vain les Cassandres politiques prophétisèrent les ruines futures, leur voix se perdit à moitié du chemin du trône et les ministres regardèrent en riant les augures impuissants et raillèrent le cri sinistre des corneilles volant à gauche.

«L'expédition suivit son cours. L'ennemi fuyait devant les légions françaises. Mais ce n'est pas tout que de vaincre, il faut user de la victoire. On parla d'opposer dans le nouveau monde aux progrès de la race anglo-saxonne l'influence de la race latine, et c'était là une grande, une bien grande idée. On fit plus, on voulut civiliser à fond le Mexique mal conquis, et c'était là une seconde idée aussi haute que la première et plus profonde peut-être. On admit sans conteste que la civilisation vient des trônes comme le miel naît des fleurs, et on se persuada vite que les Mexicains, pareils aux grenouilles de la fable, demandaient à Jupiter un souverain qui tînt le milieu entre le soliveau immobile et la grue dévorante. Une fois lancé sur la route des grandes idées, on ne connaît plus d'obstacles et on ne prévoit plus d'arrêts. Comment croire que l'empire, établi en France avec une douce violence et un incontestable succès, perdrait en passant les mers la force de croître et le don d'ombrager. On pensait voir au Mexique les édifices surgir d'eux-mêmes et se couronner seuls. L'âge d'or allait revenir, les mines d'or devaient produire. En attendant, la France payait cher sa gloire et ses conquêtes, et ses soldats en marche regardaient le drapeau, pour eux signe du devoir et symbole de la patrie.

«Pour un empire il faut un empereur, comme un lièvre pour un civet. On s'adressa à un archiduc autrichien qui possédait le bonheur et rêvait la fortune.

Pauvre prince! que ne vivait-il content du second rang, dédaigneux du premier! A qui est heureux, que fait l'empire? et quand on a l'amour, qu'importe la couronne? Quels discours lui furent tenus? Je ne sais. Par quelles promesses fut-il séduit? J'ignore. Il vit le présent radieux et crut l'avenir sans orages. Il partit enfin! Il vint à Paris, logea dans ce palais dont tant de rois qui ont passé furent les hôtes ou les maîtres, et s'embarqua pour le Mexique, riche d'espérances et crédule aux serments. De la Vera-Cruz à Mexico, voyant la foule se presser sur son passage et les baïonnettes des soldats reluire sous le soleil brûlant, il s'écria : « La « France est avec moi; je suis maître de l'espace et du « temps : l'empire est fait. »

« Il ne l'était pas, cependant. Quelques semaines l'ébranlèrent, et l'on put prédire l'inévitable chute de cet arbre sans racines. Au Mexique, la lutte sans terme; en France, un déplaisir sans bornes. En vain les ministres, jouant avec les mots et avec les faits, déployèrent les trésors d'une imagination plus riche que la riche Sonora; en vain on jeta au plus épais des souscripteurs le filet doré des emprunts, on ne pouvait étouffer dans l'esprit d'auditeurs mal convaincus le sentiment de la vérité et l'appréhension du désastre. Toutes ces choses appartiennent à l'histoire, et l'histoire sera connue, quand, selon la promesse d'un orateur, la France n'attendra plus son Tacite. Menace des États-Unis, résistance du clergé, découragement de l'opinion, et nulle part les ressources égales aux besoins et les résultats à la hauteur des sacrifices.

« C'est alors que l'impératrice Charlotte fut députée aux Tuileries et au Vatican, pour demander, ici des secours promis, là des concessions impossibles. Elle échoua. L'infortunée remplit le palais pontifical de ses terreurs et de ses sanglots et perdit à la fois l'espérance et le souvenir, la mémoire et la raison; objet d'horreur et de pitié, même aux ennemis de son mari, même au traître qui le livra, même au bourreau qui l'a frappé ! L'histoire est ménagère de ces hautes infortunes, et il faut remonter à la fin du siècle passé pour retrouver une autre victime royale plus grande, plus innocente, plus pure et plus cruellement délaissée par la France et par Dieu.

« Le dénoûment fut rapide : on renonça aux grandes idées et aux vastes erreurs. Les troupes françaises, enfin rappelées, refirent la route parcourue et quittèrent un sol où ils laissaient des victoires stériles et des tombes inconnues. L'empereur Maximilien pouvait accompagner leur fuite : on l'en priait ; il refusa, et ce refus lui sera compté dans l'histoire, plus que ne l'eussent été son ambition satisfaite et l'empire réalisé. Abandonné de la France, mais dévoué à ses partisans, il résolut de combattre, non pour le salut de sa personne, mais pour l'honneur de son nom. Sans espérance, mais sans désespoir, il en appela à l'histoire impartiale et à l'épée fidèle. Cependant les aigles lassées regagnaient l'aire natale, et Maximilien regardait les vaisseaux qui, débarrassés de lui, n'emportaient que sa fortune.

« Il lutta quelques semaines, s'aidant lui-même et prêchant d'exemple ; tout lui manquait : vivres, munitions, trésors et soldats ; la France, en se retirant, ne lui avait rien laissé. Vaincu et assiégé, mais redoutable encore, il pouvait rencontrer une journée heureuse et retourner le vent de la fortune contraire. Il comptait sans Lopez et sans la trahison. Vendu pour une somme d'argent, comme Charles Ier par Lœven, il ne put même obtenir l'échafaud de White-Hall. Sa poitrine servit de but aux balles des bandits, et ce malheureux prince, ajoutant son nom au livre d'or des rois martyrs, conquit sur la terre mexicaine une tombe aussi large et plus durable que son trône. Au moment où je t'écris ces lignes, le tambour bat, les princes sortent; les troupes s'assemblent : on donne une fête au sultan.

« Ainsi finit l'expédition du Mexique. Le récit m'en fut conté par un mandarin disponible, philosophe aimable et sage, en retrait d'emploi. C'est un acteur devenu témoin qui regarde de quelle façon ses successeurs tiennent ses rôles et corrigent ses effets. Il a gagné en indépendance ce qu'il a perdu en pouvoir et juge mieux depuis qu'il n'agit plus. Il a oublié la haine et appris le dédain. Quand sa narration fut terminée, il voulut conclure et ajouta : « Toute faute se paye et chacun récolte ce qu'il sème, folie pour folie et néant pour néant. Les œuvres durables veulent être fortement conçues et énergiquement poursuivies. Les idées des hommes ressemblent à la semence des livres saints. Stériles, elles tombent sur le roc où rien ne germe; légères, elles volent au vent qui les disperse. — Les bonnes seules fructifient.

« En ce qui touche le Mexique, le gouvernement ne

peut alléguer aucune excuse d'ignorance ou d'erreur. Les Chambres ne lui ont pas épargné les conseils, et les journaux lui ont rendu plus d'avertissements qu'il ne leur en a donné. Tout homme est responsable des fautes par lui commises, et il ne peut obtenir son pardon que par un aveu d'impuissance ou un cri de repentir. Nos ministres se contentent de jeter les fleurs de leur rhétorique sur les ruines qu'ils ont faites. Ils invoquent le ciel et se déchargent sur Dieu; leurs bras sont longs, mais Dieu est loin. Quand Moïse levait au ciel ses mains suppliantes, c'était pour obtenir la victoire, et il triomphait; quand M. Rouher essaye cette attitude de prophète en détresse, c'est pour glorifier ses désastres, et il échoue. J'aime mieux Moïse.

« A propos de la mort de Maximilien, tombé à Queretaro, on a répété le mot de M. de Talleyrand apprenant la mort du duc d'Enghien, fusillé dans les fossés de Vincennes : « C'est plus qu'un crime, c'est une « faute. » C'est plus encore : c'est une diminution de prestige et une atteinte à la gloire française. Il n'y a pas de distinction possible entre le gouvernement et le pays, l'un agissant au nom et avec l'aide de l'autre. Par qui fut conçue la pensée de l'expédition mexicaine et par qui exécutée? Qui rêva l'empire et le réalisa? Qui vint offrir une couronne au châtelain de Miramar? Qui, pour vaincre les répugnances d'un malheureux prince, a promis plus qu'il ne devait promettre et ne pouvait tenir? Qui prodigua pour une chimère l'argent du Trésor et le sang des soldats? Par qui Maximilien fut-il intronisé? Par qui soutenu? Par qui enfin délaissé? Sur qui retombent la responsabilité des fautes et le poids des désastres? Sur les hommes ou sur Dieu! Les hommes s'agitent et Dieu les juge.

« C'est la première fois que la France abandonne un allié auquel elle avait promis d'être jusqu'au bout fidèle. Nous avions charge d'empereur, et n'ayant pu lui assurer le trône nous devions au moins lui garantir le salut. Et maintenant lavons-nous les mains, en regardant le ciel. Rien, ni les parfums de Piver, ni l'eau des ablutions, n'effacera la petite tache. O Taïko, nous passerons de longues années encore à envier le sort du charbonnier maître de lui, maître chez lui. Après la gloire qui s'envole, la liberté qui décroît. »

« Mon interlocuteur ajouta d'autres paroles que je transcrirais volontiers, n'était la crainte salutaire du mandarin Vandal.

« Quand le vieillard m'eut quitté, je réfléchis longuement sur l'avenir des gouvernements despotiques et le sort des nations décroissantes. Je m'efforçai de détourner le jeune frère de mon Taïcoun de l'ambition qui perd les princes. Je lui disais : « Si jamais la « France vous offrait le trône du Béloutchistan ou le « sceptre des deux Tartaries, dût-elle vous donner, « comme la Grèce à Ménélas, mille vaisseaux et cent mille « soldats, refusez avec une politesse exquise et une con- « viction ferme. L'appui des rois est incertain et leurs « promesses ressemblent à la tour de porcelaine, qui « est haute, fragile et de couleur. Le titre de frère d'un « grand empereur suffit à quiconque est modeste. Con- « tentez-vous de vivre heureux et de remonter par les

« femmes jusqu'au soleil qui luit pour tous et ne trompe
« personne. »

« Que de choses, ô ma bien-aimée ! il me resterait à te dire ! J'ai vu le sultan dans sa gloire. J'ai assisté à un débat solennel engagé dans les Chambres françaises. Mais l'opium s'est éteint dans ma pipe au tuyau d'ambre et les parfums manquent aux cassolettes de bronze ; laisse-moi fumer et rêver : dans un nuage, comme un dieu d'autrefois ; dans l'encens, comme un roi d'aujourd'hui.

« En France, l'État possède autant de grands corps que l'on voit de queues pendre au bonnet d'un pacha. Grâce au concours de ces hautes assemblées, une loi d'ensemble se confectionne moins vite mais aussi sûrement qu'un chapeau de feutre aux machines de l'Exposition. Le Conseil d'État, — c'est là que sont les sages, — rassemble les matières premières et propose l'adoption d'un modèle. Le Corps législatif, — c'est là que siégent les orateurs, — choisit une forme à la mode et discute sur la couleur du ruban. — Le Sénat conservateur, — collection d'intelligences et récueil des fortes têtes de l'empire, — essaye la coiffure proposée, et pour peu qu'elle lui semble trop large ou trop hardie, peut ordonner un changement de tour et une remise en forme. Après quoi la loi est faite et le chapeau va bien.

« C'est à une des séances du Corps législatif qu'il me fut donné d'assister. Longtemps avant l'heure indiquée, la foule envahissait les tribunes, et au premier rang s'étalaient ces êtres charmants dont la robe dévore autant de soie que le ballon du mandarin Nadar.

Deux fleurs du jardin des hommes siégeaient à mes côtés, mieux vêtues que le lis des champs, plus odorantes que la rose épanouie. Elles parlaient, et je prêtais l'oreille à la musique de leurs voix. L'une murmurait les noms glorieux de Piver et de Dusautoy ! L'autre disait : « Le grand Worth a semé assez de ru-
« bans assortis pour récolter un jour un doigt de ruban
« rouge. Ce qu'on fit pour l'aigle des habits noirs, ne
« le fera-t-on pas pour l'ange de la couture ? Il a tant
« de tact quand il mesure, tant de douceur quand il
« insiste, tant de génie quand il crée ! Il est juste de
« placer une croix sur un sein qui a si bien compris les
« exigences et la valeur du nôtre. »

« La séance commença, et j'entendis pérorer sur la question mexicaine trois mandarins de première classe. L'un, ancien ministre, historien du premier empire, orateur de tous les temps, porte gaiement le fardeau des années, et, comme le soleil dans le ciel pur, avance dans sa verte vieillesse. C'est un philosophe indulgent et un lettré des jardins d'Académus. Écouté comme un prophète antique, il mêle ses souvenirs à ses conseils et jette sur la route où l'on marche le rayon des astres couchés. Sa parole éclaire et charme, et ressemble aux miroirs magiques qui ne reflètent que la vérité, souvent aussi difficile à dire que pénible à regarder. Le second, moins maître des autres que de lui, prononce d'une voix vibrante les discours de la montagne, où il siége ; incapable de ménagement et dédaigneux des orages, il lutte pour une cause dont le triomphe avance, et contre des adversaires que chaque victoire épuise.

L'orateur, à en juger par lui, est un guerrier qui sait parler; il tonne, et dans sa poitrine et sur ses lèvres on sent le souffle de la liberté proscrite et l'accent de la muse indignée.

« Le troisième, ah! le troisième !

« Le troisième dit moins bien.

« Il a le prix tout de même...

« Celui-là, c'est le mandarin-ministre et l'Atlas du second empire. Il a les épaules larges, la tête puissante, les bras longs et un ventre dont la majesté ferait hésiter nos sabres. Il est plus qu'utile, nécessaire, et comme la nécessité il fait loi. Il a l'amitié d'un grand homme, ce qui est un bienfait des dieux, et s'est enrichi l'autre jour de quelques diamants qui, sans ajouter à ses mérites, rehaussent pourtant sa valeur. Derrière l'aigle à la forte envergure on sent le dieu qui tient la foudre, et c'est pourquoi, dès qu'il paraît on s'incline, et dès qu'il parle on l'approuve. La majorité fait taire devant son éloquence assermentée les conseils de la sagesse et les inspirations du bon sens. Elle voudrait le mieux, mais le mieux est parfois l'ennemi de ce qu'il dit. Au premier mot, il domine son auditoire; une mèche unique flotte en cadence sur sa tête dégarnie, et, comme un chef d'orchestre, il conduit de son bras levé l'harmonie des applaudissements et le concert des bravos. Quand il a fini, les votes pleuvent blancs et pressés comme des flocons de neige ; et lui, dans l'attitude du Rhin, père des fleuves :

Appuyé d'une main sur l'urne des scrutins,
S'endort au bruit flatteur des nombreux bulletins.

« Il me resterait à te dépeindre la figure des hommes qui s'agitent tandis que ce dieu les mène : les Ajax de la majorité et les Ulysses du tiers-parti. Ce sera peut-être l'occasion d'une troisième lettre ; mais aujourd'hui le temps presse, et, comme dit un proverbe latin : *De minimis non curat prætor*.

« Je borne ici ma carrière, heureux si j'ai pu faire passer sous tes yeux la vision d'un monde étranger. Ici l'homme est moins grand que ses œuvres et son esprit vaut mieux que son cœur. L'admiration s'impose, mais l'estime se refuse. Chez nous seulement on retrouve l'amitié sans défaillance et l'amour sans soupçon. O ma bien-aimée ! Taïko-Sama baiserait la trace de tes pieds, si tes petits pieds laissaient leur empreinte aux herbes de la prairie et aux fleurs des jardins. »

XVII

Août 1867.

LE VICE-EMPEREUR.

Occidentale.

Il avait prononcé, sans convaincre personne,
Un de ces longs discours, tels que pour la Couronne
   Démosthènes en débitait,
Et tandis qu'il vantait la Prusse et le Mexique,
A chaque mouvement de sa tête héroïque,
   Sa mèche unique s'agitait.

Chaque auditeur ému retenait son haleine;
Le président Schneider n'interrompait qu'à peine :
    C'était très-grand, c'était très-beau !
Ollivier méditait; Larrabure, sans doute,
Recherchait son bon sens égrené sur la route
    Qui de Bayonne mène à Pau.

Le Tiers-Parti, vaincu, s'effaçait comme une ombre,
Et parfois, au signal des muets qui font nombre,
    Les bravos couraient sur les bancs;
Quand l'orateur ferma ses lèvres desséchées,
On vit alors tomber dans les urnes penchées
    La neige des bulletins blancs.

Et lui, lutteur heureux, souriante figure,
But un mélange exquis de sucre et d'onde pure,
    Puis, modeste, revint s'asseoir;
Et tandis qu'au bureau se comptaient les suffrages,
Il remit sur son front, où passent les orages,
    Sa calotte de velours noir.

Dans quels étonnements ce souvenir me plonge !
J'ai beau faire, partout je revois, même en songe,
    Ce ministre à la grande voix,
Cette réduction d'Orphée, au doux langage,
Dont la lyre et les chants charmaient dans le vieil âge
    Les bêtes, la pierre et le bois.

C'est un poste agréable et qui vous met à l'aise
Que d'être le second dans la Rome française,
    Et, sans faiblesse et sans souci,
Conduire au gré des vents, sur la mer opportune,
Le vaisseau périlleux qui porte la fortune
    De César, et la sienne aussi.

Quel rêve de toucher en s'élevant de terre,
Du front au souverain couronné de lumière,
    Du pied au glorieux Sénat,
Et d'avoir ses deux mains pleines de ministères :
Dans la gauche tenir les finances prospères,
    Et dans la main droite l'État !

On grandit avec l'âge, on change avec les choses,
Qu'importe? chacun sait quelles métamorphoses
    Subirent les dieux inconstants.
On est, comme Jupin, dont la légende inspire,
Cygne sous les Bourbons, et flot d'or sous l'Empire,
    Puis taureau, quand on a le temps.

On domine, à la Cour, aux Chambres, dans les fêtes,
Écuyers, chambellans, gros bonnets, fortes têtes,
    Toutes les étoiles du ciel,
Tout ce qui va, grandit, croît, multiplie, émarge,
Tous les frelons dorés qui vivent à la charge
    Des abeilles qui font le miel ;

Sénateurs et préfets prompts à tout entreprendre,
Et tous ceux qui jamais ne sauraient assez prendre
    De galons d'or étincelants,
Au flancs desquels s'accroche un glaive qui s'ennuie ;
Les ministres aussi sur qui tombent en pluie
    Six mille pièces de vingt francs.

Les ministres pourtant ont de riches demeures
Et sont grands. L'un, pavé d'intentions meilleures
    Que le résultat qui les suit,
Répand à larges flots l'instruction féconde,
Heureux père d'enfants qui dans ce pauvre monde
    Font du chemin et font du bruit.

L'autre prit Rome, — alors on était République;
Celui-ci, bon liseur et profond politique,
    Chez les Turcs apprit à penser.
Celui-là, cœur ouvert, esprit sans artifice,
Administre aujourd'hui cette même justice
    Que jadis il sut devancer.

Eh bien, tous ces grands noms, anges du ministère,
N'atteignent même pas la cheville ouvrière
    De celui que je veux chanter,
Du messager du dieu dont tout pouvoir émane,
Truchement de l'Olympe, irresponsable organe
    Du responsable Jupiter.

C'est lui qui met un frein aux libertés promises,
Et qui pour les erreurs et les fautes commises
    Postule des acquittements;
Avocat nuancé que nul détour n'étonne,
Comme il sonna la charge au Mexique, il nous sonne
    La cloche des enterrements.

Que lui font l'injustice et les criailleries?
Il reste dans l'esprit des lettres affranchies
    Que lui daigne adresser César.
Il reçut l'autre jour, splendide récompense,
Des diamants, moins clairs que n'est son éloquence,
    Moins brillants que n'est son regard.

Les diamants font bien; mais il lui manque encore
Deux dignités de plus, pour que Riom s'honore
    De ce rejeton sans pareils.
Qu'il soit duc, et cela ne surprendra personne,
Puis conseiller privé, luxe que l'on se donne
    Quand on se prive de conseils.

Alors, comblé de gloire et ceint d'une auréole,
Tranquille, il guidera vers le fier Capitole
    Son char flanqué de sénateurs.
N'est-il donc plus de voix qui s'indigne et qui vibre?
C'était l'esclave à Rome, ici, c'est l'homme libre
    Qui poursuit les triomphateurs.

XVIII

Août 1867.

LA SAISON DES EAUX, LE MOUVEMENT LIBÉRAL, LA NAVIGATION AÉRIENNE, LES FEMMES, Mᶜ PLACIDE FÉREY.

La session des Chambres est close; plus de discours, partant plus de joie. Où est le président Schneider, dont les interruptions sont à toute vapeur, comme la marche de ses locomotives? Où sont les lois libérales, les promesses de février et les neiges d'antan? Où vont le groupe des orateurs et la légion des muets? Où sont les députés de la majorité, dont chacun répétait, comme les bergers du Poussin, *et in Arcadia ego*. Et moi aussi, je suis de la rue de l'Arcade.

Nos ministres et nos députés se sont enfuis comme une volée d'oiseaux chanteurs; ils s'en vont comme les rois. Les uns, et ils sont nombreux, vont chercher dans leur maison des champs l'oubli de leurs votes personnels et des discours d'autrui; les autres dressent leurs tentes des jours d'été sur les rives des fleuves ou les pentes des montagnes. M. Ollivier, se promenant au bord des sources pures qui reproduisent son image, prend des attitudes de ministre sans portefeuille et de Narcisse sans écho. M. Jules Favre recherche l'air tiède du Midi et le spectacle des flots d'azur. Un député de l'opposition s'expose à l'eau sulfureuse qui jaillit des Pyrénées, et les baignoires allemandes s'étonnent de l'embonpoint d'un ministre. Les bains sont de toutes les opinions et les extrêmes se douchent.

Dans quelques jours l'Olympe entier va s'abattre sur Biarritz hospitalière. Les dieux et leur suite vont se tremper d'onde amère, et les vagues, toujours limpides malgré le nombre des baigneurs, mouilleront dans leurs naïves audaces la ceinture des grâces et la clef d'or des chambellans. La mythologie revient avec ses riants souvenirs et ses traditions fleuries. Comme les Athéniens, nous verrons les perles de la mer rouler sur les épaules des divinités nouvelles, et comme autrefois devant le char de Neptune et d'Amphitrite, l'eau jaillira sous l'effort des nymphes légères et des tritons joufflus.

En attendant ces délices balnéaires, la fièvre électorale sévit sur le territoire de l'empire. On vient de renouveler le tiers des conseillers généraux, et les préfets, suivant l'antique usage, ont déployé un zèle supérieur à tout éloge et au-dessus de leurs appointements. Ainsi que l'ourse, qui, touchante en ses affections maternelles, lèche ses oursons jusqu'à ce qu'ils soient en état de se présenter dans le monde, le gouvernement, tendre pour ceux qui font vœu d'être siens, fait la toilette de ses protégés et les pare pour le jour des scrutins. Chaque candidat étend sur la foule des électeurs ses mains pleines de promesses et donne au papier de ses affiches la couleur de ses opinions. Les uns essayent de concilier ces deux choses inconciliables, leur amour de la liberté et leur dévouement au pouvoir; les autres, ornés du patronage autoritaire, célèbrent leur indépendance au moment même où ils l'aliènent... A l'heure où j'écris, les scrutins sont fermés, les votes dépouillés, les élus proclamés, et bientôt de cette agitation d'un jour il ne restera qu'un souvenir vague, transformé en inévitable oubli. De tous ces serments imprimés, de toutes ces promesses écrites, il ne survivra que des lambeaux de papier déchirés, jouets du vent qui souffle et des enfants qui passent.

Le gouvernement a triomphé de l'opposition comme Pyrrhus triomphait de Rome, en s'affaiblissant dans la lutte et par l'emploi des éléphants : les éléphants, c'est-à-dire la lourde cargaison des fonctionnaires, depuis le préfet en habit brodé jusqu'au gendarme au baudrier jaune. De tels auxiliaires nuisent autant à la sincérité du suffrage qu'à la dignité des élus, et l'autorité gagnerait en prestige à chercher des conseillers généraux et non des flatteurs particuliers. Néanmoins, malgré vents et marée, malgré le nombre des influences et la qualité des appâts, nos amis et nos alliés sont en grand nombre sortis vainqueurs de cette lutte inégale et souvent discourtoise. Partout nous avons vu surgir des noms aimés qui nous rappellent le souvenir des temps meilleurs, et dont le triomphe atteste que le pays fait plus de cas de la fidélité qui s'écarte que de l'apostasie qui s'affiche. La vie renaît et à chaque mouvement s'atteste plus efficace et plus forte. Toutefois, à ceux qui s'affligent de nos victoires trop restreintes et de ce réveil trop lent, je répondrai : Il est plus facile de perdre la liberté que de la reconquérir. Les grands peuples sont comme les grands chênes, il leur faut des siècles pour croître et une heure pour tomber. Ce n'est pas en un jour qu'on peut secouer le fardeau des longues servitudes, et la durée des efforts se mesure à la profondeur des chutes.

Je n'ai pas dessein de rester longtemps sur le terrain politique, et je n'aurais rien à dire si le hasard ne m'avait mis entre les mains deux livres qui alimenteront ma causerie déjà tarie. Le premier de ces livres porte sur sa couverture un titre aux longues dimensions que je transcris sans broncher : *Prodigieuse découverte et ses incalculables conséquences sur les destinées du monde.* L'éditeur s'appelle Hetzel, l'auteur X. Nagrien. Que de pseudonymes à la clef ! Enfin, le titre promet, reste à savoir si l'auteur tient.

On est plus ou moins curieux, et je suis de ceux qui le sont plus. On comprendra, dès lors, mon désir de connaître cette prodigieuse découverte qui doit changer la face un peu ridée de ce vieil univers. Était-ce la forme d'un canon à aiguille ou le rêve d'un philosophe à système? Était-ce le délire d'un savant ou la méditation d'un sage? Je me disais : Peut-être est-ce un disciple de Considérant qui a perfectionné l'homme inventé par le maître et donné une courbe plus séduisante à la queue qui se termine en œil? Toutefois, une telle découverte changerait moins la face des choses que l'envers des gens. Serait-ce un expédient politique qui... non; à l'irrévérence de la pensée trop libre qui se présente à mon esprit, je sens qu'elle ferait impression, mais qu'elle ne pourrait l'obtenir.

Je voulais savoir, j'ai lu : il ne s'agit ni de philosophie, ni de religion, ni de politique; voici la chose en aussi peu de mots que possible. Un beau matin, sur Paris à peine réveillé, tombe une neige de petits papiers : il en neigeait sur le sommet de l'obélisque, sur les tours de Notre-Dame, sur le pavé des rues, dans l'intérieur des maisons, partout. Quel était ce mystère? On ne comprenait rien à cette averse de prospectus; leur abondance était un problème et leur contenu une amorce. Voici ce que disaient les petits papiers : « Les personnes qui se trouveront sur la place de la Concorde le 1er juin prochain, à midi précis, assisteront à la première manifestation de la plus grande des révolutions passées et futures. » La curiosité fut grande, comme de raison; la police, mise sur pied, selon son habitude, vit l'effet sans percevoir la cause. Le mot de révolutions passées et futures troubla le gouvernement, qui, rassuré sur le passé, appréhendait le futur. L'autorité, se mettant en mesure pour le jour et l'heure dits, requit les canons revolvers et les chassepots disponibles et s'émut de la base au sommet de son édifice sans couronnement.

Le 1er juin de cette année imaginaire, longtemps

avant l'heure de la manifestation promise, la foule se rassembla compacte sur la place de la Concorde et dans les lieux circonvoisins. La foi s'emparait des uns, l'incrédulité des autres. On consultait sa montre, on regardait l'espace. Aux approches de midi, le silence était si grand qu'on eût entendu une mouche voler ; quand les douze coups retentirent à l'horloge des Tuileries, tous les doutes furent dissipés et on sut à quoi s'en tenir. Ce ne fut pas une mouche, ce fut un homme qui vola.

Eh ! mon Dieu, oui, le grand problème de la navigation aérienne était enfin résolu. Je ne redirai pas, on le conçoit, les explications scientifiques dont l'auteur accompagne « sa prodigieuse découverte. » Je n'ai pas la prétention de rendre clair ce qui pour moi reste obscur. C'est un rêve de l'avenir qui nous est présenté comme une réalité d'aujourd'hui, mais le vraisemblable côtoie le vrai et l'impossible arrive. En lisant ce livre étrange, je songeais à ces récits de l'autre monde qu'Edgard Poë écrivit pour celui-ci, et dans lesquels le conteur parcourt le domaine de la science sur les ailes de la folle du logis. M. X. Nagrien, puisqu'il faut l'appeler par un nom, séduit dès la première page le lecteur, forcé d'aller jusqu'au bout. Il intéresse, il plaît, et que faut-il de plus ? C'est le cas, en prenant congé de l'auteur et du livre, de rappeler le vers d'Horace :

Omne tulit punctum qui miscuit utile dulci.
         Un auteur est habile
Qui mêle en ses écrits l'agréable à l'utile.

J'ai annoncé que j'avais à parler de deux ouvrages. Le premier, dont j'ai rendu compte, est signé X. Nagrien, un pseudonyme; le second est signé Velnac, une anagramme. L'un a pour titre : *Prodigieuse découverte*, l'autre s'intitule modestement : *les Femmes*. Celui-ci traite des ballons, celui-là de la crinoline.

Les femmes! Quelle jolie enseigne à une marchandise littéraire! Comme les langues d'Ésope, elles sont le meilleur et le pire, se servent à toute heure et s'accommodent à toute sauce. Je regardais avec intérêt ce petit livre à couverture glacée relevée de filets bleus, et j'allais l'ouvrir pour apprendre enfin le secret de celles qui n'en surent jamais garder un, lorsque mes yeux tombèrent sur la devise de l'auteur, écrite au-dessous de son nom : *In amore, in labore vita*, la vie est dans l'amour et dans le travail. Cette pensée est d'un avocat; elle est ingénieuse et elle est fausse. Il n'y a pas de distinction à faire entre l'amour et le travail : c'est tout un.

« On n'aura jamais tout dit sur les femmes, nous dit l'auteur, parce qu'on n'est jamais un instant sans y penser. » Parlez pour vous, mon cher confrère; quant à moi, il m'arrive de penser à autre chose. « Le degré d'abaissement d'une société se mesure exactement au degré d'effronterie qu'une femme y peut atteindre sans scandale. »

Voilà, il me semble, une pierre jetée dans le jardin de la société moderne, mais c'est une pierre fine. « Il y a dans toute femme une sœur de charité. » C'est vrai; écoutez encore :

« Qui n'a connu Gradin? Qui ne se rappelle ses nobles et fières convictions? Il a juré de ne point pactiser avec le pouvoir, et il a tenu bon pendant trois ans. Le voilà maintenant qui monte les degrés, portant sous ses bras des manteaux et des fourrures ; il suit pas à pas sa femme, qui l'entraîne dans les bals de la cour et le mène aux emplois à travers toutes les pompes du déshonneur »

En effet, j'ai connu Gradin, mais je n'insiste pas sur cette sorte de maris si fréquents qui passent par toutes les portes en baissant leur front, pareil à celui d'Actéon. Et en parcourant ce petit livre, où je glane de droite et de gauche, j'arrive à cette jolie pensée, joliment dite : « Quand nous disons que les femmes valent mieux que nous, nous le pensons ; quand ce sont les femmes qui le disent, elles en doutent. » Avons-nous raison, ont-elles tort ?

Je n'ai pas dit de ce petit volume tout le bien que j'en pense, il faut se borner quand on veut écrire. J'ai tâché, par des citations prises au hasard, de donner quelque idée des qualités visibles d'un écrivain qui se dérobe, grâce, finesse, esprit, connaissance du sujet, art de penser, talent d'écrire. Toutefois, pour l'auteur, la meilleure récompense et la plus douce, ce ne sont ni nos critiques flatteuses, ni nos éloges stériles, ce serait le sourire d'un de ces êtres charmants auxquels il pense toujours et qu'il chante parfois.

Il me faut finir par une triste nouvelle ; chaque jour amène son deuil, et la terre, où nous irons tous, reçoit ce peu de poussière qui fut un homme. Celui dont nous pleurons la perte était un des meilleurs de nous, Tout en lui était élevé et bon, le savoir, le talent et le cœur. Le monde où il a passé l'aimait et s'en souvient, la magistrature où il a grandi s'honorait des exemples qu'il donnait et s'étonne du vide qu'il laisse. Vivant, il eût repoussé l'éloge ; hélas ! mort, il ne saurait l'entendre. Trop modeste pour se bien connaître, il eût pris pour une flatterie la vérité, même affaiblie, et il eût dit que la seule louange dont il fût digne, c'était de n'avoir rien fait qui méritât le blâme.

M. Placide Férey, conseiller à la Cour de cassation, a couronné par une fin chrétienne une vie pleine d'œuvres et courte de jours. Né au commencement de ce siècle, il fit du droit son étude, du barreau une transition, de la magistrature son but. Il était neveu de l'avocat Férey, célèbre dans son temps, ignoré du nôtre. L'intégrité et le talent marchaient de pair chez cet avocat des vieux âges. Il avait laissé à son neveu sa bibliothèque et ses papiers, parmi lesquels des reçus de vingt-quatre francs, prix des consultations d'alors. Aujourd'hui, tout a changé : au barreau, comme ailleurs, plus d'honoraires, moins d'honneur ; les prix augmentent, les hommes baissent.

M. Férey fit son droit et prit rang parmi les stagiaires. Il entra dans le cabinet et travailla sous la direction de l'illustre Berryer. C'est faire l'éloge de l'élève et du maître que de dire que l'un était digne de l'autre. Ce fut là qu'il se perfectionna dans la science des lois, qui sont le devoir écrit ; là qu'il apprit à bien parler et à agir comme il parlait. Ses débuts furent heureux et remarqués, et il eut l'honneur, grand pour un jeune homme, de plaider en audience solennelle. Les magistrats, qui l'aimaient, lui ouvrirent leurs rangs; il fut nommé conseiller auditeur. Dès lors il ne plaida plus les procès, il les jugea.

Les conseillers auditeurs furent une des meilleures institutions du premier Empire, la Restauration les respecta, la révolution de Juillet les supprima. Ils ont fourni à la magistrature ses plus dignes représentants et ses plus utiles recrues. Ils ne pouvaient demeurer. Nommé par le ministre, sur la présentation des cours, le choix des magistrats était pour eux une certitude de capacité et une garantie d'indépendance. Jadis la magistrature et le parquet formaient deux branches distinctes, riches de séve et de puissance. Les talents abondaient partout. Les uns portaient la parole, les autres tenaient les balances. Aujourd'hui... mais ces comparaisons irritantes n'entrent point dans mon dessein, et je n'ai ni la liberté ni le temps d'humilier les modernes représentants de la Thémis antique en leur montrant leurs priviléges perdus et leurs sommets nivelés.

M. Férey trouva vite l'occasion de mettre en relief ses éminentes qualités. C'était un de ces magistrats qui font honneur à la magistrature, et chaque avancement semblait au-dessous de ses services et inégal à sa valeur. Conseiller, puis président de chambre, il rehaussa ces délicates fonctions par l'austère dignité dans laquelle il les tint. Travailleur infatigable, jurisconsulte hors ligne, personne ne savait comme lui rédiger les ermes d'un arrêt et donner à la loi contestée une sanction plus définitive et plus claire. Mais c'est surtout comme président d'assises qu'il mérita de laisser un long souvenir. Il savait, ce que beaucoup ont désappris, qu'en un tel poste l'impartialité est le premier devoir. Aussi, tenant la balance de la justice égale entre l'accusation et la défense, il recherchait avant toutes choses, non la condamnation d'un homme, mais le triomphe de la vérité.

De grandes affaires furent portées devant son tribunal. Il dirigea les procès retentissants de Laroncière et de Donon-Cado, et il le fit de telle façon que les juges anglais eux-mêmes, qui entourent la liberté de tant de garanties, l'accusé de tant de protection, reconnurent, alors qu'il les présidait, la supériorité des débats criminels et des assises françaises. Après qu'on eut entendu Berryer, dont le génie s'est conservé, et Chaix d'Est-Ange, dont le talent s'est perdu, il prit la parole à son tour, et, dans son résumé, posa devant le jury les grands principes qui doivent inspirer ceux dont le verdict compromet, détruit ou restitue la vie, l'honneur et la liberté d'un homme. On ne peut qu'affaiblir en les reproduisant ces nobles accents dont l'écho vibre encore. Il disait aux jurés : « Votre guide, c'est votre conscience, écoutez-la ; il faut la certitude pour condamner, il suffit d'un doute pour acquitter. » Malgré la gravité des débats et la solennité du lieu, l'auditoire charmé l'applaudissait, et jamais peut-être, depuis les grands magistrats d'autrefois, la justice n'avait trouvé un interprète qui sût mieux comprendre ses préceptes et mieux parler son langage.

M. Férey avait conquis le succès, il trouva le bonheur, chose plus difficile. Par son mariage avec une des nièces du chancelier Pasquier, il unit une des espérances de la jeune magistrature à une des illustrations de l'ancienne et dora sa renommée naissante du rayon des gloires d'autrefois. Tout lui souriait : heureux par sa femme et revivant dans son fils et sa fille, il voyait sa vie s'embellir par l'une et se prolonger par les autres. Récompensé dans les siens, il a vu son fils continuer ses traditions et rajeunir ses succès, sa race grandir et s'accroître, et se presser autour de lui les enfants de ses enfants. Dieu l'a repris et couronné, mais le meilleur de lui triomphe de la mort et de l'oubli, et il laisse dans le sanctuaire de la justice, comme au foyer de la famille, une chère mémoire et de nobles exemples.

Qu'il me soit permis de déposer sur cette tombe à peine fermée la stérile offrande des regrets qui ne raniment pas. J'ai voulu faire entendre à sa veuve et à ses enfants en deuil une voix qui leur est connue. L'amitié qui unit sa famille et la mienne, son fils et moi, m'impose une part plus lourde de la douleur commune. Je ne puis oublier la bienveillance que me témoignait cet homme excellent et avec quelle bonne grâce il abaissait pour moi la supériorité de l'âge, du savoir et du rang. Gai sans malice, vif sans aiguillon, il joignait l'esprit qui attire au charme qui retient. Il aimait les lettres qui le délassaient des sciences, et rien ne lui était étranger de ce qui est pour l'esprit humain un ornement, une étude ou un attrait.

Tout le monde rendait justice à ses qualités éminentes, hors lui, qui n'y voulait pas croire. Pour arriver au premier rang, il ne lui fallait qu'un défaut dont il sut toujours se garder, l'ambition à la hauteur du mérite. Par ses puissantes facultés d'orateur, par sa science profonde de jurisconsulte, il eût fait un procureur général ou un premier président tel que la magistrature n'en connut que dans des temps plus heureux. Incapable d'un arrêt qui l'eût servi, il mit en Dieu son espérance et son avenir, et Dieu l'en paye aujourd'hui. Il avait des convictions démodées et des regrets hors de saison. Quand je songe aux magistrats qui recouvrent de leur hermine jadis blanche les bancs du Sénat et les sommets de la Justice, je reporte ma pensée à d'autres exemples et à de meilleurs souvenirs. Puis, agenouillé sur la pierre de ce tombeau récent, je salue ces vertus rares et ensevelies, la grandeur du talent, l'honnêteté de la vie, la dignité du caractère.

XIX

Août 1867.

LE CONCOURS GÉNÉRAL, LETTRE DE CICÉRON A SON AMI ATTICUS, LA FÊTE DU 15 AOUT.

Il y a trois semaines, un mois peut-être, le jeune Alfred X..., orgueil des parents qui l'ont fait naître, espoir de l'institution qui l'élève, suivait tout pensif le chemin du concours général. Alfred est un nourrisson des muses qui fait honneur à ses nourrices. Il a cultivé les racines du grec et les fleurs de la rhétorique. Bourré des choses inutiles et ignorant des nécessaires, il n'a encore ni perdu son latin, ni appris son français. Pour lui, Virgile n'a pas de secrets et Sophocle est sans mystères ; au jour prochain de la distribution des prix, il pense qu'à défaut d'une jolie femme un ministre lui dira :

Ah ! pour l'amour du grec souffrez qu'on vous embrasse.

Il le souffrira, car il est dans l'âge où l'on accepte tout. Ses maîtres, en le voyant partir, ont invoqué les dieux propices et les muses favorables. L'un d'eux, sachant que les succès de l'élève décorent le professeur, a murmuré à son oreille ces paroles encourageantes : *Macte anime, generose puer*. Courage, noble enfant. Le jeune Alfred, impossible à prendre sans vers, lui riposta par un hémistiche du cygne de Mantoue : *Adspirat primo fortuna labori*.

Semblable au philosophe antique, mais plus chargé cependant, le rhétoricien prévoyant portait tout avec lui. Sur ses robustes épaules se balançait un filet à double poche. D'un côté ses instruments de travail, plume vierge, encrier plein, et le lourd dictionnaire où Quicherat entassa de ses mains les perles de Virgile et le fumier d'Ennius ; de l'autre « ses harnais de gueule », comme disait le vieux Dufouilloux en ses *Annales cynégétiques*, le pain frais, la viande froide, l'eau claire d'où sort la vérité et le vin généreux dans lequel elle séjourne.

Que le lecteur indulgent me permette ici l'ouverture d'une parenthèse et la licence d'une digression. Tel que j'ai dépeint un Alfred imaginaire, tel je me revois dans les lointains du passé : je retrouve l'illusion de luttes d'autrefois et j'écoute les échos réveillés de ma première, de ma meilleure jeunesse. Moi aussi, disputant les récompenses au concours, j'eus la gloire d'en mériter beaucoup et d'en remporter quelques-unes. Je me rappelle les distributions de prix qui réunissaient dans la cour du vieux collége Saint-Louis maîtres et disciples, tous deux heureux des vacances qui les désunissaient. M. Duruy, alors simple professeur, prononçait le discours d'usage; Me Baroche, alors procureur général, présidait à ces jeunes solennités. Nous étions en république, mais l'empire mûrissait dans quelques fortes têtes et l'État préparait son coup. Professeurs, magistrats, officiers, souriant à la fortune amie, voyaient déjà leurs ministères en herbe et leurs épinards en graine.

M. Duruy nous disait : « L'Europe, qui naguère tremblait au bruit de nos pas, n'entend plus que la marche assurée et forte de ce grand peuple d'Angleterre. » Nous ne voyions pas grand intérêt à ce que le bruit de nos pas fît trembler le monde innocent, mais nous applaudissions pour la forme plutôt que pour le fond. Puis la musique éclatait en joyeuses fanfares et les vainqueurs proclamés allaient recevoir des lauriers en papier peint, symbole de la gloire humaine ! A mon nom prononcé, je gravissais l'estrade où siégeaient les puissants, et Me Baroche, qui depuis;.... mais alors il déposait des couronnes sur mon front et des baisers sur ma joue : j'ai gardé les unes et ne lui rendrai pas les autres. Je ferme ici la parenthèse.

Je reviens à mes moutons, c'est-à-dire au jeune Alfred. A peine entré dans la salle du concours, le lycéen posa devant lui le dictionnaire aux pages sans nombre et la bouteille au long cou ; puis, accoudé sur le solide et souriant au liquide, il prit l'attitude calme d'un de ces lutteurs romains dont il allait écrire la langue. Quand l'heure où l'alouette chante eut retenti à l'horloge de la Sorbonne, un professeur s'avança entre les concurrents et lut en français le sujet du discours latin. Sa voix était moins harmonieuse que celle du marquis de Moustier, mais le ténor est l'oiseau rare dont les notes sont hors de prix. Voici, ou à peu près, ce que lut le professeur : « Cicéron, sentant sa mort prochaine et inquiet du jugement de la postérité, écrit à son ami Atticus pour lui confier le soin de défendre sa mémoire. » Un tel canevas méritait une fine broderie, et ce n'était pas une médiocre affaire que de prêter un langage digne de lui à l'orateur qui défendit Milon et accusa Verrès. Ainsi pensait Alfred le rhétoricien, et, prenant la plume, il écrivit d'un trait le préambule obligé : « Cicéron à son Atticus, salut. » Si le salut est commode, se disait le lauréat futur, le discours est difficile ; la lettre n'est rien, l'esprit de la lettre est tout.

Il ajouta : *Carissime*, ce qui veut dire mon très-cher ; mais « salut » et « mon très-cher » ce sont les bagatelles de la porte, et Alfred songea longtemps. Il se fit par la pensée citoyen de cette Rome dont M. Duruy nous a conté l'histoire, et plus d'une fois, pour se fortifier l'esprit et se réjouir le cœur, recourut à la compilation de Quicherat et à la découverte de Noé. Après cinq heures d'un travail acharné, son siége était fait et sa lettre achevée; j'en donne à mes lecteurs une traduction de mon cru. Si Cicéron n'a pu l'écrire, il semble qu'il l'ait composée :

Et si non fecit, potuit fecisse videri.

Elle n'est pas vraie, mais elle paraît vraisemblable.

« Mon cher Atticus, cette lettre est la dernière que tu recevras de ton fidèle Cicéron. Quand tu la liras, tu pourras dire de moi ce que je disais au Sénat romain en lui annonçant la mort du conspirateur Céthégus : « Il a vécu. » Les augures ont lu dans les entrailles des poulets consacrés que je mourrais avant la République. Il est temps que je me presse. D'ailleurs Fulvie, inconsolable des *Philippiques*, a demandé la main qui les écrivit et la langue qui les prononça. Ce que veut cette femme, Antoine et les Dieux le veulent : il suffisait d'Antoine. Le sort en est jeté et Fulvie aura ma langue.

« J'y tenais cependant par la force de l'habitude et par faiblesse d'orateur. Je suis trop vieux, ô Atticus! puisque j'ai survécu aux deux amours de mon cœur : ma fille qui n'est plus et la liberté qui s'en va. J'ai connu l'exil d'où l'on revient; je vais goûter la mort sans retour. J'irai aux Champs-Élyséens retrouver les héros et les sages et chercher parmi les ombres immortelles la grande ombre de Caton.

« Je pourrais peut-être gagner, soit la Grèce, que tant de souvenirs embellissent, soit l'Asie, où les derniers Romains luttent pour la République expirante ; mais l'âge m'a fait trop lourd pour la fuite et trop faible pour le combat. Je ne quitterai ni ma villa de Tusculum, ni les ombrages sous lesquels j'ai composé tant d'ouvrages qui ne périront pas. Je veux mourir dans cette patrie que j'ai tant de fois sauvée. Que les Dieux la sauvent désormais ; pour moi, ma tâche est finie.

« O Atticus ! à toi le confident de mes travaux et le compagnon de ma vie, j'aurais souhaité laisser un témoignage durable de l'amitié qui nous lie. En des temps moins troublés, je t'eusse laissé mes bronzes de Corinthe, mes livres anciens et ma maison des champs ; mais les proscrits n'ont rien à eux, et d'ailleurs les Dieux t'ont fait riche. Je te lègue plus et mieux, la défense de ma mémoire et le soin de ma renommée.

« Bien des attaques me poursuivront par delà le tombeau, les meurtriers n'épargneront pas ma gloire plus que ma vie. Veille sur ton ami mort, exalte celles de ses actions qui sont dignes de louanges, atténue celles qui méritent le blâme. Sois juste, pourtant. Le mensonge s'arrête au seuil de la postérité, la vérité le franchit. Tu me peindras tel que je fus : ami fidèle, père affectueux et citoyen dévoué. Et comme les hommes sont indulgents à ceux dont les écrits les séduisent, tu diras mon amour pour les lettres, qui, jeune, m'ont charmé, et consolé vieillard. Épaminondas mourant disait qu'il laissait deux filles immortelles : Leuctres et Mantinée. Je laisse plus de filles que le héros thébain, et le monde oubliera les victoires d'Épaminondas avant les œuvres de Cicéron.

« Tu raconteras mes triomphes oratoires, qui firent pâlir la vieille renommée d'Hortensius et la jeune gloire de César. J'ai préservé des têtes coupables, fassent les Dieux que je n'en ai point compromis d'innocentes ! J'ai fait acquitter Ligarius et condamner Verrès. J'ai eu pour clients des peuples et des rois, et ma parole était une garantie pour l'accusé, un effroi pour l'accusateur. Quand il me fallut défendre Milon, j'eus peur des soldats en armes répandus dans le prétoire, et Milon, à qui j'envoyai mon plaidoyer, disait qu'il ne mangerait pas les bonnes huîtres du Lucrin, si chez moi le courage de parler avait égalé le talent d'écrire. Heureux Milon ! de ton temps les proscrits savouraient des huîtres si douces qu'elles consolaient de Rome et adoucissaient l'exil.

« Mais le courage qui me manqua pour défendre un exilé, je l'eus pour sauver la patrie. Tu t'en souviens, ô Atticus ! et tu rendras témoignage. Un jour vint où Catilina, perdu de vices, écrasé de dettes et nourrissant je ne sais quels rêves de royauté que lui prédisaient les sibylles, arma contre la République et les lois une horde de bandits dont son nom était le ralliement et son attentat l'espérance. Il voulait emprisonner les généraux vainqueurs, proscrire les orateurs illustres et faire un crime à celui-ci de sa résistance légale, à celui-là de sa fortune héréditaire. Il eût dissous l'assemblée auguste, refuge des institutions et rempart de la liberté romaine ; et s'il eût réussi, colorant son complot du nom de sauvetage, il eût cherché son excuse dans le danger du peuple et son innocence dans ses suffrages.

« Ce fut alors que, me levant dans le Sénat, je lui adressai ces paroles contre lesquelles ne put prévaloir la complicité de César : « Jusques à quand, ô Cati-
« lina ! abuseras-tu de notre patience ? Rien ne t'émeut
« et ne te désarme, ni la garde du palais, ni l'effroi du
« peuple, ni le concours des gens de bien. O temps,
« ô mœurs ! le Sénat connaît tes projets, le consul les
« voit, et cependant tu vis ! Tu vis ! bien plus, tu viens
« dans le Sénat, tu participes aux conseils publics, et
« tes regards nous désignent les uns pour l'exil, les
« autres pour la mort. » En ce jour mémorable la République fut sauvée, j'étais le consul de Rome et l'allié de Caton.

« Après avoir reconnu mes services, tu confesseras mes erreurs. L'enfant grandit, en qui le prévoyant Sylla devinait plusieurs Marius ; tu te rappelles les mœurs dissolues et l'élégante corruption de ce fils de Vénus. Il gagna le peuple par ses largesses, l'armée par ses victoires, et dès lors il put tout entreprendre, ayant la multitude pour complices et les légions pour appui. A la honte de ce temps, il fut plus difficile à César de ranger des barbares sous ses lois que ses concitoyens sous le joug. Il lui fallut dix ans pour conquérir les Gaules, un seul jour pour asservir Rome.

« A la nouvelle du Rubicon franchi, le Sénat tout entier se rangea sous les drapeaux de Pompée ; mais

Pompée n'était à la hauteur ni du péril, ni de César ; il n'avait plus la fortune et n'avait jamais eu l'audace. Au choc de son pied heurtant la terre, les légions jaillirent cependant. Mais qu'elles retournèrent vite à la terre d'où elles étaient sorties ! Les soldats de Pompée, entendant César recommander à ses légionnaires de frapper au visage, perdirent la bataille et sauvèrent leurs figures. L'armée détruite, Pompée égorgé dans sa fuite, la République n'avait ni soldats ni général, et tout pliait devant le vainqueur, sauf l'âme indomptable de Caton.

« Ici commencèrent les fautes dont je m'avoue coupable. Mais bien peu, ô Atticus ! savent agir aussi bien qu'ils parlent, et les grands orateurs font de mauvais soldats. Vois Démosthènes à Chéronée. Il fallait ne désespérer ni de la République, ni des Dieux. J'ai essayé, mais en vain. A Caton, qui m'offrait le commandement de la flotte et de l'armée pompéienne, j'ai répondu : « Moi commander, moi combattre, quand il « ne faut pas poser les armes, mais les jeter ! » Pourquoi m'en cacher ? J'étais un bourgeois d'Arpinum, ennuyé des guerres civiles ; j'étais sûr de goûter l'oubli dans les lettres, le repos dans la philosophie. Tout en blâmant l'attentat de César, je trouvais mon salut dans la soumission, ma perte dans la résistance. O Atticus ! la force des criminels, c'est la faiblesse des honnêtes gens.

« Pendant quelque temps je boudai le dictateur et je traduisis mon ressentiment par quelques bons mots qui réussirent. Caton, repoussant comme une insulte la clémence du vainqueur, répondait à César : « Ceux qui « ont besoin de pardon sont les généraux qui violent « les lois et non les citoyens qui les défendent. » Puis il chercha la liberté dans la mort. Il lut Platon toute la nuit, se tua au petit jour. Moi aussi je lisais Platon, mais je pensais le comprendre mieux. Pendant ce temps, César distribuait à ses favoris les honneurs, les emplois et l'argent du Trésor. Il nommait des généraux, créait des sénateurs ; il donnait des terres aux vétérans, des fêtes au peuple, du travail aux ouvriers. Il embellissait Rome et triomphait de Juba, de Cléopâtre et de Nicomède. Quand on est fils de Vénus, il convient d'honorer sa mère.

« Il remplaça la liberté par la gloire. Il disait si souvent qu'il avait sauvé la patrie, qu'on finissait par le croire. A vrai dire, il était le seul danger qu'eût couru la République et le seul ennemi qu'elle eût eu ; mais le danger était grand et l'ennemi redoutable. Il ressemblait à un nageur distingué qui, après s'être donné le plaisir de jeter les gens à l'eau, se fait un mérite de les en retirer. Pour justifier sa réputation de sauveur, on admettait la réalité d'un péril, et il est difficile de contredire un homme qui commande à vingt légions. Il franchit le ruisseau qui sépare le citoyen du rebelle et crut son ambition légitime dès qu'il la vit triomphante. Plus le crime est grand, plus il faut que l'excuse soit forte. Quiconque renverse les institutions invoque l'intérêt du peuple. On le croit ou on fait semblant. O Atticus ! personne n'a d'intérêt à violer la loi, si ce n'est celui qui la viole.

« J'aurais dû rester à l'écart et porter le deuil, puisque je ne portais pas les armes ; mais César savait remporter la victoire et la faire oublier. Il triomphait des ennemis par son génie, des vaincus par sa clémence. Las de la société des soldats ivres et des citoyens tarés, il résolut de s'entourer d'honnêtes gens, ne buvant qu'à leur soif. Il s'adressa aux hommes intègres de l'ancien parti et en gagna plusieurs, tant par des paroles flatteuses que par des dons opportuns. Je fus de ceux-là ; mais, vaincu par mon éloquence, il pardonna à Ligarius ; par mes prières, à Marcellus. Il vanta mes écrits, reconnut mes services, applaudit mon esprit. Il fit plus : il me fit noble. Ma vanité parla plus haut que mon devoir. J'étais gagné, et en faveur du maître j'excusai la servitude. Puissent me pardonner Brutus chez les vivants et Caton chez les morts !

« Une fois le dictateur tombé sous le poignard des conjurés, je compensai par des attaques à sa mémoire mes flatteries à sa personne. J'adressai des philippiques à Antoine et des compliments à Octave. Aujourd'hui l'un se venge et l'autre m'abandonne. César était clément par calcul et ses héritiers sont cruels par plaisir. On ne peut ni imiter ni continuer le génie, et l'épée des géants passe aux mains des pygmées. Antoine a servi sous César, Octave est de sa famille, mais les grands généraux laissent des lieutenants incapables et les grands oncles des petits neveux.

« Mais au moins j'ai racheté les défaillances de ma vie par l'activité de mes derniers jours. J'ai rendu la confiance aux timides, le courage aux lâches ; à la tribune, longtemps muette, sa puissance et son éclat; au Sénat, longtemps inutile, son influence et son pouvoir. Me retrouvant dans ma vieillesse tel que j'étais dans l'âge mûr, j'ai rajeuni la splendeur de mon consulat oublié. Mon combat contre Catilina a fondé ma gloire, mes luttes contre Antoine me la rendent.

« Quand, après avoir raconté ma vie, ô Atticus ! tu arriveras à porter sur moi le jugement définitif, tu diras ces simples mots : « Ce fut un homme de bien « sachant parler. Il paya par sa mort les fautes de sa « vie. Il aimait avant toutes choses sa patrie et eut la « double fortune de l'illustrer par ses écrits et de la « servir par ses actes. Adieu et aime-moi. »

Quand il eut composé cette longue épître, Alfred la relut avec soin, l'enjoliva d'une ponctuation raffinée et la scella d'une signature fleurie. Puis il remit d'un air calme sa copie au professeur chargé de la recevoir, et sortit en escomptant son prix d'honneur, comme Pérette son pot au lait. On devine ce qui advint : il n'eut pas le prix, il n'eut pas même l'accessit.

Il comprit tout, mais un peu tard, le jour de la distribution des lauriers aux lauréats. Il entendit M. Duruy adresser au Prince Impérial des conseils qui ne rappelaient que vaguement ceux de Joad à Éliacin ; et il se dit : « J'aurais dû mettre le langage de M. Duruy dans « la bouche de Cicéron. Pauvre Tullius ! si tu revenais « parmi nous, tu composerais ta quinzième philip- « pique. »

Si l'on me demandait par quelle fantaisie singulière j'ai fait remonter quarante-trois années avant Jésus-

Christ ma causerie d'aujourd'hui, je répondrais que, las du procès Frigard, cynique comme les mœurs du jour, et des lampions du 15 août, maigres comme la joie publique, j'ai voulu remonter le cours des années pour y retrouver le souvenir des grands hommes et les traces de la liberté perdue.

Hier a eu lieu la double fête de la Sainte-Vierge et de Saint-Napoléon : l'une s'est passée dans les églises, la seconde dans la rue. Cette dernière fut la moins réussie.

Sous le portail de l'église de la Madeleine, entre les colonnes, on avait placé sept lampadaires qui ressemblaient à des illuminations autour d'un cercueil. Autour de la place Louis XV et le long de la grande avenue des Champs-Élysées couraient des rangées de globes lumineux disposés avec une sage réserve et une louable économie. Le feu, tiré vers neuf heures, était vraiment trop dépouillé d'artifices. M. Haussmann, si prodigue naguère, s'était tout d'un coup rangé et ressemblait à un Sardanapale qui n'aurait pas eu assez d'argent pour allumer son bûcher.

Au Trocadéro, l'aspect de la fête populaire était de plus en plus funèbre. Quelques clartés tremblantes perçaient la nuit et permettaient d'apercevoir de distance en distance le tricorne des sergents de ville et les fusils des soldats. A cette fête de famille il manquait deux choses : de l'amusement et des bougies.

En rentrant chez moi, jetant un dernier regard sur les derniers lampions qui fumaient à l'horizon, je me rappelais les deux jolis vers que Florian met à la fin de la fable où le singe veut montrer la lanterne magique :

> Il n'avait oublié qu'un point,
> C'était d'éclairer sa lanterne.

XX

Septembre 1867.

LA JEUNESSE DE NAPOLÉON Ier, LA STATUE DE M. BILLAULT.

Le 15 août 1769, dans la petite île de Corse, naguère génoise, à peine française, Napoléon vint au monde. La Corse se conduisait envers nous en île vindicative : pour punir ses oppresseurs, elle leur enfantait un maître.

Rien n'annonçait la grandeur à l'enfant pauvre et nu qui dormait dans son berceau. Sa famille, originaire d'Italie, noble sans illustration, ancienne sans vétusté, avait passé dans l'histoire sans y laisser d'empreinte. A la suite de discordes civiles, elle dut se réfugier de Florence à Ajaccio. Depuis Athènes et Rome, aucune ville plus que Florence n'apprit l'exil à ses fils. Paris, qui s'est rattrapé depuis, ne proscrivait pas autant.

La famille Bonaparte resta italienne en devenant corse. Elle mélangea le caractère de ses deux patries et allia la rudesse montagnarde à la souplesse florentine. Charles de Bonaparte, le père du futur empereur, fut un des soldats de la guerre de l'indépendance et le compagnon de Paoli. Quand la Corse, victorieuse de Gênes, dut céder aux armes françaises, Paoli et Charles Bonaparte prirent des résolutions différentes : l'un préféra l'exil, l'autre la résignation. Le grand patriote n'entendait rien céder, le demi-Italien s'essayait à plier. Il réussit dans ce premier essai. Il avait épousé Lætitia Ramolino et voulait jouir en paix du bonheur conjugal. Pendant qu'une poignée de braves, traqués dans les montagnes, défendaient quelques roches abruptes, dernier refuge de la liberté mourante, Charles Bonaparte gagnait les bonnes grâces de l'administration française avec une facilité qui ne fait pas son éloge, mais qui peut avoir son excuse. Il était léger de convictions, chargé de famille et pauvre d'argent. Il aimait sa patrie, mais il s'aimait davantage; beaucoup l'ont imité qui avaient de moins bonnes raisons. D'ailleurs, il a pris sa revanche, et ses enfants, devenus empereur et rois, ont pu voir dans beaucoup d'entre nous des reproductions de leur père.

Cependant le jeune Napoléon grandissait. Il assista aux dernières luttes soutenues par son pays, et, élevé parmi les orages, il en prit de bonne heure l'habitude et le dédain. L'unique sentiment de sa jeunesse fut l'amour de sa patrie. Il le perdit et l'oublia depuis. Enthousiaste de Paoli, il se voyait son émule ou son vengeur, et, prenant pour hochets les passions politiques, il devint homme avant l'âge et mûr avant le temps.

Grâce à l'influence paternelle, il fut admis gratuitement au collége de Brienne. De Brienne, il entra à l'école militaire de Paris. Rien dans ses commencements ne révèle l'enfant prodige. On sait seulement qu'il étudia de préférence les mathématiques et l'histoire. Tantôt soumis et taciturne, tantôt aigri et frondeur, se sentant inférieur à beaucoup de ses égaux en position, en espérances et en naissance, il s'isolait, ne pouvant dominer, critiquait comme des abus tout ce dont il n'usait pas, et ressentait comme une double injustice la fortune des autres et sa pauvreté propre. En somme, il n'avait ni les qualités ni les défauts de son âge et mangeait le pain du roi Louis XVI sans reconnaissance, mais avec appétit.

A l'âge de seize ans, il obtint une sous-lieutenance au régiment de La Fère et tint garnison à Valence. Là, sous l'influence d'une femme aimable, il s'ouvre et s'épanouit comme une fleur au soleil. Il se sent jeune et déborde. Il lit, apprend et travaille. Il compose un dialogue de l'amour, où il médit à l'excès du dieu qu'il vient de connaître, et prépare une histoire de Corse qu'il met sous le patronage de l'abbé Raynal, illustre et oublié. Sa patrie était sa première et sa meilleure tendresse ; il mêlait les souvenirs de sa gloire aux regrets de sa chute. « Mes compatriotes, écrivait-il, embrassent en tremblant la main qui les opprime. Ce ne sont plus ces braves Corses qu'un héros animait de ses vertus, ennemis des tyrans, du luxe des vils courtisans. » Les désirs de la jeunesse ne sont pas les actions de l'âge mûr. A seize ans, Napoléon rêvait d'affranchir son pays ; à trente-deux ans, il jugea bon de l'asservir.

Dès que la révolution française éclata, il se prononça pour elle, ce qui ne peut surprendre : il devait tout au roi. Toutefois, longtemps encore la Corse le préoccupa à l'exclusion de la France. Il fit de fréquents voyages dans son île natale, où il trouva Paoli cherchant à ranimer l'indépendance oubliée. Paoli fit bon accueil au fils de son ancien ami et prédit l'avenir à ce jeune homme qui s'éprenait du passé. Bonaparte, se lançant dans la politique et la littérature, fit de petites révolutions et de petits ouvrages. Il bouleverse Ajaccio, lance une catilinaire à un nommé Buttafuoco, instrument de Choiseul et ennemi de Paoli, poursuit l'éducation de son frère Louis et se montre agitateur entendu, médiocre écrivain et pauvre instituteur. Il écrit un discours sur les vérités et les sentiments qu'il importe le plus d'inculquer aux hommes pour leur bonheur, et l'envoie à l'Académie de Lyon, qui avait mis au concours ce sujet sentimental. Comme on le devine aisément, il n'obtint ni le prix ni l'accessit. L'Académie lyonnaise jugea qu'il ne savait pas écrire, mais qu'il était sensible. L'Académie, comme il arrive à ses pareilles, se trompa du tout au tout. Parfois il sut écrire, jamais il ne fut sensible.

Enfin, devenu populaire et voulant être puissant, il brigua le rang de chef de bataillon de la garde nationale d'Ajaccio. Il avait pour concurrent un certain Marius Peraldi, dont la candidature était appuyée par un des commissaires chargés par la Constituante de l'organisation des bataillons. Ce commissaire, nommé Murati, logeait chez Peraldi. Bonaparte, inquiet du succès, l'enleva par une de ces manœuvres hardies dont il possédait et dont malheureusement il a légué le secret. Il fit envahir par une troupe d'hommes armés la maison de son compétiteur. Le commissaire prend la fuite : on le rattrape et on l'amène à Bonaparte, qui lui adresse ces paroles affables : « J'ai voulu que vous fussiez libre, entièrement libre; vous ne l'étiez pas chez Peraldi. » C'est ainsi que dès sa jeunesse cet homme extraordinaire comprenait la liberté.

Le lendemain, il fut nommé chef de bataillon. Pozzo di Borgo, ayant voulu protester contre la légalité du vote et les violences commises, fut arraché de la tribune et foulé aux pieds des sectaires. Ce fut ainsi que Bonaparte remporta son premier triomphe et s'essaya par des coups heureux à la victoire de brumaire.

A son retour à Paris, il vit se lever l'aurore sanglante de la Terreur. L'armée était sans chef et le pays sans roi. Dès lors, quittant sa vieille attache à son pays natal, il se fit révolutionnaire et Français. Il comprit qu'en de semblables temps on pouvait tout espérer quand on savait ne s'étonner de rien. Les massacres de septembre, la proscription des prêtres, la mort du roi, excitèrent en Corse une généreuse douleur. Paoli s'indigna, Bonaparte resta calme; la rupture était faite entre eux. Le grand citoyen de la Corse, c'est Paoli que je veux dire, donna une dernière fois le signal du soulèvement, auquel les patriotes répondirent des rivages aux montagnes et des villes aux vallées. Bonaparte, après avoir hésité un instant sur la ligne à suivre, ourdit une conspiration dont le but était de surprendre la citadelle d'Ajaccio et de rendre à la Convention la cité révoltée. Il fut découvert et poursuivi, et pour la première fois déclaré traître à la patrie. Il débarque à Marseille, figure au siége de Lyon, et, pour se consoler de ses échecs politiques par des succès littéraires, publie le *Souper de Beaucaire*. Ce pamphlet est une insulte aux Girondins morts et une apologie de la Montagne triomphante. Il légitime l'attentat par le succès et salue comme la meilleure la raison des plus forts. Il promettait déjà beaucoup, dans l'avenir il tint davantage.

Dans le même pamphlet, il trouve moyen d'outrager Paoli, l'idole de sa jeunesse. Il l'accuse « d'avoir trompé le peuple, écrasé les vrais amis de la liberté, etc. » Ce dernier trait est le dessert du *Souper de Beaucaire*. Ambitieux, ingrat, changeant, doux aux forts, rude aux vaincus, tel s'annonçait le maître futur des destinées françaises. Esprit souple et cœur sec, il pouvait prévoir sa fortune, n'ayant ni faiblesse qui pût le perdre, ni scrupule qui pût l'arrêter. On eût dit que, trempé dans le Styx par une mère prévoyante, il s'était pénétré tout entier de l'onde invulnérable. Ce nouvel Achille n'avait rien de sensible, pas même le talon.

Il était prêt : l'occasion vint. On sait comment à Toulon il donna les premiers signes de génie militaire et d'aptitude à prendre les villes. Il avait alors vingt-quatre ans et figurait déjà dans cette pléiade de généraux illustres qui surgissaient sur le front des armées. Il arme les côtes de Provence, rejoint à Nice le quartier général de l'armée d'Italie et dicte au vieux Dumerbion un plan de campagne sur les Alpes. En un mois l'armée française chasse les Piémontais et occupe tous les défilés des montagnes, du col de Tende à Bardinetto. Ce succès porta au plus haut point la faveur dont il jouissait auprès du représentant de la Convention à l'armée d'Italie, Robespierre jeune. Bonaparte avait séduit, pour ses débuts, le couple redoutable des Robespierre; il jouissait de l'amitié du cadet et s'abritait, pour grandir, sous l'aile bienveillante de son incorruptible aîné. Comme on le voit, il avait pour un jeune homme des opinions avancées et des relations utiles.

Le grand Maximilien le considérait comme un homme à lui, et au moment d'entrer en lutte avec les comités, il lui fit offrir la place de l'imbécile Henriot. Bonaparte refusa, soit scrupule de conscience, soit sagacité de jugement. Il voulait éviter sa part de responsabilité dans les excès commis et de suspicion dans la chute à venir. Il fut cependant compromis dans la réaction de thermidor et accusé de trahison à propos d'un voyage à Gênes diversement interprété. Sa tête trembla un instant, mais se raffermit bientôt sur ses robustes épaules. Toutefois, sentant qu'on lui imputait à crime ses relations avec les victimes, il jugea bon de se dégager du fardeau des amis tombés et des amitiés mortes. Il renia ses patrons d'autrefois, et dans une lettre datée du 20 thermidor, il écrivait : « J'ai été un peu affecté de la catastrophe de Robespierre le jeune, que j'aimais et que je croyais pur; mais fût-il mon père, je l'eusse poignardé s'il aspirait à la tyrannie. » Cette phrase est d'un bon citoyen, d'un ami fidèle et d'un fils respectueux.

Il connut à cette époque les ennuis passagers de l'ambition désappointée. Il refusa divers commandements militaires, qu'il jugea inférieurs à son mérite et au-dessous de sa fortune. Sans ressources et sans emploi, il vécut à Paris, aux prises avec la solitude, les déceptions et la misère. Puis, son imagination se vengeant par ses élans de l'inactivité du corps, il donnait le monde entier pour domaine à sa fantaisie, ne sachant pas qu'il était destiné à s'emparer d'une réalité plus éclatante que ses chimères et plus merveilleuse encore qu'elles. Les mauvais jours passés, il regardait autour de lui s'agiter une société folle, ivre de la joie de renaître et du bonheur de vivre. Comme autrefois dans Athènes, reparaissaient le règne de l'élégance et le culte de la beauté : partout, fleurs toujours prêtes à se laisser cueillir, brillaient les femmes, ornements de toutes les fêtes, but de tous les désirs et prix de tous les combats.

Je mentionne pour mémoire son passage au bureau topographique, où il rédigea pour les commandants en chef de l'armée d'Italie une série d'instructions admirables qu'aucun des deux ne voulut suivre. Il eut à lui seul la double gloire de concevoir et d'exécuter cette merveilleuse campagne qui révéla au monde un successeur imprévu des Alexandre et des César. Mais entre Toulon et Lodi, il lui restait à gagner la bataille de Vendémiaire. Barras, nommé défenseur de la Convention, menacée encore une fois par les sectionnaires en armes, prit Bonaparte pour son lieutenant. Le jeune général, tombant tour à tour du patronage de l'incorruptible Robespierre à celui de Barras le corrompu, semblait avoir le don de se placer près des forts et le génie des amitiés qui rapportent.

C'est au siège de Toulon que ces deux hommes, dont l'un devait avoir sur la destinée de l'autre une si prodigieuse influence, s'étaient connus et appréciés. Bonaparte justifia pleinement la confiance de son protecteur, et le 13 vendémiaire, devant Saint-Roch,

Il massacra le peuple au nom des régicides.

C'était la première fois que les gouvernements éprouvaient les heureux effets des canons mis en leur place, et, pour trancher le nœud gordien des révolutions, se servaient de l'épée d'un soldat. Depuis on renouvela ces traditions salutaires.

Grâce à son nouveau protecteur et à son nouveau succès, Bonaparte était devenu puissant et commençait à être riche; il lui manquait le bonheur; ce fut encore de Barras qu'il l'obtint. En ce temps-là vivait à Paris et régnait sur Barras une veuve qui joignait aux charmes de la seconde jeunesse les talents d'une expérience aimable. Sitôt que Bonaparte eut vu Joséphine de Beauharnais, il fut pris du goût du mariage et du besoin d'aimer. Il était bien jeune encore, mais savait déjà vaincre. Toutefois, au grand étonnement de ce victorieux qui n'admettait pas qu'une femme fût plus forte qu'une ville et plus longue à se rendre, la belle créole ne se pressait pas de renoncer aux joies de la liberté et aux immunités du veuvage. Elle s'effrayait peut-être du jeune âge de son futur époux, et craignait d'unir deux existences dont l'une allait mûrir et l'autre s'effeuiller. Elle appréhendait l'avenir dont le général parlait comme s'il l'eût déjà conquis, et, ne sachant s'il fallait ranger les projets de cet ambitieux au nombre des certitudes ou au rang des chimères, elle revenait à son indolence native et ajournait à un lendemain toujours fuyant ce qu'elle appelait les affaires sérieuses, son second mariage et son dernier amour.

Il fallut que Barras se mêlât de cette union qui devait faire trois heureux, le général, la veuve et lui. Il se conduisit en protecteur généreux et en ami discret. Il prouva son amitié par de bonnes paroles et l'entretint par de petits cadeaux. Barras donna un commandement à Bonaparte, comme Ennius des perles à Virgile : dans la corbeille de la mariée se trouvait le brevet de général en chef de l'armée d'Italie. Paul Barras ne s'en tint pas là : il servit de témoin à cette épousée un peu mûre, qui apportait à son mari deux enfants et un monde de souvenirs.

Je laisse le grand capitaine à ses illusions conjugales, et pour aujourd'hui je ne conduirai que jusqu'au port du mariage le hardi navigateur. Si plus tard il renvoya sa femme, ce n'est pas que, comme César, il craignît de la voir soupçonnée : d'autres raisons, qu'un jour je dirai peut-être, décidèrent ce noble cœur et cet esprit d'élite. Une autre fois, poursuivant l'examen du livre de M. Lanfrey, je montrerai le conquérant faisant suer des millions à ses victoires rapides. Je dirai ses actions militaires, ses transactions religieuses et ses perfidies politiques. Quand on connaît à fond cet homme dont le monde fut tour à tour rempli, lassé et enthousiaste, on s'étonne de ce qu'il peut tenir de petitesses dans la grandeur et de clinquant dans la gloire.

Je voudrais, franchissant un grand nombre d'années, passer sans transition des faits qui précédèrent le premier Empire aux événements actuels.

> Faut-il, messieurs, faut-il vous retracer le cours
> Des prodiges fameux accomplis en nos jours,
> Le congrès de la paix se terminant en guerre,
> Le Crédit mobilier tombant sur les Péreire,
> Monsieur Billault statue et devant s'affliger,
> Depuis qu'il est d'airain, de ne pouvoir changer.

Avant d'avoir acquis l'immobilité du bronze, M. Billault jouissait de la vivacité des tourniquets. Durant sa vie, l'amour des charges rétribuées agissait si fortement sur cet homme intelligent, qu'après sa mort on a cru devoir encore lui concéder à Nantes les honneurs d'une place publique.

Puisqu'en ce qui concerne M. Billault il y avait parti pris d'une statue, il eût été ingénieux d'entrer dans la voie des symboles et des allégories. On eût pu placer sur le sommet d'un monument public une silhouette en fer battu, laquelle, légère au vent et facile à virer, eût rappelé l'instabilité du défunt et prédit les variations du temps. Le père de famille nantais, avant d'aventurer sa lignée dans les rues de cette cité marchande, eût consulté l'image officielle du ministre que nous avons perdu. Puis, après un examen scrupuleux, il eût dit à ses rejetons : « Mes enfants, la figure de M. Billault est tournée vers le soleil levant, nous n'aurons aujourd'hui ni goutte de pluie ni souffle de vent, habillons-nous à la légère et rentrons nos parapluies. »

XXI

Octobre 1867.

LES FINANCIERS, MM. VÉRON ET ACHILLE FOULD.

Il y a quelques années, M. About jugea bon d'emprunter une pièce à La Fontaine; on n'emprunte qu'aux riches, c'est le moyen de ne pas rendre. Cette comédie, agréablement mêlée de couplets, avait pour titre : *Le Savetier et le Financier*. Comme dans la fable, le savetier chantait toujours et de plus il aimait un peu. Il avait jeté son dévolu sur l'aimable fille du financier, son voisin. Ce qui donnait de l'intérêt à la pièce et de la vraisemblance au mariage, c'est qu'en cinq ou six parties d'écarté le gaillard savetier gagnait toute la fortune de son futur beau-père, composée de nonantetrois millions, sans compter les centimes. L'auteur, trop timide, s'est écarté du vrai. Son financier n'est qu'un agioteur de comédie ; dans la réalité on est plus riche que cela.

Quand M. A... eut disparu de notre vallée de larmes, rendant son âme à Dieu, son corps à la terre, et à ses enfants la bagatelle de soixante-sept millions moins un quart, M. R..., qui prend son bien où il le trouve, le prit ce jour-là dans Molière et s'écria d'un air compatissant : « Le pauvre homme ! je l'aurais cru plus à à son aise. » Je reviens à la fable de La Fontaine et à la pièce d'About, pour en extraire cette moralité aussi vieille qu'affligeante ! Il est aussi facile de faire sa fortune que de la perdre ; les financiers ressemblent aux savetiers en ce point que souvent ils sortent de l'échoppe et souvent y retournent.

N'ayant aucune sympathie pour les financiers de gros calibre, je suis aussi éloigné de jalouser leur grandeur que de plaindre leur chute. Ces champignons de fortune poussent trop vite pour être sains. Ceux qui passent en quelques années du fumier de Job au trône des Rothschild me semblent doués d'une habileté à toute épreuve, même à celle de la loi. Sans rivaux dans l'art d'improviser les plages et d'inventer les mines, ils mettent leurs découvertes en actions comme la morale et lancent au public des titres légers plus gonflés de vent qu'un ballon qui s'élève et qui tombe. Ils sont du bois précieux dont on fait les hommes d'État, et s'ils réussissent jusqu'au bout dans l'annexion du bien d'autrui, rien n'empêche qu'à leur mort ils ne deviennent statues, à l'exemple de Niobé qui perdit ses filles, et de la femme de Loth qui les aima.

Un financier, dans un désastre, perd plus que le roi François Ier ne perdit à Pavie. Toutefois, il a généralement soin de retirer de son naufrage quelques lingots de ce métal qui ne fait pas le bonheur. Dans les calamités qui se signalent à la Bourse chaque année que Dieu nous prête, l'actionnaire rompt, le banquier plie. Le premier devient incapable de rien acheter en ce monde, il reste toujours au second de quoi vendre quelque chose. Par « quelque chose » j'entends des objets d'art, des chevaux de luxe, des toiles de prix et des maisons situées sur ce pavé où leur maître a mis le prochain. J'en ai connu qui vendaient des tableaux aussi apocryphes et aussi chers que les titres qu'ils émettaient jadis. C'étaient des cadres dorés renfermant des Murillos de contrebande et des Vélasquez plus faux que Démétrius. On couvrait d'or les moindres toiles, car, dans ce siècle de lumière, la peinture tente les gens riches, généralement plus capables de la payer cher que de la bien juger. J'ajoute qu'il est flatteur de pouvoir dire à ses amis, en leur montrant un tableau récemment acquis : « Voyez ce Raphaël, il provient de la vente du comte X..., un noble ruiné, qui avait gagné dans l'industrie ses éperons de chevalier. »

Mais, au risque de passer pour pessimiste, je trouve qu'on est trop sévère pour un écrivain qui s'égare et trop doux pour un banquier qui s'effondre. Je sais bien que, dans un temps où peu de gens écrivent et où presque tous jouent, c'est le vulgaire qui tient la plume et l'élite qui fait la banque. Il n'importe! Je voudrais que, le cas échéant, le pauvre hère qui barbouille une colonne de journal et le grand personnage qui enjolive les titres au porteur fussent envoyés devant la police correctionnelle, où siégent les inflexibles Minos :

Nesciaque humanis precibus mansuescere corda.

Les juges de Paris,
Que les pleurs des humains n'ont jamais attendris.

Après avoir saisi à ses rares cheveux l'occasion de placer l'éloge de notre vaillante magistrature, je poursuis ma route commencée. Je disais que la justice devrait saisir ces agioteurs impunis, qui s'assoient dans les assemblées d'actionnaires comme Marius parmi les ruines de Carthage. A ce propos, je me permettrai d'emprunter à l'histoire ancienne un souvenir et une leçon. Je dis histoire ancienne, parce que le fait est vrai et remonte à vingt ans. Depuis lors, nous avons traversé tant de gouvernements définitifs ou provisoires, que nous avons beaucoup oublié, si nous n'avons rien appris. Louis-Philippe, qui se croyait à tort le fondateur d'une dynastie, n'avait plus que quelques jours de règne. Mais ces détails importent peu. On s'aperçut que trois personnages haut placés s'étaient annexé sans scrupules des sommes qui de nos jours paraîtraient bien médiocres. Ils furent pris, jugés et condamnés par les magistrats de ces temps primitifs; et cependant, de ces trois coupables, l'un était millionnaire, l'autre général et le dernier ministre. Depuis, grâce à la bonté de Dieu et au progrès des mœurs, les millionnaires, les généraux et les ministres sont comme la femme de César, on ne les soupçonne même plus.

Dans mes heures d'oisiveté, qui sont nombreuses, hélas ! je me suis souvent demandé ce que je ferais de plusieurs millions, s'ils m'arrivaient par la faveur de la fortune ou la vertu des héritages. Où les placer de façon qu'ils obéissent à la loi sage qui commande qu'on se préserve et à la loi douce qui veut qu'on multiplie ? Parmi les millions, comme chacun sait, il en est beaucoup d'appelés, peu de rendus. Irais-je, franchissant les Pyrénées d'où l'on ne revient pas, confier mes économies au sol ingrat des deux Castilles ? Irais-je, mal instruit par la dure expérience, reprendre des actions du chemin de fer qui conduirait de Madrid à Saragosse les marchandises et les gens, si les fiers Espagnols avaient l'intelligence du commerce et le goût des voyages ? Avant que je hasarde mes capitaux dans la patrie de Juan Prim et que je prête au gouvernement de la reine Isabelle quelques réaux qui lui feraient plaisir, il y aura des obstacles pour Guzman et de l'eau pour le Manzanarès.

Si je m'arrête au seuil des Pyrénées, ferai-je passer les Alpes à mes mulets chargés d'or ? Non pas. L'Italie est un pays superbe où malheureusement les Italiens abondent. Ce que la nature embellit, les naturels le déparent. A voir la tournure que prennent les choses, les finances italiennes semblent menacées d'un Custozza prochain. Dans cette malheureuse nation, tout est papier et devient fumée, l'argent et la gloire. En vain les ministres du roi galant homme parlent-ils de spolier le clergé pour rétablir leurs affaires, j'ai peine à croire que l'argent volé fructifie et que e bien mal acquis profite. Tout bien considéré, je n'échangerais pas contre de l'or en barre la parole trop élastique du commandeur Ratazzi, et je n'achèterais pas même à sa femme, née Bonaparte-Wyse, le dernier de ses romans, craignant qu'il n'obtienne ni un succès de vogue ni un succès d'estime.

Je crois que, fixant dans ma belle patrie mes trésors et ma personne, j'exécuterais des placements de père de famille, en prenant au hasard, soit les actions de la Banque de France, soit celles du *Petit Journal.* Pour les premières, on peut en acquérir, ce sont de bonnes actions à conserver ; pour les secondes, on doit en acheter, c'est une bonne action à faire. Tout cela prouve que les richesses sont un agréable embarras, comme l'ont dit tour à tour saint Paul, qui en ordonnait l'abandon, et Sénèque, qui en conseillait le mépris. Pas plus que la garde qui veille aux barrières du Louvre ou aux chevets des mourants, la fortune n'empêche les maladies et ne retarde la mort.

J'ignore si les riches entrent facilement dans le royaume des cieux, mais je sais qu'ils sortent avec ensemble des royaumes d'ici-bas. Après M. Véron, qui fut médecin, M. Fould, qui fut ministre. Ils partent accompagnés, car leurs œuvres les suivent.

M. Véron, dont la mort a fourni à tous les journaux le sujet d'un article ou deux, eut une existence diversement employée, mais constamment heureuse. Il a cultivé tour à tour et non sans succès la médecine qui nous soulage, la politique qui nous divise et les arts qui nous charment. A chacun de ses appels a répondu la fortune indulgente. Comme médecin, il a écrit une brochure, effleuré timidement les lancettes inoffensives et mis la main à la pâte du pharmacien Regnault. Il n'opéra et n'immola ni femme grosse ni homme souffrant, et, joyeux habitant d'un monde qu'il jugeait assez peuplé, il n'aida personne à y entrer ni personne à en sortir.

Comprenant qu'il avait mieux à faire qu'à attrister les gens malades et à expérimenter sur les âmes du commun, il attendait avec confiance des fonctions plus décentes et des destinées meilleures. L'occasion vint, il la saisit. Lassé de promener des regards indifférents sur les hommes et les choses, il crut le moment venu d'avoir des opinions et de chercher des idées. Il s'aperçut vite que la presse était à la fois une mine à exploiter et une force à conduire. Né Français, et par conséquent malin, il acheta le *Constitutionnel* et fut un personnage.

Le *Constitutionnel*, qui depuis..., alors était jeune, sémillant et frondeur ; il avait des velléités d'indépendance et des éclairs d'esprit ; on y parlait tantôt, avec Sainte-Beuve, un français de haut goût, tantôt, avec Eugène Sue, le patois des faubourgs. On ne croyait à rien, mais on gagnait de l'argent. Le journal, lancé dans les eaux prospères, servait à ses abonnés, de jour en jour plus nombreux, une politique bourgeoise, une littérature d'élite et des romans malsains. M. Véron, en spéculateur habile, savait mettre le prix aux écrivains qu'il voulait avoir, et ne marchandait ni les matériaux de sa vogue, ni les éléments de son succès. C'était un commerçant en partie double, et sous l'homme d'affaires légèrement gratté apparaissait le disciple d'Épicure et le collègue de Mécène. Influent, et partant redoutable, il avait des relations avec M. Thiers et des espoirs de députation. En ce temps-là, ramassant une part de l'héritage de Brillat-Savarin, il étonna le monde par l'excellence de ses repas et la longueur de sa fourchette. Il prit de fraîches couleurs et un aimable embonpoint, et tous les jours Véron dînait chez Véron, comme Lucullus chez Lucullus.

M. Véron changeait de théâtre. Avant d'avoir la direction du *Constitutionnel*, il avait eu celle de l'Opéra. Sous sa gestion, notre première scène lyrique reprit sa splendeur oubliée. Il fit jouer *Robert le Diable* et répandit des flots d'harmonie sur le peuple des dilettanti. Non content de charmer les oreilles, il s'efforça de plaire aux yeux. Jamais avant son empire on n'avait vu tant de hauteur dans la chorégraphie. Au chant des instruments, Fanny Essler, agitant les ailes de ses pieds, voltigeait demi-nue sous la gaze et les fleurs. Près d'elle s'agitaient les jambes du corps de ballet et les danseuses secondaires rasant la terre comme des hirondelles après l'orage. M. Véron, du fond de sa loge, suivait d'une lorgnette attentive le vol des nymphes autour de la déesse, et semblait un autre Actéon dont il avait les yeux et ne craignait pas l'infortune. Ce surintendant ne trouvait pas de cruelles : comme il désirait plaire, il savait donner. Un jour, c'est lui qui raconte, dans un souper régence offert aux sœurs Essler, il fit circuler au dessert deux cent mille francs de pierreries scintillant dans un bassin d'argent. Les pierreries étaient pour les dames, le bassin pour les laquais. C'est avec de tels procédés qu'on parvient à être servi par dévouement et aimé pour soi-même.

M. Véron revint aux affaires sérieuses. Il prit, quitta, reprit le *Constitutionnel* et la politique. Il mit au service du prince Louis-Napoléon son influence et son journal, et fut avec M. de Girardin le principal agent des élections qui donnèrent un maître à la République et un empereur à la France. Il fit partie du Corps législatif comme député de l'arrondissement de Sceaux, ne parla pas et vota bien. Après avoir travaillé quelques années à enrichir nos codes, il se retira des affaires publiques et de la vie politique avec des désirs déçus et des espérances rentrées. Son dévouement était sincère, mais demandait un prix. M. Véron désirait obtenir un siége à ce Sénat conservateur où s'épanouissent les plus pures de nos gloires et les mieux rentés de nos beaux esprits. Il ambitionnait l'honneur innocent de s'enfermer dans un habit galonné d'or et de contempler M. Troplong face à face et comme il est. Un dieu jaloux n'a pas permis qu'il fût mieux assis que le commun des mortels et mieux vêtu que le lis des champs.

M. Véron médita longtemps sur la reconnaissance des grands, et, ne pouvant recevoir le titre de sénateur de l'Empire, il prit celui de bourgeois de Paris. N'étaient les appointements, il eût gagné au change. Il écrivit des Mémoires, œuvre d'un homme qui a vu beaucoup de choses et qui les dit toutes. N'y cherchez ni esprit de mots, ni art de composition, ni talent d'écrire, vous ne trouveriez pas ; mais dans ce désordre du livre frétille un essaim de vérités fortes, les unes décolletées, les autres nues. Cet homme singulier a des rancunes vivaces et des enthousiasmes naïfs ; et comme il est faux dans presque tous ses jugements et vrai dans presque tous ses récits, il lui arrive de rehausser ceux qu'il déteste et d'humilier ceux qu'il admire. Voilà pourquoi M. Véron n'a pas été sénateur.

Riche, heureux, tranquille, M. Véron se consolait de n'être rien en discutant avec Sophie, sa gouvernante, la grave question du turbot. Il mena une vie attrayante et fit une fin chrétienne. Il est donc vrai qu'à l'instant suprême les plus dévoyés d'entre nous reviennent à la religion qui les berça et lui confient le soin de leur âme immortelle et de leurs destinées futures. Les ouvriers de la dernière heure reçoivent comme les autres leur salaire et leur pardon, et, devant Dieu, le repentir est égal à la vertu. Un mot encore et j'ai fini. Dans la chambre de ce mourant, que le prêtre venait de quitter, brillait le portrait d'Eugénie Fiocre, resplendissante de beauté, de sorte que M. Véron put emporter dans l'autre monde les visions de celui-ci.

Il me resterait à parler de M. Achille Fould, dont la mort est la nouvelle et le regret d'hier. Pour un tel homme, ce serait trop d'une oraison funèbre, trop peu de quelques lignes. Voulant être court, je ne dirai de lui que ce que le monde en sait. M. Fould était le fils protestant d'un père israélite. Il naquit financier et développa dans la maison paternelle ses facultés natives. Il consacra sa jeunesse aux voyages, son âge mûr aux affaires. Le département des Hautes-Pyrénées l'ayant choisi pour député, il vint aux Chambres et acquit en peu de temps la réputation d'un financier sachant parler. Il avait quarante-deux ans quand ce renom lui advint. En toute occasion, il eut soin de voter pour M. Guizot, ministre dirigeant. Ses votes n'ayant rien empêché, je ne lui reproche rien.

Où le chêne rompt, le roseau plie. Après l'orage de 48, M. Fould se redressa sur sa tige ébranlée et livra ses billets de banque au souffle des vents qui fécondent. Il fit bon visage à la République naissante et lui offrit des vœux sincères et des conseils pratiques. Il lui souhaitait l'éternité et lui proposait la banqueroute. On le dit, du moins, mais que ne dit-on pas? La République refusa la proposition en acceptant le souhait. Nommé député, puis ministre, M. Fould combattit l'insurrection de juin et servit le coup d'État en décembre, Il rendit son portefeuille le jour où parurent les décrets fameux qui frappaient dans leur fortune les princes d'Orléans, déjà privés du trône et chassés de la patrie. Cet acte de courage et cette preuve de bon goût durèrent autant que les roses, quatre jours et autant de nuits. Je choisis pour ma comparaison des roses qui vivent longtemps.

Les décrets dont j'ai rappelé l'existence portent la date du 22 janvier. Le 26 du même mois, M. Fould était nommé sénateur; en juillet suivant, renommé ministre. Il s'était démis, on le remettait. Il reçut depuis, je sais tous ses titres, les deux dignités de membre du conseil privé et de grand'croix de la Légion d'honneur. Son portefeuille de prédilection fut celui des finances, qu'il tint à trois ou quatre fois différentes. Dans un rapport resté célèbre, il apporta de graves modifications à notre système financier et appliqua le remède des virements à l'argent qui s'en allait. Il obtint la suppression des crédits extraordinaires ouverts en l'absence des Chambres, et prêcha l'économie dans le désert, où rien ne s'entend. Ennemi des dépenses stériles, il avait la confiance de la Bourse, et chacun de ses retours aux affaires était joyeusement salué de la hausse du trois pour cent. Il semblait un frein à la fureur des flots débordés, et on croyait que, chargé de l'administration du tonneau des Danaïdes, il serait assez habile, non pour en combler l'immensité, mais pour en retarder la fuite.

Je ne dis rien de sa fortune, qui est une des plus grandes de celles qu'on soupçonne et qu'on ne connaît pas. Il aimait les beaux-arts et était membre libre de l'Académie qui s'en doit occuper. J'ajouterai, en terminant, qu'à l'exemple de M. de Morny, il avait pris goût aux choses du sport et contribua à améliorer l'espèce chevaline, qui, du train dont elle court, va bientôt primer la nôtre. Nous finirons par justifier les récits du bon Gulliver décrivant un pays uniquement peuplé de chevaux perfectionnés. Quoi qu'il en soit, M. Fould possédait dans le Midi, près d'Ibos, une nombreuse écurie de courses, et souvent ses élèves ont soulevé de leurs pieds vainqueurs la poussière des hippodromes. Il avait donné au dernier né de ses lauréats le nom gracieux de « le Petit-Caporal, » prouvant ainsi son dévouement à l'Empire par le baptême de ses coursiers. Dimanche dernier, ce poulain illustre et d'autres encore devaient disputer des prix importants et voler sur la pelouse de Longchamps sans en courber les herbes. Quand la fatale nouvelle parvint sur le turf verdoyant, Petit-Caporal et ses collègues prouvèrent leur deuil par la retraite et leur douleur par le repos.

M. Fould n'avait que l'âge du siècle et pouvait espérer se prolonger encore. Il sera d'autant plus regretté qu'il était plus utile. Sur l'arbre d'or qu'a décrit Virgile, à chaque rameau tombé succédait un rameau pareil. Pour les hommes, c'est autre chose : après la chute de ceux qui pouvaient sembler d'or, on en voit poindre d'autres qui ne sont pas même en cuivre. Tous les bons serviteurs de l'Empire partent l'un après l'autre pour les Sénats de l'autre monde et les Champs-Élysées d'en haut, et chacun d'eux a eu, comme Alexandre, des héritiers qui ne le valaient pas. Si, dans une œuvre dramatique, les acteurs qui en ont fait le succès se fatiguent des rôles qu'ils tiennent, ils cèdent leurs places à des doublures expectantes, de sorte que le drame amoindri vit encore sur ses souvenirs et ses lauriers passés. Ainsi sur la scène politique, les écoliers succèdent aux maîtres et les petits aux grands. Si je suis de ceux qui gémissent de la stérilité présente, je suis de ceux qui croient à la fécondité future. Qui sait quelle surprise l'avenir nous garde dans les choses qu'il doit détruire et les hommes qu'il doit créer.

XXII

Novembre 1867.

M. LE COMTE DUCHATEL.

M. le comte Tanneguy-Duchâtel, qui vient de passer d'un monde à l'autre, portait un nom qui jadis a retenti dans l'histoire. Le premier Tanneguy sauva le dauphin Charles VII. Le dernier servit le roi Louis-Philippe...

Il y a huit jours, parlant du mouvement des esprits que la Restauration fit éclore, je comparais tristement la stérilité présente à la fécondité passée. Puis, pensant à ceux qui, dans les temps plus libres, ont marqué dans le conseil des princes et les assemblées du pays, et qui maintenant nous apparaissent comme les épaves d'un douloureux naufrage ou les colonnes d'un temple détruit, j'ajoutais : « Pilotes jadis, vieillards aujourd'hui, ils mettent à profit les leçons de l'expérience et l'apaisement des années, et défendent encore la liberté qu'ils ont constamment voulu et sincèrement pratiquée. Debout, même dans la défaite, ils regardent la révolution qui les a brisés comme une halte entre deux soleils. Trop fidèles pour se donner et trop fiers pour se vendre, ils assistent au spectacle des choses actuelles, non sans souffrir, mais sans désespérer, et refusent au pouvoir le concours de leur force et le prestige de leurs noms. Ils ont honoré leur jeunesse par le travail, leur âge mûr par la gloire, leur déclin par la retraite. »

M. le comte Duchâtel était un de ceux à qui ces lignes s'adressaient. Il vivait encore au jour où je les écrivais. Je n'ai pas dessein de raconter ici cette existence courte de jours et remplie d'œuvres. Parlant de celui qui n'est plus, je ne rappellerai que ses droits au souvenir et ses titres au regret. M. Duchâtel entra tout jeune dans le courant des discussions et la mêlée des partis. Il fut attaché à la rédaction du *Globe* et figurait au nombre des lettrés et des savants qui travaillaient à ce journal, honoré d'un succès d'estime et du suffrage du vieux Gœthe. M. Duchâtel s'occupait alors d'économie politique : un peu plus tard, il se lança dans la politique sans négliger l'économie. Lors de la révolution de 1830, il dévia quelque peu des traditions de sa race. Son illustre aïeul eût pris le chemin d'Holy-Rood ; quant à lui, alors du moins, il négligeait l'occasion d'un voyage et la cause du dauphin.

Je ne blâme pas, je raconte. La Révolution de 1830 n'est pas la seule que nous ayons à regretter et que nous ayons dû subir. Depuis ce douloureux événement, le temps a multiplié pendant près de quarante années les tombes qui apaisent et les berceaux qui réparent. C'est pourquoi, nous qui trempons dans les œuvres politiques, nous n'avons rien de mieux à faire qu'à oublier nos rancunes, reconnaître nos erreurs et confondre nos espoirs. En adhérant au gouvernement de Juillet, M. Duchâtel était libre d'engagements pris et de liens acceptés. Il était maître de lui et pouvait à son gré se réserver ou s'offrir. Il s'offrit et fut accueilli. Il entra dans la vie publique et pour premiers pas fit de fortes enjambées. De conseiller d'État il devint député et de député ministre. Il avait, je crois, trente-trois ans quand il pressa le portefeuille. Son âge lui fut un titre et non pas un obstacle, et, à vrai dire, ce sont souvent les jeunes ministres qui font les meilleurs discours.

Jusqu'en 1848, M. Duchâtel garda le pouvoir, à quelques éclipses près. Il avait la plupart des qualités indispensables à ceux qui gouvernent, et, à défaut du superflu, qui est le génie, le nécessaire, qui est la vertu. Esprit éclairé et discuteur habile, il pensait juste et disait bien. Dans les questions de sa compétence, c'est-à-dire celles d'administration, de finances et d'affaires, il apportait le talent du discoureur sûr de son fait, et l'aplomb du gentilhomme fier de lui.

Dans la question de la réforme électorale, mal renseigné sur les choses ou les comprenant mal, il fut un de ces pilotes qui, voulant éviter l'écueil Charybde, conduisirent la monarchie de Juillet droit à l'écueil Scylla. Il n'y aurait au surplus ni justice à l'en blâmer ni charité à lui en vouloir, ni intérêt à s'en souvenir.

M. Duchâtel était de ceux qui rehaussent la valeur des emplois qu'ils acceptent par la dignité avec laquelle ils les tiennent. Il se soumit à la défaite, convaincu avec raison qu'il ne pouvait s'amoindrir en cessant d'être quelque chose. Il assista, sans s'y mêler, au passage de la République et à la naissance de l'Empire, trouvant dans le présent des spectacles qui le faisaient triste et dans le passé des souvenirs qui le rendaient fier. En voyant sous ses successeurs la liberté disparaître et les erreurs s'accroître, il pouvait au moins se rendre ce témoignage, que ses fautes avaient été celles d'un noble esprit et ses désirs ceux d'un grand cœur. Le malheur l'avait éclairé et la retraite mûri. Je puis dire aujourd'hui qu'il conseilla à des princes jadis frères l'union qui pouvait renaître d'un oubli offert et d'une démarche accomplie. Il persévéra dans sa tâche difficile, et, se flattant que deux races royales se réconcilieraient dans la communion de l'exil et la parité des infortunes, il en garda jusqu'à la fin la généreuse espérance et le ferme vouloir.

Dégagé du souci des affaires publiques, M. Duchâtel se consacra à la gestion des siennes. Il augmenta, par des placements avantageux, une fortune déjà brillante, et réunit assez de millions pour défrayer une année durant deux reines en Angleterre ou un empereur en France. Il n'est pas besoin de dire qu'il usa noblement du grand bien qu'il avait et qu'il fut un de ces riches auxquels les pauvres pardonnent. Propriétaire intelligent et collectionneur émérite, il s'adonna tour à tour à la culture de la vigne et au culte des arts. Il possédait dans le Bordelais plusieurs châteaux d'un bon rapport, et, maintenant la gloire des uns, créant la célébrité des autres, il propagea dans le monde des buveurs la renommée de ses vendanges. Trafiquant du sang de la vigne et de la lie des calices, il fit figurer à sa table et circuler dans le commerce le bon vin qui a tant de façons de réjouir le cœur de l'homme.

Il aimait les beaux-arts, étant, je crois, de leur Académie. Il s'était donné le luxe d'un musée, composé d'œuvres d'élite qu'il appréciait en connaisseur et payait en gentilhomme. C'était un Mécène perfectionné, moins partisan d'Épicure, plus indépendant d'Auguste. Les visiteurs de son hôtel se souviennent qu'un petit salon, discret comme un asile et fleuri comme une serre, servait de cadre à la *Source* que peignit Ingres. La naïade empruntait à la vie des arbres et des fruits répandus autour d'elle je ne sais quel charme de couleur et quel semblant d'existence. On eût dit que, descendue de la toile immobile, elle avait pris soin d'orner de plantes et de roseaux le berceau de son onde naissante.

M. Duchâtel était du monde et du meilleur. Il avait un salon où l'on aimait à venir et où l'on savait causer. Son hôtel, plus grand que la maison de Socrate, était trop petit pour ses amis et ses hôtes. Aux jours de fête, moins prodigue que M. Haussmann, il invitait moins de personnes et les choisissait mieux. Entouré de l'élite des honnêtes gens, il savourait pour lui-même et procurait aux autres tous les plaisirs délicats que l'esprit relève, le goût discerne et la fortune achète. Il mena en France la vie d'un grand seigneur anglais et donna à son hospitalité de la ville et des champs cet air de grandeur et d'aisance qui est l'honneur du maître et le charme des hôtes. Amateur de chasse et de chevaux, savant et lettré, artiste et mondain, il ne se refusait ni les voluptés permises, ni les luxes intelligents. Non content de son hôtel à Paris et de ses châteaux en province, il avait loué à Chantilly l'ancienne demeure des Condés. Il passait la saison des courses dans ces ruines rajeunies par lui. Tous les ans, au jour du Derby, il réunissait une foule élégante et parée au bord de ces eaux vives dont Bossuet avait chanté la clarté transparente et le murmure sans fin.

M. Duchâtel est mort en chrétien; il a eu le mérite de se résigner et le courage de souffrir. On put apprécier ses qualités au nombre de ses amis et sa fortune au luxe de ses funérailles. A son enterrement tout était neuf et de bon goût, les voitures et les livrées, les tentures et les écussons. Comme il était grand'croix de la Légion d'honneur et membre de l'Institut, il y avait à ses obsèques des académiciens et des soldats. Les prières achevées, on en vint aux discours. M. de Parieu, déjà vieux, lut son oraison funèbre; M. Guizot, toujours jeune, improvisa la sienne. L'ancien président du conseil porte légèrement le poids de ses quatre-vingts ans. Il parlait, et chacun sentait ce qu'il y avait d'élevé dans cet hommage du survivant à l'absent et de touchant dans ces adieux de la vieillesse à la mort. M. Guizot est encore fidèle à ses croyances, absolu dans sa foi. Comme le vieillard Siméon, il semble qu'il ne puisse mourir avant d'avoir vu ses espérances réalisées, et, plus certain de l'immortalité à mesure qu'il se rapproche de la mort, il annonce la résurrection sur les tombes et la renaissance sur les ruines.

J'ai fini. Il m'a paru qu'il n'était ni sans convenance ni sans intérêt de consacrer quelques lignes à la mémoire d'un homme autrefois et longtemps mêlé à la direction des affaires et au gouvernement du pays : on retrouve dans le passé d'honnêtes souvenirs et d'utiles leçons. En m'occupant de M. Duchâtel et des temps où il a vécu, j'ai négligé d'apprendre les destinées de M. de La Valette, ministre vacillant ; de M. Rouher, ministre en partie double, et de M. Pinard, ministre soupirant. Le *Moniteur* a parlé et les doutes sont éclaircis. M. de La Valette entre au conseil privé, M. Rouher perd les finances et M. Pinard se glisse au ministère par la porte de l'intérieur.

Montons au Capitole et rendons grâce aux dieux.

XXIII

Décembre 1867.

LA PROMENADE DU CALIFE ALMANZOR.

Au temps des génies et des fées, le puissant Almanzor régnait sur Bagdad la grande. S'il faut en croire l'historien arabe auquel j'emprunte ce récit, Almanzor n'était pas né pour le trône, mais il avait des désirs plus irrésistibles que ses titres. Il fit plusieurs tentatives pour s'emparer du califat, et prouva, en essayant, son audace ; en continuant, sa ténacité ; en réussissant, son bonheur. Quelques musulmans arriérés s'étant plaints de ce brusque avénement, Almanzor, usant avec un rare discernement de l'exil et de la prison, mit les uns dedans et les autres dehors. Ce qu'ayant vu, le peuple, prosterné sur les dalles des mosquées, s'écria d'une voix unanime : « Louange au Dieu unique, dont Mahomet est le prophète et Almanzor le calife ! »

Comme depuis longtemps on ne remarque ni tant d'ambition chez les princes, ni tant de religion chez les sujets, on ne peut douter que le conte que je rapporte ne soit vieux de mille ans et quelques nuits. Pendant de longues années, l'heureux Almanzor récolta le bonheur à chaque aurore et le miel à chaque lune. Tout lui réussissait ; il n'avait pour triompher qu'à paraître, pour être obéi qu'à vouloir, et pour être aimé qu'à donner. On renouvelait chaque jour les fêtes du palais et les fleurs du sérail. Sous ce règne fortuné, on unit l'art de bâtir à la science de gouverner et on suspendit les jardins aussi volontiers que les lois. Jamais on ne vit une telle floraison de savants et de lettrés, de guerriers et de poëtes. Les vrais croyants, fiers d'un commandeur qui tantôt battait les rois et tantôt les régalait, juraient indistinctement par la mule de Mahomet ou par le turban d'Almanzor. Quand le calife buvait, Bagdad était ivre ; quand il ne buvait pas, altérée.

Toute félicité a des bornes; Almanzor l'apprit bientôt. Il abusa de son étoile, qui pâlit. Comme il se croyait plus spirituel à lui tout seul que le genre humain tout entier, il n'en fit qu'à sa tête de calife et prit l'habitude de donner des ordres sans demander de conseils. Des ambassadeurs envoyés à Charlemagne revinrent sans avoir obtenu d'audience; une armée dirigée en Chine se brisa contre la grande muraille. Quand l'argent manquait au trésor, Almanzor augmentait les impôts; quand l'eau manquait aux citernes, il utilisait le vin blanc. Pour ces raisons et d'autres encore, sa popularité décrut comme un fleuve en été; mais lui, se voyant craint, se jugeait toujours puissant et n'apercevait pas ses ennemis par delà ses flatteurs. Ses courtisans, dont plusieurs avaient servi vingt califes avec un zèle égal et des récompenses diverses, lui répétaient chaque matin : « Almanzor, tu es éblouissant comme le soleil et éternel comme lui. » Puis ils se disaient entre eux : « Si le calife ressemble au soleil, c'est moins par l'éclat qu'il répand que par les éclipses qu'il subit. » Il y a mille ans et quelques nuits, tous les princes n'avaient pas le bonheur d'être infaillibles et tous les courtisans le mérite d'être sincères.

Un jour qu'Almanzor se promenait sous les ombrages du Jardin des délices, il entendit une voix plus persuasive que celle de Zobéide, la sultane, et plus douce que celle de Fleur des Prés, la suivante. La voix disait : « O calife! fuis l'erreur et cherche la vérité. On croit à l'une, qui séduit toujours, et on doute de l'autre, qui blesse parfois. L'une se vend, l'autre se donne. »

Ce fut tout, et rien désormais ne troubla le silence, si ce n'est le murmure habituel et joyeux du ruisseau sur la rive, des oiseaux dans la feuillée et des abeilles dans les fleurs.

Qui donc avait parlé? C'était soit un invisible messager d'Allah, soit un de ces esprits voyageurs dont les ailes tracent dans l'air d'imperceptibles sillons. Almanzor le croyait au moins, et, rentré dans son palais, il employa à de sages méditations les longues heures de la nuit qui conseille. Le lendemain son parti fut pris et ses ordres donnés. Ayant convoqué les muphtis et les agas, les caudataires et les vizirs, les calenders et les cadis, les épouses et leurs gardiens, il les réunit dans ce salon fameux dont les fenêtres, les voûtes et murs furent ornés de diamants et de peintures par les génies réunis de la lampe et de l'anneau. Puis, s'étant assis sur son trône d'or ciselé, il vanta en peu de mots la sagesse de ses actions, la grandeur de ses projets et la douceur de son règne. Tant qu'il parla, les applaudissements grondèrent, multipliés et bruyants comme les tonnerres d'un jour d'orage. « O Almanzor, ton langage est pur comme la justice, » murmuraient les cadis ; « il est brillant comme l'épée, » s'écriaient les agas. Un sous-vizir s'évanouit par intérêt, une jeune esclave pour le mouchoir. « O calife, disaient les poëtes, tes lèvres sont des fleurs qui parlent et tes paroles un miel qui coule. »

« Hélas ! pensait Almanzor, tous ces flatteurs attendent du grand trésorier le prix de leurs louanges caressantes. Où donc est la vérité qui se donne et qui blesse ? » Il soupira, puis fit un double signe à Giafar, le plus humble des vizirs, et à Mesrour, le plus décoré des eunuques. Tous trois, échangeant leurs vêtements des jours de fête contre des vêtements plus simples, parvinrent à dissimuler leur grandeur, et Almanzor, méconnaissable, prouva une fois de plus que si l'habit ne fait pas le derviche, il fait parfois le calife. Après quoi, ils descendirent du palais dans les jardins et des jardins dans la ville. Les étoiles d'or brillaient au ciel profond, et la lune aux rayons pâles, se levant derrière les édifices, dont elle éclairait les sommets, semblait conduire du couchant à l'aurore le char et les lumières de la nuit.

Almanzor et ses deux compagnons suivirent les bords du Tigre, et, arrivés à l'endroit où un pont de bateaux joint les deux rives du fleuve aux larges eaux, ils aperçurent, sous le portique d'un palais surmonté d'un dôme, un groupe de gens qui causaient. C'étaient des lettrés, race frivole. « Oui, mes amis, disait le docte Al-Kendi, notre gracieux calife n'a pas pour la langue arabe la considération qu'il faudrait. J'ai noté dans son dernier discours deux locutions en révolte contre la syntaxe et trois épithètes trop négligées pour oser paraître à la cour. Par Allah ! s'il fallait juger à son style le commandeur des croyants... » Mesrour n'en put écouter davantage. Ce chef des eunuques noirs rachetait quelques légers défauts par une impétuosité sans bornes. Aussi, tirant hors du fourreau son sabre de fin damas, il se préparait à envoyer le pauvre Al-Kendi continuer dans le ciel une phrase commencée sur la terre.

Heureusement le calife put arrêter le bras de son

bouillant serviteur. « Brave Mesrour, remets ton sabre en lieu sûr et laisse bavarder ce pédant, auquel il m'est doux d'ôter la liberté d'écrire. Qu'importe, dans un discours, que l'expression soit pauvre si l'idée est opulente? La pensée est souveraine et brille du même éclat sous les haillons que sous les perles. — Pour les califes, c'est autre chose, murmura le prudent Giafar, ils ne brillent que sous les perles. »

Un peu plus loin, devant la porte d'une mosquée, conféraient les graves ulémas. « Le commandeur des croyants, disaient-ils, néglige les préceptes du Coran, le livre inspiré, et la prospérité de Médine, la ville sainte : il a chargé sa table des liqueurs d'Occident, et, non content des quatre femmes légitimes que la loi nous permet, il vient d'atteler à son char une cinquième et inutile épouse. Le muphti, dépouillé d'une partie de sa puissance, tend vainement ses bras suppliants vers le calife qui l'abandonne et vers Allah qui n'entend plus. — Les ingrats, murmurait Almanzor, ils ont oublié les bienfaits que j'ai prodigués aux premières lunes de mon règne et les aumônes que je répands aux saints jours du Rhamazan. — O glorieux calife, lui répondit le sage Giafar, souvenez-vous de la légende. Le divin Mahomet est suspendu, depuis sa mort, à une égale distance de la terre où il a régné et du ciel dont il émane. Il est concitoyen des deux patries entre lesquelles il n'a pu choisir, et veut nous faire acheter notre récompense future par notre obéissance ici-bas. — Par Allah, pensait Almanzor, voilà un jeune vizir qui mérite de l'avancement. »

Puis, tout en poursuivant sa route, il se disait, en commentant les paroles de l'invisible esprit : « La vérité ressemble à la fleur de nos jardins : celui-là seul est digne d'en respirer le parfum qui n'en craint pas les épines. » Cette comparaison, dont on abusa depuis, venait d'être inventée par le premier poëte de la cour. Ainsi rêvant, le calife parvint à celle des places de Bagdad dont la forme imite celle du croissant vénéré. Au milieu s'élèvent la tombe et la statue du cheik Abdoul-Kadir. Devant la caserne qui fait face au monument, les janissaires et les agas bourdonnaient comme les abeilles au printemps. Ils s'entretenaient des longueurs d'une paix sans gloire, et parlaient tantôt de venger la mort du calife Omar, assassiné par delà les mers, tantôt d'essayer sur le cimier des giaours la trempe de leurs sabres neufs. Ils disaient : « Que veut le calife ? Si c'est la paix, pourquoi renforcer nos cohortes ? Si c'est la guerre, pourquoi vanter la paix ? — Ils disent vrai, murmurait Almanzor devenu pensif; mais comment peuvent-ils avoir raison, puisque je ne saurais avoir tort ?

— O calife ! s'écria Mesrour, il y a longtemps que nous n'avons remporté de victoires éclatantes. Lancez vos invincibles légions à la conquête de Byzance ou d'Ispahan. La gloire est l'attrait du soldat, l'ornement du prince et le trésor du peuple. » L'opinion de Giafar était qu'un peuple vit d'autre chose que de gloire. Comme il était sage, il pensait juste ; comme il était vizir, il ne dit rien.

Ils allèrent jusqu'à la fontaine des Lions et aperçurent plusieurs jeunes filles mollement accoudées à la vasque de marbre rose qui recevait le trop plein des eaux. C'était un bruit de paroles, harmonieuses comme le chant des oiseaux, rapides comme le battement de leurs ailes. La voix la plus forte, celle de Fatime aux yeux noirs, parvint la première aux oreilles du calife. Elle disait : « Si le commandant des croyants appelle tous les jeunes hommes de son empire sous les drapeaux que le croissant surmonte, avec qui causerons-nous le soir sur les rivages du Tigre ou à l'ombre des palmiers? — Fatime, interrompit Zobéide aux cheveux d'or, les janissaires peuvent se marier autant de fois que les sultans. — Oui, disait Fatime, mais plus tard et pour moins longtemps. O mes sœurs ! la destinée nous préserve d'orner le sérail d'un aga. On a une rivale, la gloire, et une crainte, l'absence. Si la guerre éclate et que le maître s'éloigne, que reste-t-il a l'épouse? — Le souvenir et la solitude, » lui répondit Zuleyma la belle rieuse aux dents blanches ; et la jeune fille ajoutait : « Si la victoire est sanglante et si le maître succombe, il reste encore à la veuve l'espérance et la liberté. »

Almanzor, attendri, disait à ses confidents : «Je modifierai les lois sévères dont Fatime a redouté la contrainte, » et il se disait à lui-même : « Pourquoi donc ai-je plus d'années que l'amour n'en supporte, et plus d'épouses que Mahomet n'en prescrit? — O Fatime et Zuleyma ! tourments des cœurs, charmes des yeux, s'écriait le noir Mezrour, ne vous fiez pas à la couleur ; oubliez les jeunes hommes blancs comme les lis qui vivent peu, et souvenez-vous qu'Allah fit la nuit plus belle que le jour. — Noble Mezrour, quittez des illusions qui ne sont ni de vos fonctions ni de votre âge, » interrompit Giafar, qui ne laissait jamais échapper l'occasion d'être agréable à ses amis.

A quelques pas de là, deux calenders racontaient à la foule pressée autour d'eux que, huit jours auparavant, ils avaient été faits prisonniers sans motifs et le matin même mis en liberté sans jugement. Sur la place du marché, les laboureurs réunis se plaignaient de l'insuffisance de la récolte et du poids des impôts. A l'entrée du grand bazar, les trafiquants de Mossoul et d'Erzeroum prétendaient que le commerce était sans ressorts et l'industrie sans élans. Partout des mécontents, des heureux nulle part. Ici des plaintes contre la sévérité des cadis, et là contre l'incapacité des vizirs. O calife! où est ta justice? O calife! où est ta bonté? Le message d'Allah avait raison, pensait Almanzor, la vérité est si blessante, qu'il est peu de califes ayant le désir de l'entendre et le courage d'en profiter. Puis, s'adressant à ses compagnons, il reprit : « Au palais, je n'entendais que des éloges; dans la cité, je ne recueille que des plaintes. Où sont passés, le soir, mes flatteurs du matin ! — Ils dorment, répondait Mezrour. — Ils sifflent, » pensait Giafar.

« N'ai-je donc fait de bien à personne? répétait le dolent Almanzor à ses confidents attendris. — O calife! dit Mezrour, vous avez été plus que bienfaisant, magnifique. Vous avez semé l'or dans les jardins du sérail, sur les parvis des mosquées et aux abords du palais. » Le prudent Giafar ajouta : « O commandeur des croyants, avec les dons qu'il vous plut de faire aux riches, il eût été possible de soulager bien des pauvres. » Ainsi parla Giafar, mais personne ne l'entendit, ni le calife ni Mezrour.

L'auteur arabe que j'ai pris pour guide arrête ici sa narration. Après avoir ajouté qu'Almanzor sut tirer profit de sa promenade d'une nuit d'été, il rend grâces à Allah qui tient dans ses mains puissantes le cœur des califes et le destin des peuples. Ainsi ferai-je. J'ai reproduit ce conte sans prendre d'autre peine que d'accommoder au goût du jour le vieux français du traducteur. C'est par des récits de ce genre que la belle Sheherazade charmait le réveil et enchaînait la volonté du sultan dont elle était épouse. Le bon Schahriar, tout à l'intérêt du conte, remettait au lendemain les affaires sérieuses et le supplice de sa femme, ce qui prouve qu'il n'avait ni le caractère très-méchant ni les idées très-suivies.

XXIV

Décembre 1867.

M. LE MARQUIS DE MOUSTIER.

Il y a huit jours, j'étais dans une des rares villes de Franche-Comté qui jouissent des agréments d'un fleuve, des avantages d'un tribunal et des charmes d'une garnison. Le fleuve a de l'eau que les juges regardent couler et que les militaires ne boivent pas. J'aurai dépeint cette heureuse cité si j'ajoute qu'on y fabrique des fromages dits de Gruyère et des montres dites de Genève. Le temps y est admirablement bien employé ; les habitants le perdent, les soldats le tuent et les horlogers le règlent.

Dans cette ville que je ne veux pas nommer, j'ai trouvé le véritable Amphitryon, l'Amphitryon où l'on dîne. Le soir, assis à une table abondamment servie, je sentais me venir du cœur aux lèvres cette honnête gaieté qui naît des flacons vides et des verres entrechoqués. Suivant le précepte de Brillat-Savarin, les convives étaient aussi nombreux que les Muses et plus jeunes que les vins : un avocat aimant les lettres, des prêtres au regard indulgent, un gentilhomme aux espérances aussi nobles que les regrets et quelques aimables femmes comme il en fleurit encore aux jardins de la province. Au dessert on causa politique et l'on évoqua plusieurs vérités trop frileuses pour rester dans leur puits et trop nues pour courir le monde. Je serai discret, car les propos de la bonne compagnie semblent séditieux à la mauvaise. Dans ce monde, les gens habiles réussissent mieux que les gens honnêtes ; c'est pourquoi il est également dangereux de critiquer ce que font les uns et de répéter ce que disent les autres.

J'avouerai toute ma faiblesse. Il me déplairait d'être traité de « braillard » par l'honorable M. Delesvaux.

Je sais bien que sur les lèvres de ce président, « braillard » n'est pas l'expression du mépris qui s'accentue, mais le condiment de la condamnation qui s'apprête. N'importe : j'aime à recevoir ce que j'aime et à rendre ce que je reçois. Cependant il est des accommodements, même avec le silence, et parmi les propos qui circulèrent autour d'une table joyeuse, je me hasarde à choisir ceux dont l'innocence est telle qu'on peut les confier à des enfants et les redire à des juges. Je le répète, c'est au dessert que nous nous sommes égayés à passer en revue les scènes et les acteurs du drame contemporain. Eh pourquoi non? Nous faisons les frais du spectacle, et nous payons assez cher pour avoir le droit de rire un peu et de chanter parfois.

On parla, comme de raison, des évènements d'Italie et des discussions des chambres. On vanta les déclarations de M. Rouher s'adressant aux orages florentins comme Neptune aux vents déchaînés, et l'éloquence de M. de Moustier, mariant le laurier oratoire aux palmes diplomatiques. M. de Moustier, dit alors quelqu'un, est un des plus illustres enfants de la Franche-Comté, fertile en grands hommes. Jeune encore, il a récolté la gloire,

> Cette plante tardive, amante des tombeaux;

et il honore à la fois le ministère où il est monté et la province qui l'a vu naître. Passionné tour à tour pour les voyages et pour la puissance, il a été ambassadeur à Constantinople avant d'être ministre à Paris. Il a goûté le pouvoir, dont il apprécie la douceur, et visité le sérail, dont il connaît les détours.

Ce qu'on va lire nous fut alors conté par un des convives, mon voisin, mon hôte et mon ami. Comme il a dit, je répète, et puissé-je écrire aussi bien qu'il a parlé :

« M. de Moustier appartient à une famille dont l'origine se perd à une heure indue de la nuit des temps. Il est le fils de ses pères et le père de ses œuvres. C'est assez dire que sa filiation l'emporte sur sa paternité. Ses ancêtres ont été aux croisades, mais lui en est bien revenu.

« La devise de cette noble maison a de fières allures et un parfûm antique. « Moustier sera maugré le Sar-« rasin. » Il y a mille ans et quelques jours, une armée de Sarrasins envahit la Bourgogne et saccagea Besançon. Les mécréants ne savaient pas qu'il y avait des Moustier au monde : ils l'apprirent à leurs dépens. Rencontrés près du bourg de Moustier-Haute-Pierre par un des ancêtres du marquis actuel, ils tombèrent sous la grande épée du paladin comme les épis sous la faux du moissonneur. A la suite de cet exploit, on put contenter à la fois les Moustier et Dieu, les uns par l'octroi d'une devise et l'autre par la fondation d'une abbaye. Pendant longtemps on ensevelit les chevaliers de Moustier dans les caveaux de l'abbaye élevée par leurs pieuses et vaillantes mains. Le monastère est en ruines aujourd'hui et ses pierres ont descendu le flanc de la colline qu'elles couronnaient jadis. Mais dernièrement un antiquaire, jouant le rôle du laboureur de

Virgile, a remué le sol jonché de débris et découvert la sépulture des Moustier d'autrefois. Je n'ai pas besoin d'ajouter qu'il s'est étonné du poids de leurs armures et de la grandeur de leurs os.

« M. de Moustier porte dignement la gloire et les souvenirs héréditaires. Moins belliqueux que ses pères, il a remplacé le glaive au côté par le portefeuille sous le bras, et troqué l'armure des anciens preux contre l'habit brodé du ministre. Si, ce qui n'est pas probable, les Sarrasins revenaient en France, il irait vers eux moins en guerrier qu'en ambassadeur, et les étonnerait, non par les merveilles de sa lance, mais par la finesse de sa diplomatie. Toutes les fées de la Franche-Comté et des pays circonvoisins ont entouré son berceau de cadeaux et de promesses : la première le fit riche et la seconde aimable ; l'une lui donna l'art de plaire, l'autre les moyens de parvenir ; celle-ci décida qu'il excellerait dans la rédaction des dépêches, celle-là que nul n'apporterait à la lecture d'un document une conviction plus pénétrante et une douceur plus persuasive ; la plus généreuse et la dernière, le dotant du plus précieux des avantages, voulut que dans le cours de sa vie mortelle il se tînt à égale distance du génie qui diminue et de la sottise qui multiplie.

«Le siècle avait, je crois, dix huit ans lorsque M. de Moustier ouvrit pour la première fois ses yeux, que plus tard la politique devait si largement agrandir. La Restauration, à laquelle s'étaient dévoués les siens, fut le premier gouvernement qu'il connut et un de ceux qu'il ne put servir. Ses jeunes années coulèrent heureuses et paisibles, et nul signe révélateur n'apprit à cet enfant prédestiné le secret de sa grandeur future. J'imagine qu'il dut remporter le prix de récitation classique et qu'il fut au moins une fois embrassé par un ministre, qui dans ce lauréat ne prévoyait pas un collègue. Il fit sa première communion à l'âge de douze ans et en l'année 1830. Si je transcris cette triste date sans pouvoir ni ajouter un commentaire, ni réprimer un sourire, on comprendra, je l'espère, les motifs de ce silence prudent et de cette gaieté permise...

« Le souvenir de la première des communions que fit M. de Moustier ne s'est point effacé de l'esprit des Bisontins. A cette occasion, Besançon reçut un merveilleux présent, et Besançon n'est point ville ingrate. Louis XIV fit passer autrefois un morceau de la vraie Croix du trésor de la Sainte-Chapelle à l'établissement de Saint-Cyr. Une ancienne dame de Saint-Cyr, grand'tante du jeune de Moustier, qui possédait la précieuse relique, choisit, pour en faire don à la cathédrale de Besançon, le jour même où son petit-neveu s'approchait de la table sainte. Un bienfait ne se perd jamais, et ce que l'Église reçoit, le ciel le rend. Le moment vint où en échange de ce fragment de la croix qu'un Dieu porta sur ses épaules, M. de Moustier reçut la totalité des croix qu'un homme peut suspendre à son cou.

« Ainsi grandissait à vue d'œil l'herbe du futur ministre. Il obtint la faveur du ciel, grâce aux présents de sa grande tante, et il apprenait la diplomatie, grâce aux leçons de son grand-père. Son grand-père était ce

M. de Laforêt, dont M. Thiers, dans son *Histoire de l'Empire*, raconte les longs voyages et les intrigues compliquées. M. de Laforêt fit du chemin pour le compte du premier empereur et fut un des instruments d'une politique résolue à s'affranchir des règles de la justice et des entraves de la franchise. Son rôle fut de préparer l'Espagne à l'invasion de nos armes et d'être le fourrier diplomatique de l'expédition française. Ambassadeur en partie double, agent occulte et délié, il s'employa à faire passer des mains du malheureux Charles IV à celles de l'incapable Joseph un sceptre trop lourd pour ces deux princes, qui manquaient l'un de force pour le retenir, l'autre de puissance pour l'usurper. Je n'ai pas besoin d'évoquer les souvenirs d'un passé qui nous gêne encore, tant par les choses qu'il laissa faire que par les hommes qu'il laissa croître. Je m'imagine seulement M. de Laforêt, devenu vieux et peut-être ermite, racontant à son petit-fils ses campagnes des Tuileries à l'Escurial et lui mettant aux lèvres les fruits de son expérience et le miel de sa doctrine.

« Quand M. de Moustier eut atteint sa dix-neuvième année, il eut l'idée d'entreprendre un de ces voyages qui forment la jeunesse et laissent des souvenirs. Il fut accepté pour compagnon de route par M. de Falloux se dirigeant sur l'Italie. Qui le croirait? M. de Falloux et M. de Moustier parcourant tous deux l'Italie du Vésuve au Capitole! Hélas! que le temps apporte de changements dans nos amitiés qu'il détruit et nos sentiments qu'il transforme! Quoi qu'il en soit, M. de

Moustier ne partit pas, pour la raison que je vais dire. Quand le voyage projeté fut soumis à l'approbation de M. de Laforêt, le patriarche de la diplomatie demanda en secouant sa tête blanchie : « M. de Falloux a-t-il l'intention de se rendre à Frohsdorf ? — Sans doute, lui fut-il répondu. — En ce cas, que mon petit-fils demeure. Il n'est pas bon que les jeunes gens entreprennent avant leur majorité de ces démarches irréparables qui affirment les croyances et engagent l'avenir. » Il dit et fut écouté. M. de Moustier dut ajourner à des temps plus heureux ses courses à travers le monde ; il conserva la propriété de sa personne et la liberté de ses choix. Aussi a-t-il pu, sans encourir de reproches, offrir au gouvernement actuel l'appui d'un talent qui connaît ses limites et d'un dévouement qui les ignore.

« Les années se passèrent, et M. de Moustier contracta une alliance qui lui donna M. de Mérode pour beau-père et M. de Montalembert pour allié. Il connaissait la richesse et ressentit l'ambition. La révolution, corrigeant son propre ouvrage, venait d'emporter la monarchie de Juillet dans une tempête de trois jours, et sous la nouvelle république on plantait de tous côtés ces arbres de liberté qui n'ont pas pris racine et n'ont pas donné d'ombre. M. de Moustier fut touché, comme bien d'autres, de la grâce républicaine et s'inclina volontairement devant la majesté d'une multitude qui jouait au souverain et qui s'en lassa vite. Sa soumission obtint sa récompense. Nommé au conseil général de son département, il brilla parmi les orateurs indigènes et fit admirer, dès son premier discours, la facilité de sa mémoire et l'harmonie de sa voix. Le peuple, enthousiasmé, le choisit pour son représentant : et, de fait, il représentait bien ! Grand, mince, élégant, noble d'aspect comme de race, et portant sur ses hautes épaules un visage aux traits réguliers, il donnait au limon dont Dieu nous a formés tous un de ses plus heureux déguisements et de ses plus parfaits contours.

« Il promit à ses électeurs qu'une fois leur représentant il s'inspirerait des idées et marcherait à la suite de son illustre parent, le comte de Montalembert. Il tint parole pendant quatre ou cinq ans, après lesquels M. de Montalembert entra dans la retraite et lui dans les ambassades. De son passage dans les assemblées il ne reste ni une trace empreinte, ni un sillon visible. Membre effacé d'une chambre où les talents abondaient, il eut le mérite de savoir voter et l'esprit de pouvoir se taire. Ce fut sur les bancs de la Constituante qu'il connut le prince Louis-Napoléon, tiré de l'exil par la clémence républicaine. Comme on le voit, M. de Moustier acquit de bonne heure ces connaissances utiles qui lui valurent un peu plus tard le petit filet de célébrité qui l'arrose. Le coup d'État du 2 décembre n'était fait ni pour le surprendre ni pour le renverser. Porté vers l'ordre nouveau dont s'éloignaient ses proches, il ressentit pour l'Empire une de ces sympathies honnêtes dont les grands triomphateurs ne peuvent s'empêcher de reconnaître le prix et d'éprouver le besoin.

« Au temps heureux où l'on achetait 5 francs de

rente pour la bagatelle de 7 fr. 50, l'intelligent M. de Laforêt avait placé sur le grand-livre plusieurs milliers de louis qui fructifièrent. M. de Moustier recueillit sa part de l'héritage grand-paternel, et avec les annexes qu'il sut y réunir, il eut de quoi descendre en carrosse cette vallée de misères qu'on a nommée l'existence. Riche de plusieurs millions et de beaucoup d'espérances, il jugea qu'avec sa naissance et ses talents, sa figure et sa fortune, il ferait un ambassadeur qui n'aurait qu'à se montrer pour séduire et qu'à parler pour convaincre. Rien ne lui coûta pour réussir, et il se montra diplomate de naissance par l'éclat de ses fêtes, le luxe de sa maison et la retenue de ses discours. Il enrôla une armée de laquais dont la livrée étincelante pouvait rivaliser avec l'habit sénatorial et attela à ses voitures des pur-sang qui ne lui cédaient en rien pour l'antiquité de la race et la fierté des allures ; sa table eut une réputation méritée qui atteignit aux deux bouts de l'univers gastronomique, et l'on disait de lui que, dans l'attente des cordons rouges, il utilisait les bleus.

« Que peut-on refuser à un marquis solliciteur ? Rien ou presque rien. M. de Moustier demandait peu, — une ambassade, — il l'obtint. Il représenta la France avec une dignité que surent apprécier tour à tour les Viennoises sensibles et les Turcs méditatifs. Il dépensa noblement son traitement public et ses revenus privés. La diplomatie lui fut une merveilleuse école, et c'est de son séjour à l'étranger que lui viennent cette profondeur de pensées et cette justesse d'expression dont nous admirons les effets sans en rechercher les causes. Il est parvenu au ministère et ne doit avoir qu'un seul désir, — d'y rester. Bien qu'on ait prétendu que le souci des affaires étrangères ait amené des vides à sa chevelure et des rides à son front, je parierais qu'il est toujours jeune et qu'il rit aux roses prochaines de son cinquantième avril. Les hommes comme lui ne permettent plus à la neige de couronner leurs sommets. Au matin de la vie, ils adoptent la couleur blanche ; ils la quittent à l'heure de midi, et, quand le soir tombe, n'y reviennent plus.

« M. de Moustier possède une respectable étendue de terres, de forêts et de prés. Il ne lui manque qu'un château, et depuis quelques années il consacre ses économies à combler cette lacune affligeante. Cet édifice, qui n'est pas encore couronné, est une histoire de l'art écrite en pierres de taille. Il offre à l'extérieur un échantillon de l'architecture de toutes les époques, et à l'intérieur un spécimen du mobilier de tous les âges. Au dehors, ailes gothiques, tours féodales, façades renaissance et portiques romains; au dedans, cheminées moyen âge, vieilles armures, pendules rocailles et meubles de Boule; puis les fauteuils de l'Empire reflétés par des glaces de Venise, et le siége d'airain du roi Dagobert posé sur un tapis de Turquie; tout cela réuni dans une singulière intimité et vivant dans un harmonieux désaccord. C'est là que le marquis actuel ira terminer sa vie dans la familiarité de la nature et le voisinage du ciel. En faisant le tour ou en parcourant les salles de ce château créé par lui, il pourra passer en revue les siècles nombreux dont aucun ne s'est enfui sans avoir vu sur l'arbre antique des Moustier quelques rameaux s'effeuiller et quelques autres poindre. »

Ainsi conta le narrateur, et, quand il eut cessé de parler, je résolus d'écrire. Je consacre volontiers aux gloires du second Empire quelques heures d'un temps que parfois j'emploie plus mal. Naguère, j'ai célébré M. Rouher sur la lyre aux sept cordes; aujourd'hui, comme dit le poëte, je chante des hommes plus petits et des sujets moins grands. Je m'arrête ici, tant j'éprouve le besoin de me délivrer d'une comparaison qui m'obsède. Nos ministres, nos sénateurs, et même nos préfets, m'apparaissent comme les petites feuilles d'un arbre immense. Au pied de l'arbre passe un ruisseau qui gagne lentement la vaste mer où tout aboutit. Quand viennent les brises d'automne, les petites feuilles détachées tombent aux flots qui les entraînent. Elles flottent un instant sur la surface des eaux tranquilles, puis descendent en tournoyant sur le sable argenté qui forme le lit du ruisseau. Là, elles se divisent en parcelles que la rive engloutit ou le courant disperse. Plus tard, le printemps renouvelle le feuillage du chêne aux larges rameaux, la brise change, les flots se succèdent, et rien ne se souvient plus des feuilles d'antan, ni le vent, ni l'arbre, ni l'onde.

XXV

Janvier 1868.

SOUVENIR DE L'EXPOSITION.

Ce n'est pas sans une certaine émotion que je vois s'approcher, se lever, puis s'enfuir chaque jour de l'an que Dieu nous donne. Dans cette émotion, soyez-en sûr, les étrennes n'entrent pour rien.

Il est triste de se sentir glisser sur la pente des années qui descendent. On n'y peut rien, mais c'est triste. L'avenir me semble plein de terreurs, le passé plein de charmes. On sent ces choses mieux qu'on ne les peut dire. En deux mots, je ne m'espère plus, je me regrette.

La pensée m'est venue d'adresser quelques adieux bien sentis à ces douze mois disparus, — un long espace de la vie mortelle : — l'idée me sembla raisonnable. Malheureusement j'ai eu plus de rimes que de raison. Je vous envoie mes vers. Nous ne sommes pas parfaits, et, comme disait Racine, le ciel en soit béni!

Que Dieu nous épargne en 1868 les maladies et les épreuves, les croix de toutes sortes, les poésies de tout genre. En attendant, voici les miennes. Excusez les fautes de l'auteur :

Grande Exposition ! Gloire, hélas ! éclipsée,
Création splendide et constante pensée
    De mil huit cent soixante-sept,
Temple de paix construit sur un terrain de guerre,
Sous les prolongements de ta jupe de pierre
    Le Champ de Mars disparaissait !

C'est là que chaque peuple avait voulu conduire
Quelques échantillons de ce qu'il sait produire,
    L'un ses fers et l'autre ses bas ;
La Chine ses géants, Albion ses réclames,
Tous, sans exception, des canons et des femmes,
    Comme si nous n'en avions pas.

Cafés, concerts, théâtre et musique vantée !
Et chaque nation partout représentée
    Dans sa cuisine et ses boissons !
Jardins, villas, chalets, frais ruisseaux, herbe tendre,
Et des aquariums où l'on cherche à surprendre
    Les amours des petits poissons.

Là, les abus criants se changeaient en ressources,
Et l'on s'était livré, pour soulager nos bourses,
    Aux plus ingénieux efforts.
Dans ce grand flot humain qui ressemble au Pactole,
On retire, en jetant des filets sans contrôle,
    Beaucoup de vase et quelques ors.

Les princes de la terre au bruit de ces merveilles
Sont accourus à nous, comme aux fleurs les abeilles,
    Comme les papillons au feu.
Rois, sultans, empereurs dont la grandeur étonne,
Tout ce que l'on connaît d'êtres portant couronne,
    Et tous les oints du Seigneur Dieu.

Les plaisirs de Paris tentaient ces cœurs sublimes,
Et les rois, emportant leurs ministres intimes,
    S'arrachaient pour une saison
Au bonheur de régner sur des millions d'âmes,
Laissant par intérim leurs sceptres à leurs femmes
    Et leurs femmes à la maison.

L'un d'eux, jeune et déjà versé dans l'art de plaire,
Dans les cafés anglais retrouvait l'Angleterre.
    Joyeux convive et bon vivant!
Plus d'une dame aimable et de vertu très-mince
L'appelait en entrant ou mylord ou mon prince,
    Et puis *my dear*, en s'en allant.

Le Czar vint. Quelques-uns, quand il fit son entrée,
Criaient, accompagnant sa voiture dorée,
    Vive la Pologne qui dort!
C'est offenser les grands à qui Dieu nous confie,
Que d'oser souhaiter le réveil ou la vie
    Aux peuples qu'ils ont mis à mort.

Nous avons vu passer dans leurs habits de fête
Quelques Turcs fatigués des plaisirs qu'on achète
    Et qu'on revend dans les prix doux.
Le brave roi Guillaume et Bismark qui l'égale,
Et, roitelet perdu dans la foule royale,
    Le roi des Belges, savez-vous?

Au théâtre, souvent, ces bandes souveraines
Dérobaient leur grandeur au fond des avant-scènes,
    Et déridaient leur front chagrin
A voir fonctionner les pieds des bayadères
Et comment on brandit le sabre de ses pères
    Dans le duché de Gérolstein !

Pour chaque nouveau roi quelques fêtes nouvelles :
Des bals éblouissants et des soupers modèles,
    Au bois la chasse et l'hallali !
Et puis, pour varier ces plaisirs monotones
De l'attrait du danger menaçant des couronnes,
    La balle de Berezowski !

C'est ainsi qu'éclatait l'allégresse publique,
Quand des drames sanglants accomplis au Mexique
    Le vent nous apporta l'écho.
Infortuné, séduit par des rêves d'empire,
Pour les réaliser tu t'es laissé conduire
    De Miramar à Mexico.

Insensé, qui comptait jusqu'au bout sur la France !
Sa compagne, avant lui désertant l'Espérance,
    Fut frappée et ne put guérir.
Pour toute femme, hélas, fût-elle souveraine,
Il n'est que deux recours à la souffrance humaine :
    C'est d'être folle ou de mourir !

Pour elle la folie, et pour lui plus peut-être !
Quand il vit sur les flots nos vaisseaux disparaître,
    Il garda son seul bien, l'honneur ;
Et prisonnier, frappé d'une mort militaire,
Il couvrit en tombant un lambeau de la terre
    Dont nous l'avions fait empereur.

Avant qu'il expirât, les rois de sa famille,
Réunis en congrès dans ce Paris qui brille,
  Figuraient dans un bal public,
Et son beau-frère, tête auguste et couronnée,
Payait de sa personne à la fête donnée
  Par madame de Metternich.

Que d'événements gais, ou charmants, ou sinistres,
Accomplis dans ces jours fertiles en ministres!
  Drouyn s'en va, Magne apparaît ;
Puis vient le grand marquis qui nous charme à son style,
Monsieur de Moustier, riche et fait du bois utile
  De son grand-père Laforet.

Dirai-je monsieur Fould remonté vers sa source,
Les Pereire perdant dans un reflux de bourse
  Le Mobilier et le Crédit ?
Ah! ne les plaignez pas, car leur fortune est ronde ;
Ces messieurs savent bien que, dans ce pauvre monde,
  Plus on a de sous, plus on rit.

Dieu, pour nous consoler, dans les âmes fidèles
Mit le profond amour des choses éternelles,
  L'honneur, la justice et la foi.
Plusieurs, portant des noms dont la patrie est fière,
Se sont faits les soldats du successeur de Pierre,
  Père et pontife, pape et roi,

Comme en Vendée, aux jours de victoire et de fête,
On voit encor Quélen, Cathelineau, Charrette,
  Ombragés des plis du drapeau!
Dignes fils qu'ont laissés ces géants héroïques
Qui luttaient corps à corps, dans leurs combats épiques,
  Avec Kléber, Hoche ou Marceau!

Enfin, monsieur Duruy, le flambeau des familles,
Démasque, pour chasser l'ignorance des filles,
  Trois mille professeurs à lui.
De nouveaux ornements parez votre mémoire,
O filles! mais surtout n'apprenez pas l'histoire
  Comme l'écrit monsieur Duruy.

Gloire à nos députés! à la France alarmée
Ils donnent des soldats — douze cent mille — armée,
  Mobile, réserve et dépôt.
Tous très-peu mariés, et portant, comme à Rome,
L'utile invention de cet ami de l'homme
  Que l'on appelle Chassepot.

Sonnez clairons! battez tambours! vienne la guerre,
Et comptez dans les rangs ceux qu'a couchés à terre
  Le sillon sanglant du boulet!...
... Écoutez tous, le temps s'envole et l'airain pleure,
L'horloge à coup pressés sonne la dernière heure.
  Décembre meurt et janvier naît.

  Salut à toi, nouvelle année,
  Bien que tu sembles, à nos yeux,
  Plus stérile et moins couronnée
  Que tes sœurs qui nous ont faits vieux.

  As-tu, dès ta naissante aurore,
  Des chimères pour nous bercer?
  Quels songes vas-tu faire éclore
  Et quels espoirs réaliser?

  Tes premiers jours sont des épreuves;
  Tout frissonne aux souffles d'hiver,

Et la glace arrête les fleuves
Dans leur marche à la grande mer.

Personne, hélas! ne sait le nombre
Des pauvres aux foyers sans feux,
Et l'on voit frissonner dans l'ombre
Les membres nus des malheureux.

L'avenir, où rien n'étincelle,
Dérobe les secrets de Dieu.
Qui nous dira ce qu'il recèle
De tempêtes ou de ciel bleu?

Nouvel an qui viens d'apparaître,
Livre-nous, dès ton jeune essor,
Tous les dons qui dorment peut-être
Dans les plis de ta robe d'or.

Dis, sous ton aile qui palpite
Au souffle des jours incertains,
Tiens-tu la Liberté proscrite,
Le meilleur des amours humains?

Je n'en crois rien, je n'ose y croire.
Fuiras-tu sans laisser un nom,
Ou dois-tu creuser dans l'histoire
Un ineffaçable sillon?

Dans l'avenir qui doit éclore
Nous passerons inaperçus.
Parlera-t-on de nous encore
Lorsque nous n'en parlerons plus?

Non. On dira si par caprice
Un souvenir nous est donné :

« Ces gens n'ont fait qu'un édifice
Qu'ils n'ont pas même couronné. »

A l'an qui vient je ne demande
Que du soleil et des beaux jours,
Et que l'habituelle offrande
Des chants, des fleurs et des amours !

Quant au reste... vraiment je n'ose
Vous dire jusqu'où vont mes vœux.
L'homme propose, Dieu dispose ;
Et cela vaut peut-être mieux.

XXVI

Janvier 1868.

LE DUC DE LUYNES.

Chacun connaît les origines de cette antique maison de Luynes, dont le dernier duc a si noblement porté les titres et rehaussé l'honneur. Je me bornerai à dire en peu de mots quelle fut la vie, quelle fut aussi la fin de Honoré-Théodore-Paul-Joseph d'Albert, duc de Luynes, né à Paris le 15 décembre 1802, mort à Rome le 15 décembre 1867. Que d'événements et de déceptions se pressent dans ces soixante-cinq années, tour à tour si stériles et si fécondes ! Ce long espace de temps porte à ses deux extrémités un empire réalisé. En 1802 se placent les souvenirs de Rome remplaçant Sparte, en 1867 les traditions de Byzance remplaçant Rome. En l'année où le duc de Luynes vint au monde, le premier consul songeait à s'accorder un avancement dont personne, excepté lui, n'acceptait la nécessité et ne recueillit les fruits.

Je voudrais, en racontant cette existence si remplie, énumérer tour à tour les titres du savant, les bienfaits du gentilhomme et les œuvres du chrétien. Il reçut une éducation virile, et sa grand'mère s'appliqua à faire de l'enfant qui promettait un homme qui devait tenir. Un voyage en Italie fut la récompense et le complément de ses fortes études. Il partit, accompagné de son jeune cousin Henri de Montmorency-Laval : il revint seul de son premier voyage, attristé par son premier deuil. Puis il entra comme garde du corps dans la compagnie du duc de Luxembourg, son parent. Il avait alors dix-huit ans. Deux ans plus tard, il quitta le service pour épouser la fille du marquis de Dauvet d'Auvillars ; il eut de cette union trop rapide un fils condamné à mourir jeune. La duchesse de Luynes vécut moins longtemps que les regrets qu'elle fit naître. Elle éblouit, aima, disparut. Elle était grosse de son second enfant quand Dieu la reprit avant sa vingtième année révolue. La mère étant morte, l'enfant ne put survivre. Le duc de Luynes pleura longtemps cette chère moitié de lui-même envolée avant le temps. Il apprenait la souffrance et le sacrifice, et il semblait que Dieu voulût éprouver dans les douleurs humaines ce cœur et cette âme qu'il avait créés, l'un si noble, l'autre si grande !

Le duc était bien jeune alors. Il avait contre le chagrin une ressource et une espérance : l'étude qui soulage et le temps qui console. Reprenant le chemin de l'Italie, il chercha dans le royaume de Naples la place où fut Métaponte, et publia dans les revues spéciales le résultat de ses études sur les monuments et les cités disparus. Il appartenait à l'espèce rare des savants qui n'inspirent pas l'ennui et ne connaissent pas l'orgueil. Il vit de bonne heure son nom célèbre et ses travaux récompensés. Il fut nommé à vingt-huit ans membre de l'Académie des inscriptions et belles-lettres, et de tous les honneurs auxquels un homme comme lui pouvait prétendre, il n'accepta que celui-là. Presque aussi jeunes que lui, Duchâtel et Lamoricière devenaient, l'un ministre, l'autre général. Autrefois les distinctions accordées étaient le prix du mérite déployé, aujourd'hui nous avons changé cette coutume et quelques autres. Il est vrai que si nous étions obligés de ne conférer les emplois qu'à ceux qui s'en montrent dignes, nous aurions la douleur de voir trop de places sans fonctionnaires et trop de fonctionnaires sans place.

Je mentionnerai au courant de la plume ses recherches, ses voyages et ses libéralités scientifiques. Il fit de nombreuses études sur la numismatique, l'archéologie et la céramique des anciens. En même temps et dans un autre ordre d'idées, il retrouvait le secret des aciers de Damas et obtenait pour la beauté et la perfection de ses lames une médaille d'argent à l'Exposition de 1844. Puis, juste appréciateur des services que la photographie peut rendre à la science et aux beaux-arts, il fondait un prix de huit mille francs pour celui qui trouverait le premier le mode d'impression photographique à l'encre grasse. Il visita à trente-quatre ans de distance l'Égypte et la Palestine, et entreprit sur un bâtiment construit par ses soins la navigation de la mer Morte. Il forma à Dampierre la plus belle collection d'histoire naturelle que l'on puisse voir en France, et, mettant sa fortune au service de ses goûts, il réunit un merveilleux assemblage de médailles et de pierres gravées, de bronzes et de vases grecs, dont il se dépouilla, de son vivant, au profit de la Bibliothèque impériale. A une époque où, même parmi les riches, tant de gens aiment à tendre la main et si peu à l'ouvrir, il préféra le rôle de bienfaiteur à celui d'obligé, et eut le double mérite de donner beaucoup à l'État et de ne rien lui devoir.

Rien ne lui était étranger de ce qui est pour l'esprit un aliment, une ressource ou un charme. Passionné pour les œuvres du génie, il les appréciait en artiste et les soldait en grand seigneur. On l'a comparé à Mécène; Mécène, si l'on veut, mais détaché de tout contact avec les Octaves transformés en Augustes. Il acquit, on s'en souvient, la *Pénélope* de Cavelier, et dépassa, dans le prix qu'il fit accepter, non pas la valeur de l'œuvre, mais les prétentions de l'artiste. Dans une de ses fantaisies d'archéologue doublé de Mécène, il voulut nous rendre le plus précieux des chefs-d'œuvre disparus, et commanda au sculpteur Simart de refaire la *Minerve* « aux yeux glauques, » telle que Phidias la créa et le Parthénon la reçut. Simart lut les descriptions que l'antiquité nous a laissées et tailla dans l'ivoire et dans l'or la figure de la déesse qui tient l'égide. Le talent de l'ouvrier fut inférieur à la matière employée, et il en coûta cent mille francs au duc de Luynes pour prouver que Simart ne valait pas Phidias. La statue fut exposée, et les spectateurs confirmèrent, à quelques milliers d'années d'existence, la déchéance de Minerve et le jugement de Pâris.

Le duc de Luynes se plaisait dans cette résidence de Dampierre où la belle duchesse de Chevreuse cachait, au temps passé, ses disgrâces ou ses amours. Il confia la restauration du château aux soins éclairés de l'architecte Duban. Gleyre et Flandrin couvrirent de leurs peintures les galeries de Dampierre, et de place en place sur le velours rouge des tentures se détachaient des trophées d'armes antiques. Parmi ces armes figurait il y a quelques années la grande épée de tournois de Youssouff, fils du dernier roi maure Boabdil. L'épée a suivi à la Bibliothèque impériale la collection du duc de Luynes. Elle est ornée d'arabesques en filigrane et porte sur un écusson et sur des plaques d'émail la devise des rois maures : « Il n'y a de victoire qu'en Dieu. » Youssouff avait bien raison. C'est la volonté de Dieu et non la force des armes qui fonde le succès et donne la victoire. Seulement il vaut mieux que ces nobles pensées soient gravées dans le cœur des hommes que sur la garde de leurs épées.

Le duc de Luynes avait chargé M. Ingres de peindre sur les murs de la galerie de Dampierre deux grands sujets qui reçurent un commencement d'exécution : *l'Age d'or* et *l'Age de fer*. Dans son beau et récent discours, M. Beulé, rappelant cet incident peu connu de la vie du célèbre peintre, ajoute que M. le duc de Luynes commit la faute de demander à Ingres de peindre des murs et non des toiles. « On pouvait, dit M. Beulé, avoir des œuvres rivales de l'*Apothéose d'Homère* : on n'obtint que des ébauches indignes de la main qui les traça. » Ou M. Beulé se trompe, ou ses souvenirs le servent mal. Je crois pouvoir lui garantir l'exactitude des détails que l'on va lire. Le duc de Luynes voulait acquérir deux tableaux : Ingres s'obstina à donner deux fresques. Il tenait d'autant plus à exécuter des peintures murales, qu'il y était novice et s'en croyait capable. Il y tenait tellement, qu'il fit reprendre des fondations au faîte des murailles qu'il prétendait salpêtrées. Le duc de Luynes se prêta avec sa bonne grâce accoutumée aux coûteuses exigences du grand artiste. Il savait que les chefs-d'œuvre sont sans prix, et il comptait sur deux chefs-d'œuvre. Il comptait sans son hôte, c'est-à-dire sans M. Ingres, qui jugea bon de devenir son hôte.

L'artiste s'établit à Dampierre et y mena une heureuse existence, égayée par la visite de quelques amis, auxquels il offrait généreusement les vins de la cave et les primeurs du jardin ducal. Il goûta les douceurs de l'âge d'or et ne réussit pas à les peindre. Peintre et musicien tout ensemble, il jouait parfois du violon devant les murs de Dampierre, comme Josué de la trompette devant ceux de Jéricho. Toutefois, les murailles résistèrent, et il ne put parvenir ni à les abattre de l'archet, ni à les illustrer du pinceau.

Le duc de Luynes avait fait exécuter par Rude et placer dans son château de Dampierre une statue d'argent représentant Louis XIII enfant. Il témoignait ainsi sa gratitude au monarque qui fonda la grandeur de la maison d'Albert. Mais, quelles que fussent chez lui l'étendue de la reconnaissance et la religion des souvenirs, jamais le passé n'enchaîna le présent. Indépendant de caractère et d'opinions, sans intolérance religieuse et sans préjugés gothiques, homme de son temps et de son pays, il avait à un plus haut degré qu'on ne pourrait le soupçonner le sentiment des idées justes et l'amour des libertés politiques. Il refusa la pairie que lui offrait le gouvernement de Juillet, mais il accepta le titre de représentant que la République lui conféra. Je reviendrai sur le rôle qu'il joua dans les assemblées dont il fut membre depuis 1848 jusqu'en 1851. Il fut respecté de tous les partis, mais n'appartint à aucun. Quand l'orage de Décembre eut balayé la Chambre, il se retira dans sa retraite de Dampierre et, triste des choses accomplies, il conserva le regret d'en avoir été témoin et l'orgueil d'y rester étranger.

Après la révolution de 1830, le duc de Luynes avait armé et équipé presque entièrement à ses frais la garde nationale de Dampierre. Il la commanda jusqu'au jour où la garde nationale subit le sort de tant d'autres institutions mortes ou renversées. A la bataille civile de juin 48, il eut sa part de péril et d'honneur. Sur la place Maubert, lui et les siens coururent danger de mort et ne durent leur salut qu'à une compagnie de cent hommes que le général Négrier fit marcher à leur aide. Quelques instants plus tard l'infortuné général tombait pour ne plus se relever, et la balle qui l'avait frappé traversait sur sa poitrine la lettre dans laquelle M. de Luynes lui demandait appui. Je n'ai évoqué ces lugubres souvenirs que pour montrer le duc de Luynes prêt, comme toujours, à sacrifier sa vie aux nécessités du devoir. Dieu nous épargne dans l'avenir ces luttes sociales où le salut n'est que dans la victoire, et où la joie du triomphe se perd dans la douleur des pertes qu'il faut subir et dans la pitié de l'ennemi qu'il faut vaincre.

Pendant son court passage aux assemblées politiques, il se fit remarquer par le concours qu'il donna à toute mesure capable d'assurer une liberté ou de constituer un progrès. Il fut vice-président du comité de l'intérieur, aux séances duquel il était des plus assidus; président de la commission chargée de répartir les secours votés en 1848 en faveur des gens de lettres ; membre d'un grand nombre de commissions et rapporteur de plusieurs; membre enfin du conseil de perfectionnement des arts et manufactures. Ne pouvant rappeler tous ses services et énumérer tous ses titres, je les résume en disant qu'il fut le premier partout où il y avait du bien à faire et du courage à montrer. Au 15 mai, aux journées de juin, plus tard encore, il fut le défenseur fidèle de la liberté menacée tour à tour par les factieux et les puissants. En décembre, il partagea avec ses collègues vaincus les ennuis d'une captivité qu'il fut de son devoir de rechercher et de son honneur de subir.

C'était un grand seigneur dans toute la force du terme. Il suffisait qu'une idée fût juste pour qu'il l'admît, utile pour qu'il la servît, généreuse pour qu'il s'y dévouât. Il avait le culte du présent et la foi de l'avenir, et se sentait aussi invinciblement attaché à ses souvenirs qu'à ses espérances. Quand il sut que l'auguste chef de la maison de Bourbon avait à craindre des difficultés nouvelles s'ajoutant aux douleurs de l'exil, il n'eut pas besoin de regarder dans les galeries de Dampierre la statue de Louis XIII enfant pour comprendre les hautes obligations de la noblesse et du nom. Il écrivit à monseigneur le comte de Chambord que devant tout au roi Louis XIII, il mettait à la disposition du petit-fils ce qu'il tenait des libéralités de l'aïeul : il offrait sa fortune entière, suppliant le prince de daigner, en acceptant, accorder à la maison de Luynes une nouvelle gloire à porter, un nouveau souvenir à transmettre. Eut-il l'honneur — et qui ne le lui envierait — d'obliger une infortune royale, la plus imméritée et la plus haute qui fut jamais? il en était digne ; mais affirmer qu'il l'obtint dépasse ce que je puis savoir et ce que je puis dire. Sa récompense fut d'émouvoir le cœur d'un prince à qui Dieu, en échange de ce qu'il lui ravit, donna le dévouement d'un grand nombre et le respect de tous.

Le duc de Luynes possédait une immense fortune dont les revenus étaient consacrés à toutes les formes du bien. Il relia ses terres entre elles par des routes dont il fit ensuite aux communes l'abandon généreux. Il fut le trésorier du pauvre, et, donnant à tous et partout, il eût mieux aimé égarer que diminuer ses bienfaits. Sa charité était sans bornes comme sans orgueil. Il accomplissait simplement un devoir qui le rendait heureux, et dans la pratique du bien il goûtait je ne sais quel noble contentement de l'esprit et du cœur. Il savait aller au devant des infortunes qui ne venaient pas à lui, et, donnant comme on dérobe, il apportait dans ses charités ce silence discret qui laisse à la reconnaissance sa liberté et sa pudeur à la misère.

Durant l'épidémie cholérique qui sévit si cruellement en 1865, le duc parcourut dans la Somme et le Pas-de-Calais les communes placées sur ses terres ; il allait prodiguant les soins, les secours, et, ce qui vaut mieux, l'exemple. On le vit au chevet des victimes leur apportant, pour prolonger la vie ou pour adoucir la mort, toutes les ressources que la science déploie et dont la charité dispose. Un jour, à Auxi-le-Château, s'étant aperçu qu'un de ses serviteurs l'avait suivi dans la chaumière d'une agonisante, il le pria de s'éloigner, se sentant, devant le danger, inquiet des autres et insoucieux de lui. Ce trait le peint tout entier et en dit plus que bien des discours. Le fléau recula devant lui. Il était réservé à une mort qui portait plus visiblement encore les caractères de la grandeur, l'autorité de l'exemple et les rayons de l'immortalité.

Ainsi vivait le duc de Luynes, tâchant d'échapper par les travaux de la science et les œuvres du chrétien aux douleurs qui l'avaient frappé comme époux, comme père et comme aïeul. Des deuils sans cesse répétés l'avaient fait plus triste et plus seul, et il comprenait que la peine imposée à ceux qui vivent, c'est de pleurer ceux qui s'en vont. Sa seconde femme n'était plus. Son fils, le duc de Chevreuse, et sa petite-fille, la marquise de Sabran, s'étaient envolés tous deux, l'un comme à peine il commençait d'être un homme, l'autre comme à peine elle cessait d'être une enfant. Le monde se souvient de cette charmante femme reprise à vingt-deux ans, n'ayant goûté que quelques heures le bonheur d'être épouse et la joie d'être mère. Pour ceux qui l'ont aimée, elle n'est perdue qu'à demi, car elle a laissé le seul gage qui puisse ici-bas éterniser l'amour et démentir la mort : — un enfant dans un berceau !

Quand s'effectua la dernière tentative armée de l'Italie contre Rome, le duc de Luynes résolut d'aller soutenir une cause qu'il savait juste et qu'il jugeait française. Il cédait, si je puis dire, moins aux entraînements de la foi qu'à l'exaltation de l'honneur. M. le duc de Chevreuse, son petit-fils, rejoignant au milieu du danger le corps des zouaves pontificaux où il avait porté l'épée, il le suivit. A ceux qui, pour ébranler sa résolution, lui parlaient de son âge avancé et de sa santé compromise, le duc de Luynes répondit : « Je ferai un infirmier si je ne puis faire un soldat. » Quelques jours après, il écrivait au vicomte Charles de Saint-Priest, secrétaire du ministre des armes, une lettre qui reflète ce qu'il y avait de généreux, de dévoué et de modeste en lui.

« Monsieur le vicomte, vous m'avez fait l'honneur de me promettre d'employer mes services dans l'intérêt des blessés, et je m'estimerai trop heureux si je puis être utile à quelque chose... Quelque modestes que puissent être les fonctions dont je serais chargé, je les remplirais avec zèle, et plus elles seraient modestes, plus j'aurais lieu d'espérer m'en acquitter convenablement. »

Le duc de Luynes demandait la plus petite part, il obtint la meilleure, c'est-à-dire une récompense aussi grande que ses œuvres, et une mort aussi noble que sa vie.

Il soignait les blessés de Mentana avec le même zèle que jadis les cholériques de la Somme et du Pas-de-Calais, s'épuisant dans les fatigues du jour et les veilles de la nuit, et tout à la fois prodigue et oublieux de lui-même. Le Saint-Père, touché de cet incomparable dévouement, voulut le reconnaître en faisant offrir au duc de Luynes la grand'croix de l'ordre de Pie IX : « Non, non, » répliqua le duc, « dites au Saint-Père que je ne pourrais accepter que si j'avais versé mon sang pour sa cause, et puisqu'il daigne penser à moi, demandez-lui seulement deux choses : une prière pour nos morts, une bénédiction pour nos vivants. » Hélas ! il allait bientôt augmenter le nombre de ceux pour lesquels il demandait, non les bénédictions, mais les prières du Pontife.

Il me faut enfin raconter cette fin chrétienne et résignée. Il avait donné son manteau à un blessé des derniers combats, le froid le saisit,... on sait le reste. Il n'eut en face de la mort ni illusions, ni découragement. Il discutait avec ses médecins la valeur des ordonnances, dont il recherchait le but et comprenait l'inanité. Sa santé depuis longtemps ébranlée cédait aux efforts du mal, et il lui restait, non la force de vivre, mais le courage de mourir. Ce fut à ce moment suprême qu'il résolut de revenir à Dieu qui l'attendait. Reconnaissant humblement les vérités oubliées ou douteuses, il reçut du révérend père Lorenzo les sacrements divins qui contiennent le pardon des fautes et le rachat des âmes. Comme il avait fait de l'honneur le guide et la règle de sa vie, il fit de la religion l'espérance et la consolation de sa mort.

Plus son corps allait s'affaiblissant, plus aussi s'élevait et s'agrandissait son âme. Mme la duchesse de Chevreuse, sa belle-fille et son plus grand amour peut-être, se tenait au pied de son lit. Après lui avoir donné ses dernières instructions, il lui dit : « Je vais retrouver mes chers morts. » Puis il ajouta quelques paroles exprimant le regret de la quitter et la certitude de la revoir. Il avait la conviction de mourir le jour anniversaire de sa naissance, c'est-à-dire le 15 décembre. Le 15 décembre, à midi, il manifesta son étonnement et sa douleur de vivre encore. Quelques instants après, l'agonie commença, et, à quatre heures et demie du soir, remonta vers Dieu une des plus nobles âmes qui aient paru dans ce monde.

Qu'ajouter encore ? Les restes du duc de Luynes

furent ramenés en France et reposent aujourd'hui dans les caveaux de Dampierre. Le 25 décembre eut lieu le retour, le 28 décembre les funérailles. Dans l'église de Dampierre, magnifiquement décorée, se pressaient les amis du mort, les représentants de la noblesse, les délégués de l'Institut, des prêtres, des savants, des artistes et... les pauvres. Partout, comme a dit Bossuet, des titres et des inscriptions, vaines marques de ce qui n'est plus. On prononça des discours, on répandit des larmes. Le duc de Luynes n'est plus, mais la tombe n'a pris que ce qu'elle pouvait contenir, le corps périssable et non l'âme immortelle. Il laisse un nom que ne peuvent atteindre ni l'injure du temps, ni l'oubli du sépulcre; à son pays une gloire à garder, à tous un exemple à suivre.

XXVII

Février 1868.

DEUX ANECDOTES INVRAISEMBLABLES : UN SOLDAT DU PREMIER EMPIRE QUI NE CROIT PAS A NOS VICTOIRES, ET UN BOURGEOIS DES TEMPS MODERNES QUI IGNORE NOS RÉVOLUTIONS.

L'autre jour, dans une heure de désœuvrement, plusieurs numéros de la *Gazette des Tribunaux* tombèrent sous ma main distraite. Je lus, pour me récréer, les arrêts de la justice, qui porte un bandeau sur les yeux, et les annales de la sixième chambre, qui ressemble à l'enfer païen. Si une aimable indiscrète me demande pourquoi la justice couvre d'un voile ses yeux intelligents, je répondrai que depuis la découverte de Phryné, l'aréopage, un instant ébloui, a compris, mais un peu tard, qu'en y voyant moins clair, il avait chance de penser plus juste. Si un jeune ignorant m'interrogeait sur ce que ma seconde proposition lui semble avoir d'obscurités, je dirais que, comme l'enfer païen, la sixième chambre a le privilége de n'avoir que trois juges et l'agrément d'être très-fréquentée.

Tout en lisant, j'ai été frappé du nombre des personnes qui, pour avoir proféré, d'une voix peut-être harmonieuse, des cris notoirement séditieux, ont été poursuivies, comme bien on pense, et condamnées, comme bien on devine. Je cessai de lire et je m'adonnai à des réflexions que la plus vulgaire prudence m'interdit d'exprimer hautement devant des sergents de ville en uniforme, des policiers en bourgeois ou des magistrats en robe. Sur la place où fut la Bastille, s'élève une colonne surmontée d'un génie qui se distingue par sa nudité complète et sa médiocrité dorée. Toutefois, si nous avons démoli la Bastille, nous avons édifié Mazas, ce qui indique que les révolutions se perdent et que les prisons se retrouvent. La forteresse nouvelle se dresse non loin de la citadelle détruite, et, par une ironie trop cruelle pour être préméditée, la porte qui s'ouvre sur Mazas n'est séparée que par un boulevard du chemin de fer qui mène à Lyon. Ainsi le bruit des voyageurs qui s'éloignent trouble le sommeil des prisonniers qui y demeurent. Sur la ligne de Lyon et sur la place de la Bastille, les détenus n'aperçoivent que des images de liberté ; d'un côté, des locomotives qui s'enfuient comme des oiseaux, et de l'autre, un génie qui lève le pied comme un banquier.

A propos de ceux qu'on emprisonne, tantôt pour cris séditieux, tantôt pour délits politiques, je trouvais que nous avions changé bien souvent en peu d'années la nature de notre politique et la signification de nos cris... Autrefois j'ai préparé les scènes d'un roman historique que je peux, à mon gré, délayer en vingt volumes ou raconter en vingt lignes. Comme je n'aurai jamais le courage d'écrire les vingt volumes, je saisis l'occasion de placer les vingt lignes. Mon héros... était un héros, puisqu'il avait été soldat, et il avait été soldat, puisqu'il avait vécu sous l'Empire. Ce brave homme ne possédait au monde que le morceau de bois dont sa jambe gauche était faite. Comme il n'avait rien demandé à ses chefs ni rien pris à ses ennemis, il n'avait jamais été riche, ni décoré, ni caporal. Il aurait pu ravir un tableau à un Espagnol et l'honneur à une Saxonne; mais, comme il le disait lui-même, il appréciait peu la peinture et n'aimait pas les Allemandes.

Comme on le voit, mon exposition séduit par sa clarté, et mon héros par ses vertus; mais voici où l'action s'engage et où le merveilleux commence. Mon héros ne croyait pas aux victoires du premier Empire, n'ayant jamais assisté qu'aux défaites qu'il avait subies. Quand ses camarades lui racontaient leurs triomphes, il secouait la tête de l'air d'un homme qui admet qu'on le plaisante, mais qui défie qu'on le trompe. Marengo fut sa première affaire. Au moment où la bataille semblait perdue pour nous, il reçut sur la tête un coup de sabre qu'il n'eut pas le temps de parer. Dix minutes après, Desaix arrivait et la bataille était gagnée. Comme mon héros s'était évanoui, il ne put voir ni l'arrivée de Desaix ni la charge de Kellermann. Il était tombé sur la terre italienne, il se releva dans un hôpital français. Aussi il resta sous l'impression de son coup de sabre et parla toujours de Mélas, comme du vainqueur de Marengo. Cette idée lui était pénible, mais, malgré tout, il allait guérir, lorsqu'il apprit la transformation du premier consul en premier empereur. A cette nouvelle, sa convalescence fut retardée. Mon héros n'était pas parfait. Il aimait trop la République, et voilà ce qui nous divise, mais il aimait peu l'Empire, et voilà ce qui nous raccommode.

Il ne vit ni le soleil d'Austerlitz ni la journée d'Iéna. Au moment où l'on croyait à la paix, l'empereur jugea bon de se mesurer contre les Russes. Ce grand homme avait pour cela ses raisons; n'essayons pas de les comprendre. Mon héros, complétement rétabli, prit sa part de l'immense effort d'Eylau. Comme toujours il joua de malheur. Au plus fort de l'action il fut entouré de Cosaques, en tua deux et se rendit aux autres. Ce qui fait qu'il entendit les Russes, dont il était prisonnier, s'attribuer la victoire et chanter le *Te Deum*. Il s'affligea de cette nouvelle défaite avec d'autant plus de sincérité qu'il avait à se plaindre des Russes, qui lui donnaient une prison pour séjour et regardaient l'heure à sa montre. Toutefois sa captivité fut de courte durée. A la paix de Tilsitt, il reconquit sa liberté, mais ne retrouva pas sa montre.

La patrie avait besoin de lui. Quand il revint en France, la guerre d'Espagne commençait. En franchissant les Pyrénées, il apprit le désastre de Baylen et la capitulation de Cintra. Il figura dans tous les échecs que subirent Soult et Masséna dans leurs campagnes de Portugal et reçut sa seconde blessure à Talavera de la Reyna. Il quittait l'Espagne en 1811, rappelé par Napoléon, dont le génie méditait la conquête de la vaste Russie. Pour la seconde fois, admirons les desseins de ce grand homme, mais renonçons à les comprendre. Mon héros partit presque gaiement, soutenu par le désir d'assister à un triomphe et par l'espoir de retrouver sa montre. Inutile de dire qu'il continua ce rôle de vaincu perpétuel qui commençait à lui peser. Toutefois il se réconcilia avec la Russie, qui ne lui rendit mais ne lui ôta rien. Il y alla, ce qui se conçoit; il y fut battu, ce qui se devine; mais il en revint, ce qui confond.

Tout romancier ayant le droit d'être invraisemblable, j'ai profité de mon droit. Mon héros eut le bonheur de se dégager des neiges de la Russie et revit la France le corps intact et les pieds gelés. Un an plus tard il se trouvait à Culm, où Vandamme se laissa surprendre, et à Leipzick, où Napoléon se fit battre. A cette dernière bataille il reçut sa troisième blessure, une misère, dont il guérit vite. Cependant cinq armées ennemies avaient envahi la France, victime des grandes folies d'un grand homme. Mon héros, résigné à la défaite, mais résolu à la résistance, rejoignit les maréchaux Marmont et Mortier, opposant au torrent des hordes alliées l'obstacle de quelques milliers d'hommes. Il fit à La Fère-Champenoise des prodiges de valeur inutiles, fut blessé une quatrième fois à la défense de Paris, apprit la chute de l'Empire et le retour de l'île d'Elbe, fit la campagne de Belgique, disputa aux Anglais la position des Quatre-Bras et abandonna sa jambe gauche sur le plateau du Mont-Saint-Jean. Voilà pourquoi mon héros ne croyait pas aux victoires de l'Empire, et, dans son incrédulité, il entrait, à mon humble avis, plus d'esprit qu'on ne suppose et plus de raison qu'on ne pense.

Comme ce vaillant homme, doué d'une aimable gaieté et d'une excellente mémoire, se rappelait dans leurs moindres détails les défaites où il avait assisté, il y avait du charme à le connaître et du plaisir à l'entendre. Il professait une admiration tempérée pour le génie de Napoléon, dont il avait vu échouer tant de fois les rêveries politiques et les combinaisons militaires. Il ne comprenait rien à cette erreur du siècle, qui, ne tenant nul compte des revers, des folies et des crimes, s'obstinait à transformer ce vaincu en héros, cet empereur en patriote, et ce coupable en victime. J'avais promis de n'écrire que vingt lignes, j'en ai écrit cent. Maintenant l'histoire est finie. Elle est vraisemblable, mais personne n'est forcé d'y croire. Elle est longue, mais personne n'est tenu de la lire.

Cette digression est moins étrangère qu'on ne pense au sujet que j'ai choisi. J'avais dessein de dire qu'une personne condamnée pour cris séditieux pouvait n'être coupable que d'un défaut de mémoire ou d'une erreur de date. Au lieu d'un militaire qui doute de nos victoires, je suppose un citoyen qui ignore nos révolutions. Rien n'étant impossible, il s'ensuit que tout est français. Le héros de mon second roman est entré dans son quatre-vingt-huitième hiver, qu'il finira le mois prochain, si vous y daignez consentir. Cet âge extraordinaire, qui est la vieillesse de l'homme, est l'enfance des perroquets, mais je n'ai point à répondre des inconséquences de la nature et des railleries du destin. De plus, comme un grand nombre de ses concitoyens, mon héros est incapable d'écrire un mot et de déchiffrer une ligne. Cette infirmité de l'esprit ne gêne en rien le droit de suffrage. On a vu des gens qui ne savaient pas lire en nommer d'autres qui ne pouvaient rien dire.

Mon héros a vingt ans de plus que le siècle. Parti de France avant la fin de la République, il y revint après la naissance de l'Empire. Il ignorait ce nouveau-né. En touchant la terre natale, son premier mouvement fut d'exhaler un cri de *Vive la République!* que les vents indiscrets portèrent à l'oreille de deux gendarmes en tournée. On arrêta ce séditieux, et un jugement fortement motivé lui apprit à se défier du premier mouvement, qui généralement ne vaut rien. Jusqu'à présent je n'ai rien dit dont puissent s'offenser la justice qui se voile les yeux et la vérité qui ne se voile rien.

Durand — pour la facilité du récit, j'appellerai

désormais du nom harmonieux de Durand ce personnage d'invention pure. Durand sortit de prison, un peu tard, il est vrai, mais enfin il en sortit. Il jura qu'on ne l'y prendrait plus, et tout le monde me croira si j'ajoute qu'il oublia vite un serment étourdiment prêté. Il voyagea pour se distraire et revint pour se désennuyer. Pour les prisonniers, comme pour les voyageurs, le temps s'écoule ; si bien qu'à son retour Durand apprit que Napoléon avait cessé d'être empereur et que Louis XVIII avait commencé d'être roi. Cette nouvelle fit plaisir à Durand, qui avait en politique des idées justes et en morale des idées saines.

C'est pourquoi, dès qu'il eut franchi la barrière de Paris, il poussa un formidable cri de *Vive le roi !* dont les échos tressaillirent. Hélas ! le malheureux s'était trompé de cinq minutes, qui d'une clameur opportune faisaient un cri séditieux. L'empereur s'était échappé de l'île d'Elbe, et l'aigle, volant de clocher en clocher, avait atteint les tours de Notre-Dame. Au moment même où l'oiseau de proie venait s'abattre sur le sommet de la vieille église, Durand criait *vive le roi*. A nouveau délit, nouveau châtiment. Le factieux Durand subit une captivité de cent jours, et quand il fut relâché, il se persuada, mais à tort, qu'il avait franchi le commencement de la sagesse, qui est la crainte des sergents.

Il ne voulut voir personne, pas même ses juges, et rien apprendre, pas même à lire. Il ignora donc le second retour des Bourbons, et, convaincu que l'empereur était éternel, quoique impatient, il partit à la recherche d'un pays favorable aux étrangers et indulgent aux chanteurs. Il visita l'Amérique, et, s'y étant plu, il y resta. Les années s'écoulaient, et la France inconstante élevait le roi Louis-Philippe sur le trône de ses parents exilés. Si la vérité ne m'était pas sacrée, je vous dirais que Durand, de retour à Paris, ne put s'empêcher de souhaiter longue vie au roi Charles X et fut conséquemment soumis une troisième fois au régime des prisons françaises. Mais Durand résidait aux États-Unis. Aussi ne vit-il pas cette révolution qui eût contrarié l'opinion qu'il s'était formée sur les devoirs d'un peuple intelligent et l'union d'une famille royale.

Un poëte a prétendu que la patrie est chère à tous les cœurs bien nés, Durand sentit à la longue la justesse de cette poétique mais véridique assertion. Durand s'ennuyait de la patrie absente. Quelques années après la révolution de Juillet il regagna l'Europe, visita la Hollande, et, choisissant pour s'embarquer sur le Rhin la place même où Louis XIV l'avait franchi, remonta le fleuve jusqu'à Kehl et descendit sur la rive française. Une heure plus tard il entrait à Strasbourg, ville forte, qui possède une cathédrale et une citadelle, des soldats et des médecins, un évêque et deux généraux. Comme il passait devant une caserne, il entendit le cri de *Vive l'empereur!* poussé par les mille voix d'un régiment sous les armes. Durand rendit hommage à l'organe enchanteur de ces militaires impétueux. Il aimait l'uniforme et appréciait la musique. « Allons, se dit-il, il paraît que Sa Majesté Napoléon Ier continue son règne glorieux. J'aperçois sur la plate-forme de la cathédrale et sur les pignons des maisons des cigognes qui ressemblent à des aigles. S'il fut jadis inopportun de crier *Vive la République !* et dangereux de crier *Vive le roi !* il est méritoire aujourd'hui de crier *Vive l'empereur !* » C'est ainsi que pensait Durand, ce fut ainsi qu'il cria. Il avait tort et perdit une belle occasion de se taire. Quelques instants après, l'ordre régnait à Strasbourg, et, comme le dit M. Raynouard dans sa belle tragédie des *Templiers*, « les chants avaient cessé ! »

Durand apprit à ses dépens que nul n'est censé ignorer l'histoire. On le reconduisit en prison, et ce fut pour la troisième fois. Il employa sa captivité à s'instruire des choses contemporaines, et reconnut humblement que Napoléon n'était plus, quoiqu'on eût voulu le ressusciter, et que Louis-Philippe régnait toujours, quoiqu'on eût tenté de l'abattre. Cette conviction dura plus longtemps que sa détention. Il l'emporta dans le monde et la garda sur lui jusqu'au 27 février 1848, c'est-à-dire trois jours de trop. Louis-Philippe déguisait sa grandeur au moment même où Durand jugeait convenable de l'affirmer. Cette fois, son erreur n'aboutit qu'à une captivité passagère, et Durand, qui avait vécu sous la première République, ne fit nulle difficulté de s'accommoder de la seconde. Comme il n'avait oublié ni l'insurrection de Strasbourg ni l'enseignement de la prison, il déposa en faveur du général Cavaignac un vote qui ne servit guère. Ce brave homme avait l'instinct qui vaut souvent le savoir. Il trouvait dans les conseils de sa raison la direction de sa conduite et la prévision de l'avenir dans la mémoire du passé.

Ici l'auteur s'embarrasse et pense, avec des personnages bien connus, qu'il est plus facile de commencer un édifice que prudent de le couronner. On voit si bien où tend ce discours, qu'il est inutile d'insister et superflu de conclure. Ai-je besoin de vous dire que Durand partit pour un nouveau voyage et qu'il vécut quelques années encore dans un complet oubli des choses qui passent et des hommes qui surviennent? Qui donc lui eût appris les événements accomplis? Ses amis? Il ne voyait personne. Le bruit public? Il n'y voulait pas croire. Les journaux? Il ne savait pas lire. Il revint, on revient toujours, le 1er janvier de 1852. C'était l'année des belles étrennes. Ceux qui sont jeunes l'ont oublié, mais ceux qui sont vieux s'en souviennent.

L'Empire était fait et le Rubicon franchi; mais Durand n'en savait rien. Ce fut sans penser à mal qu'il poussa ce cri de *Vive la République!* qui procure, à quiconque le profère, des sergents de ville qui l'arrêtent, des juges qui le condamnent et des prisons qui le reçoivent. J'arrête ici ce badinage. Mon héros est prisonnier, il redeviendra libre. J'ai voulu montrer que parfois on faisait de la sédition comme M. Jourdain faisait de la prose, sans le savoir. Criez *Vive la République!* ou *Vive le roi!* ou plutôt, non, ne criez pas; mais enfin si vous criez, vous pouvez vous consoler dans la pensée que le magistrat qui va vous condamner a, pour peu qu'il ait soixante ans, prêté des serments qui s'accordent avec vos cris... Les choses passent, les juges restent, et nous ne perdons pas tout.

D'autres écriront peut-être l'histoire que je viens de conter. Les Durands fourmillent dans le monde, et par Durands j'entends ceux dont les opinions sont nulles, l'éducation imparfaite et le bonheur contestable. Quelle jolie comédie que celle qui décrirait en plusieurs scènes les actions d'un homme n'arrivant jamais à point, parlant toujours à faux et tantôt retardant sur le passé, tantôt avançant sur l'avenir. Il y aurait là, comme partout, une occasion de rires et de larmes. C'est l'histoire du siècle et c'est la nôtre : N'avoir rien acquis, rien prévu, rien réparé, rien gardé ; avoir en revanche tout accepté, tout souffert et tout perdu ; avoir manqué ici de volonté, là d'à-propos, et là peut-être de courage ; en être réduit à la stérilité par notre impuissance et à l'inaction par nos maîtres, suivre dans l'air un fantôme errant que nous nommons liberté et vivre entre des ruines que nous ne savons pas relever et des craintes que nous ne savons pas combattre !...

J'ai revu mes deux anecdotes de ce jour et je les trouve d'une invraisemblance dont je ne me serais jamais consolé si je ne venais de lire quelque chose de plus invraisemblable encore qu'elles. Ce quelque chose, c'est la loi sur la presse.

> Cette réflexion termine cet ouvrage.
> Je la présente aux rois, je la propose au sage,
> Par où pourrais-je mieux finir ?

XXVIII

Février 1868.

LA FIN DU CARNAVAL ET LE VINGTIÈME ANNIVERSAIRE
DE LA RÉPUBLIQUE.

Il est probable que cette lettre commencée mardi soir et terminée ce matin même se ressentira des gaietés du carnaval et des tristesses du carême. Je ne saurais vous cacher ma joie présente. Je viens de voir Paul Forestier. Je parle, bien entendu, non du jeune peintre créé par le poëte Augier, mais du jeune bœuf acquis par le boucher Duval. Paul Forestier jouit de l'embonpoint naturel à tous les êtres sans passions. Il pèse autant que les discours d'un député ministériel, ou les articles d'un journaliste acquitté. Comme M. Dupin, dont il est le compatriote, il a foulé de ses sabots naissants les pâturages nivernais et mangé à plusieurs râteliers l'herbe des prés circonvoisins. Les enfants de la Nièvre remplacent, à ce qu'il me semble, l'élégance par la solidité, et, quadrupèdes, s'accommodent à toutes les sauces; bipèdes, de tous les régimes.

Je n'ai pas cherché Paul Forestier, c'est pourquoi je l'ai trouvé. Au coin de la rue Tronchet, M. Duval, le père des bouillons qu'il a le bon esprit de ne pas boire, a décoré son étal avec un luxe qu'on aurait pu croire particulier à la finance, mais inconnu à la boucherie. Dans cet établissement splendide, les murs sont revêtus de marbres et les plafonds incrustés d'or. L'homme, que M. Thiers appelait naguère le roi des animaux, ne peut voir sans appétit les cadavres de ses sujets arrosés d'eau fraîche et parés de feuillage vert. M. Duval, pareil aux sacrificateurs antiques, fleurit la tête et dore les cornes des génisses offertes aux dieux. Il a décoré Paul Forestier avec l'art d'un jardinier et le goût d'un artiste. L'énorme Nivernais repose sur un char aux roues d'argent. Quatre chevaux mènent le triomphateur des sommets du Capitole à la roche de Tarpée. Derrière lui, marchent, comme d'habitude, les figures allégoriques du Temps qui lui fait défaut, et de l'Amour qu'il ignore.

Le bœuf Apis stationne à la porte des ministères, devant les hôtels des banquiers et sous les balcons des cercles. Il consacre ses dernières heures au métier de courtisan, qu'il n'a pas le loisir d'apprendre. En voyant la foule courir au-devant de cette grotesque et traditionnelle mascarade, je songeais au carnaval de Rome ou de Venise, tel que l'ont retracé les peintres et décrit les conteurs. Je m'imaginais, sous un ciel plus bleu, un peuple plus gai que le nôtre, mille figures apparaissant dans l'encadrement des fenêtres, sur le pavé des rues et aux portières des voitures, le vol des *barberi* traversant le Corso, la diversité des costumes et des masques, le bruit des voix, le mouvement des bras, les balcons chargés de spectateurs, les tentures flottant au vent, les oiseaux épouvantés, cherchant, pour se poser, le sommet des colonnes ou la toiture des palais, et l'air sillonné d'une pluie de dragées et d'oranges, de farine et de fleurs.

Nous qui n'avons ni la gaieté ni la verve italienne, nous remplaçons la course des *barberi* par la promenade du bœuf gras. Autre pays, autres coutumes. Et cependant, nos divertissements sont faits à notre image et donnent l'idée de nos mœurs. L'animal qui fait à lui seul toute la joie de notre carnaval marche précédé d'une compagnie de gardes à cheval et suivi d'une charretée de masques. Des soldats, voilà ce qu'il nous faut; des costumes, voilà ce qui nous sied : l'uniforme nous rappelle que nous sommes un peuple guerrier; le masque, que nous sommes un peuple changeant. Parmi nous, chaque guerre enfante des combattants et chaque révolution des métamorphoses. Les serviteurs des anciens maîtres adoptent la livrée du nouveau. Et je pensais, à la vue de ces gens armés et de ces gens travestis que tout chef élevé sur le pavois militaire utilise, pour se perpétuer, notre respect de la force et notre amour des conversions.

Puis, m'abandonnant aux souvenirs qu'éveillait en moi cette date du 25 février, je songeais que vingt ans auparavant, jour pour jour, la France, endormie sous la monarchie, s'était réveillée république. Il y a vingt ans, et il semble que c'était hier. Depuis lors, que de jours qui nous ont faits vieux, que de choses qui nous ont faits tristes! Que de changements et que d'oublis! que de tombes et que de berceaux! En ce temps-là, j'étais élève du collège Saint-Louis, et j'avais pour professeur M. Duruy, qui s'est accru, et pour promenade le Luxembourg, qui a diminué. Nos heures de récréations se passaient en courses folles dans l'allée de l'Observatoire et les sentiers de la Pépinière. Parfois le bruit d'une cloche ou la vue d'une croix nous faisait tourner la tête. C'était le clergé de Saint-Sulpice venant arroser d'eau bénite quelque arbre de la liberté implanté dans les quinconces. La terre était bonne, le trou profond, les bénédictions sincères, et cependant l'arbre est mort et la liberté n'est plus.

En ce temps, le prince Louis-Napoléon adressait aux membres du gouvernement provisoire une lettre qui a fait, mardi dernier, le plus bel ornement des journaux nés malins. Sous Louis-Philippe, monarque débonnaire, le prince Louis-Napoléon avait fait, pour rentrer en France, plusieurs tentatives que le succès n'avait pas couronnées. Couronnées est le mot propre. Il saluait le gouvernement nouveau qui, s'élevant sur les ruines de la monarchie de Juillet, avait épargné les biens de ceux qu'il avait chassés du Trône. En échange de son adhésion, la République lui rendit la patrie. Le prince Louis revint, ramenant avec lui les souvenirs de Sainte-Hélène et les aigles de l'Empire. Visiblement favorisé du ciel qui vient en aide à ceux qui s'aident, le prince mit quatre ans moins quelques jours à s'élever de la présidence à l'empire. Le coup d'État fut un coup de maître : on sait le reste. La République avait été patiente : elle ne fut pas éternelle.

Que sont devenus les membres du gouvernement provisoire, dont l'exilé qui devint empereur reconnaissait le pouvoir et sollicitait l'appui? Cherchez vers quels rivages les ont poussés les influences du destin et l'inimitié des vents. Les uns se reposent dans l'oubli, les autres dans la mort. Trois d'entre eux, introduits de vive force dans l'enceinte du Corps législatif, semblent des fantômes du passé, dont le présent n'a que faire. Ils se regrettent et ne servent pas. Il en est deux qui, vivant loin de nous, ont porté dans la libre Angleterre, l'un, ses opinions proscrites, l'autre, sa tête condamnée. Le dernier, et le plus grand, n'a pu ni monnayer sa gloire, ni faire coter ses services. Pauvre poëte! après nous avoir donné le spectacle de sa vieillesse indigente, il a reçu des puissants d'aujourd'hui une aumône dont la splendeur n'exclut pas l'amertume.

En parlant de ces hommes qui ont la douleur de se survivre à eux-mêmes, je n'examine pas si leur rôle dépassa leurs forces et si leurs intentions valurent mieux que leurs œuvres. J'ignore quel est le jugement que leur réserve l'histoire et s'il ne serait pas plus généreux et plus juste de plaindre leur impuissance que de blâmer leurs erreurs. S'ils n'ont pas réalisé tout le bien qu'ils auraient dû, à coup sûr n'ont-ils pas fait tout le mal qu'ils auraient pu. Je leur rends volontiers ce témoignage que leur passage aux affaires n'a pas grossi leurs fortunes et que la défaite de leur parti n'a pas changé leurs croyances. Nous ne partageons pas leurs espérances, mais leurs rêves, comme les nôtres, sont placés plus haut que la réalité. Dans des temps comme ceux-ci, on ne saurait refuser l'estime à ceux qui s'obstinent dans une foi dont la garde n'est pas sans honneur et la confession sans péril.

La République ne demandant de serment à personne trouva nombre de gens disposés à la servir et même à la desservir. Plusieurs, que je connais, s'offrirent à mourir pour elle; ils ne sont pas morts et ils ont bien fait. Elle semblait un terrain vide sur lequel chacun voulait bâtir. Presque tous les ministres d'aujourd'hui ont tenu d'elle un siége législatif ou une fonction rémunérée. Ils en médisent à présent; mais comme ils l'aimaient jadis! M. Duruy, jouant au Brutus avec ses élèves, régentait les petits garçons sans rêver à l'éducation des jeunes filles. M. Rouher, s'exerçant aux luttes oratoires, soutenait la protection sans prévoir le libre échange, et votait pour Cavaignac sans deviner l'Empire. M. Baroche, en devançant la justice du peuple, avait commis sa plus jolie phrase et montré son ardeur naissante. J'en passe et des moins bons.

Je ne puis me refuser au plaisir de citer Lucrèce, qui a chanté la nature des choses et connu celle des hommes. Il est inutile de faire remarquer qu'en prenant la peine de le traduire, j'ai renoncé à la prétention de l'égaler:

>On voit, des lieux sereins où s'élevaient jadis
>Les temples désertés que le sage a bâtis,
>Les autres explorer les chemins de la vie,
>Disputer de noblesse et lutter de génie,
>Travailler jour et nuit pour quelque vain espoir,
>Monter à la fortune et saisir le pouvoir.
>O l'homme! esprit troublé! l'homme, cœur misérable!
>L'obscurité l'aveugle e' le péril l'accable;
>Il passe dans la nuit plus sombre à chaque instant
>Tout le temps, quel qu'il soit, qu'il mesure en vivant.

Enfin ! les bœufs gras sont morts et peut-être mangés. On n'entend plus résonner les cors de chasse, si harmonieux dans les bois, si désagréables dans les rues. Le carnaval est bien fini, le carême commence. Mercredi dernier, nous sortions des églises le front taché de cendre et répétant ce que le prêtre nous avait dit : « Souviens-toi que tu es poussière et que tu redeviendras poussière. » Ici-bas, tout est cendre et néant. Je m'en étais bien douté. Quand la nouvelle loi sur la presse régira les journaux, grands et petits, il ne nous en coûtera que vingt cinq mille francs pour développer ce que cette parole divine contient d'enseignements et même de consolation.

XXIX

Mars 1868.

LA NOUVELLE LOI SUR LA PRESSE.

Le joyeux Piron disait en parlant de l'Académie française : « Ils sont là quarante qui ont bien de l'esprit comme quatre. » A la Chambre des députés, je sais qu'il y a plus de membres qu'à l'Académie, mais je ne crois pas qu'il y ait plus d'esprit.

C'est à nos députés que j'adresse ma lettre d'aujourd'hui : c'est assez dire que j'écris dans le désert. Pourtant ceux qui vont faire les lois doivent écouter les plaintes de ceux qui vont en souffrir. Ce que deviendra la loi nouvelle destinée à réglementer le droit de penser et la liberté d'écrire, Dieu le sait, mais je l'ignore. Ceux qui la soutiennent la comparent à un pas de tortue vers le progrès ; ceux qui la repoussent l'assimilent à une course de chemin de fer vers l'abîme. Ces derniers, qui ne sont pas les plus sages, sont peut-être les plus nombreux, et ce n'est pas sans des réserves encore plus fortes que celles dont la loi militaire nous a gratifiés que je crois au libéralisme des députés et à la vertu des hommes.

Tout prince a ses ambassadeurs, et toute loi son rapporteur. Quand la commission chargée d'examiner le projet de loi relatif à la presse nous eut fait connaître son rapporteur, nous avons eu, je ne dirai pas un rayon, mais un soleil d'espérance. Ce rapporteur n'était autre que M. Nogent-Saint-Laurens :

> Ou Saint-Laurens-Nogent, car il n'importe guère
> Que Nogent soit devant ou Nogent soit derrière.

Quoi ! voulez-vous parler de ce fameux Nogent-Saint-Laurens que les Orléanais ont choisi pour leur représentant avant même de l'avoir vu, ce qui est une preuve de confiance, et même après l'avoir vu, ce qui est un trait d'héroïsme ? — Hélas ! oui. Depuis la mort de Jeanne-d'Arc, qui ne date pas d'hier, Orléans fut plus d'une fois surprise. Oui, j'ai voulu parler de ce fameux Nogent-Saint-Laurens, qui s'appelle à la fois du nom d'une petite ville et du nom d'un grand saint. Le premier saint Laurent, né dans un siècle de foi, augmenta le nombre des martyrs; le second, né dans un siècle de progrès, augmenta le nombre des avocats. L'un, dit la légende, demanda à être retourné sur le gril; le second se retourne tout seul.

M. Nogent-Saint-Laurens fut un avocat occupé qui glana quelques épis d'or dans le champ des cours d'assises, où moissonne le grand Lachaud. Refuge de scélérats de seconde catégorie, il acceptait de parler en faveur des crimes dont on ne parle guère. Doué d'une facilité d'élocution assez grande pour qu'on la juge incurable, il a, durant de longues années, versé sur les magistrats et les jurés les flots d'une éloquence qui n'eut jamais assez d'élan pour s'élever et assez de force pour s'arrêter. Figure inexpressive et orateur aux lèvres froides, il était de ceux dont on ne retient pas la parole et dont on oublie le spectacle. Néanmoins, dans ce temps où les cités indigentes s'adressent à Jupiter pour avoir un représentant, comme jadis les grenouilles pour obtenir un roi, il remporte de ces triomphes qui transforment naturellement un avocat de cour d'assises en député du gouvernement. Il rendit à la société des criminels de tout grade, et prouva une fois de plus que les fausses clefs peuvent se placer naturellement dans les mains des honnêtes gens comme le serpent dans le giron de l'innocence.

Eh bien, nous espérions qu'un homme qui avait consacré sa belle jeunesse à solliciter l'acquittement des accusés ne voudrait pas, à son déclin, pousser à la condamnation des écrivains. Cette espérance s'est fondue avec les neiges du mois dernier. Cependant, puisque M. Nogent a largement usé, comme avocat, de la liberté du barreau, et, comme représentant, de la liberté de la tribune, M. Saint-Laurens devrait comprendre que toutes les libertés se tiennent et que les députés qui se passent la licence de tout dire ne peuvent refuser aux journalistes la permission de tout écrire. Si le gouvernement était assez illogique pour s'effrayer plus d'un article que d'un discours, nous le ferions souvenir que nous empruntons nos plumes à l'aile de l'oiseau criard qui sauva le Capitole.

O députés ! vous nous montrez avec orgueil votre tribune reconquise, dont les titans de l'éloquence ont tour à tour escaladé les marches ! C'est le trépied qui frémit si souvent des agitations des prophètes et des sibylles. C'est là que parlaient Martignac et Villèle, gloires du temps évanoui ; c'est là que parlent encore Thiers et Berryer, ces immortels en cheveux blancs ! Nous ne nous plaignons pas qu'on accorde au vol de l'orateur, comme au vol de l'oiseau, l'espace sans mesure et la liberté sans bornes. La presse a ses illustrations comme la tribune, et, entre l'orateur et l'écrivain, il y a une communauté d'origine qui fait la similitude de leurs droits. Or donc, des diverses formes de la pensée manifestée, l'une ne peut être délivrée et les autres asservies sans qu'il y ait une atteinte à la justice et une révolte de la raison. Vous croyez peut-être, ô députés ! qu'ayant des titres plus sérieux que les nôtres vous méritez des priviléges plus étendus. Il m'est facile de réfuter cette erreur, qui part non d'un naturel excellent, mais d'un injuste orgueil. Vous êtes comme nous aux mains de la foule, plus que nous aux mains des puissants. Vous êtes comme nous et plus que nous les jouets du vent qui souffle, des vents qui changent et des hommes qui viendront. Vous êtes comme nous et plus que nous exposés à ce que contient le passé d'enseignements et d'oublis et à ce qui germe dans l'avenir de renaissances et d'orages.

O députés! à quelques exceptions près, vous êtes nommés par les braves gens des campagnes qui lisent peu les journaux ou qui se les font lire. Le gouvernement vous désigne et l'autorité vous patronne. L'immense armée de l'administration donne avec vous et pour vous dans la bataille électorale. Vos proclamations vous précèdent, et je ne crois pas que vos œuvres vous suivent. Partout où vous apparaissez, répandant les promesses et multipliant les sourires, se montrent à côté de vous l'habit brodé du préfet, et derrière vous la botte forte du gendarme. On vous prête plus de qualités que vous n'en pouvez rendre, et à entendre les courtiers de votre élection, vous réunissez tous les dons qu'on signale chez les animaux d'élite et les hommes privilégiés : la prudence du serpent, la fidélité du terre-neuve et le silence de Conrart.

Enfin, vous triomphez. Produits de ce suffrage universel qui n'est ni assez instruit pour être intelligent, ni assez libre pour être sincère, vous vous perdez dans la majorité comme les ruisseaux dans la mer. Votre mandat dure six années, pendant lesquelles vous êtes maîtres de vous livrer aux variations de la girouette et aux appétences du tournesol. Rien ne vous empêche de rechercher soit la popularité qui s'attache à l'opposition, soit la défaveur qui accompagne l'obéissance.

Vous n'avez, six années durant, ni comptes à rendre, ni chutes à craindre, ni influences à ménager. Si plusieurs d'entre vous émettent des votes ou prononcent des phrases contraires aux vœux des populations dont ils tiennent leur mandat, ils se rassurent en calculant ce qui peut s'écouler, en six ans, d'eau sous les ponts et de souvenirs dans les esprits. Quelquefois vos électeurs ruraux apprennent que vous avez crié aux voix ou demandé la clôture. Ces braves gens, tout en continuant le sillon commencé, rêvent de leur député, qui, perdu dans la distance où toute chose et tout homme grandit, prend à leurs yeux les proportions d'un phénomène de sagesse et d'un monstre d'éloquence. Ils vous savent riches et vous jugent orateurs, et cela les flatte que vous ne mettiez pas votre langue dans la poche où tient déjà votre argent.

A quelques différences près, notre destin est semblable au vôtre. Nous n'avons pas comme vous la clientèle des illettrés, mais nous aimons mieux la qualité que le nombre des suffrages; nous avons moins que vous l'appui de l'administration, ce qui augmente notre indépendance en ajoutant à nos périls. Vous êtes élus, nous sommes lus, et il faut autant de lecteurs à un journal qui prospère que d'électeurs à un député qui triomphe. Nous avons les mêmes études à faire, les mêmes désirs à réaliser, la même influence à défendre. Le pays vous nomme et nous soutient. Son intérêt est notre but; sa volonté, notre loi ; son opinion, notre juge. Seulement, votre mandat dure six ans, et le nôtre n'a qu'un jour. Nous sommes obligés de le renouveler tous les soirs, et si notre attitude vient à déplaire au public, votre maître et le nôtre, notre fortune est défaite et notre mandat fini. Les feuilles que nous avons créées se dessèchent et tombent, et le vent les emporte sans que les yeux des passants aient daigné regarder des articles sans valeur et des noms sans crédit.

Après avoir essayé d'indiquer par où nous nous ressemblons, je vais tâcher de dire par où nous l'emportons. O députés! dût votre orgueil en souffrir, vous ne venez qu'après nous dans les préoccupations de ceux qui lisent et dans l'estime de ceux qui pensent. Vous souvient-il de Pierre Corneille, un poëte qui eut des difficultés avec un ministre? Il est impossible de prononcer les noms de Corneille et de Richelieu sans ressentir à la fois la fierté du glorieux passé et le regret du présent avare. Autrefois nous avons eu de grands écrivains, de grands ministres et même de grands rois; aujourd'hui... eh bien! aujourd'hui... nous n'en avons plus.

Corneille, devenu vieux, eut le malheur d'aimer une femme, jeune, belle et marquise. S'il n'avait plus la jeunesse qui séduit, il avait gardé le génie qui persuade. La marquise reçut un jour ces vers qui, peut-être, ne l'ont point touchée, mais qui ont immortalisé, en leur survivant, ces choses rapides qui sont l'amour d'un poëte et la beauté d'une femme :

> Car, dans la race immortelle,
> Où seul j'aurai du crédit,
> Vous ne passerez pour belle
> Qu'autant que je l'aurai dit.
> . . . .
> Pensez-y, belle marquise,
> Quoiqu'un barbon fasse effroi,
> Il vaut bien qu'on le courtise
> Quand il est fait comme moi.

Je pense, ô députés ! que cet apologue est pour vous sans mystère. Vous êtes la belle marquise, et nous sommes le grand Corneille.

Sans les journaux qui les reproduisent, qui connaîtrait vos discours ? Sans les journaux qui les signalent, qui s'inquiéterait de vos votes ? Sans les journaux qui les commentent, qui saurait vos variations ? Sans nos attaques, où seraient vos courtisans ? Sans nos éloges, où seraient vos critiques ? Comme le semeur jette dans la terre le grain qui deviendra l'épi, nous jetons dans la mémoire vos noms, qui deviendront des gloires. Ce sont les journaux qui donnent au bruit que vous faites de retentissants échos. Si jamais l'idée nous venait d'organiser autour du palais où vous siégez le système de l'abstention et la conspiration du silence, vous parleriez, messieurs, dans le vide où rien ne s'entend, et dans le désert où nul ne répond. Ce jour-là vous ne seriez plus que les préparateurs ignorés des lois que nous subissons, et vous perdriez à n'être pas connus, puisqu'il paraît que vous gagnez à l'être.

Vous avez complaisamment énuméré les fautes que la presse a commises depuis soixante années qu'elle a su se révéler comme une force et s'imposer comme un besoin. Ces fautes sont nombreuses, je le confesse et j'en gémis. La presse a aidé a la chute de gouvernements qui ne méritaient pas de mourir et contribué à l'avénement de gouvernements qui ne méritaient pas de naître. Elle fut tantôt servile, tantôt vénale, et sacrifia trop souvent la vérité à la passion et le devoir à l'intérêt. Je le sais; mais je sais aussi que l'homme laisse à chaque chose qu'il touche la marque de sa faiblesse, et qu'il faut être fidèle quand on se souvient, irréprochable quand on accuse. La presse eut des complices dans les fautes qu'elle a commises, elle n'eut pas d'alliés dans les services qu'elle a rendus. Par services rendus, je n'entends pas seulement ce qu'on lui doit de lumière et d'idées, mais encore ce qu'elle a montré de dévouement et de courage. Rappelez-vous ce qu'elle a fait en 48 pour la cause de l'ordre menacé; rappelez-vous ce qu'elle a fait depuis 52 pour la cause de la liberté proscrite. Comptez les amendes payées, les prisons subies, les avertissements reçus, les suspensions prononcées, et mettez en regard les abus signalés, les guerres folles dénoncées, les lois mauvaises, les dépenses excessives examinées et contrôlées, et enfin la liberté revendiquée non sans périls et sans honneur. Si des jours meilleurs semblent nous être promis, il convient peut-être d'en remercier les écrivains qui portent au front les fatigues de la lutte et les cicatrices du combat.

Les gouvernements qui ont disparu ont eu moins à se plaindre de la violence de la presse militante que de l'opposition des assemblées politiques, et cependant en défendant la liberté des journaux je n'entends pas incriminer la liberté des parlements. Rappelez-vous le rôle joué sous la Restauration par la Chambre des députés, et sous le premier Empire par le premier Sénat. Si nous n'avons rien oublié ni rien appris, nous sommes indignes de tremper dans les œuvres politiques. Il convient de prendre à l'histoire ses enseignements et non ses haines. Si j'ai glorifié la conduite des écrivains qui depuis le jour de 48 jusqu'au jour d'aujourd'hui ont combattu pour l'ordre et souffert pour la liberté, je ne puis trop admirer la conduite des représentants qui, au 2 décembre, ont continué sur la terre d'exil leur protestation contre le coup d'État perpétré et le Rubicon franchi. Depuis lors, les hommes ont changé avec les choses, mais je ne suis pas de ceux qui se plaignent du contraste qui existe entre une presse indépendante et une Chambre subordonnée. Nous n'obéissons pas à des ordres reçus d'en haut, et nous n'attendons pas pour nous permettre l'audace d'une opinion que M. Rouher, revenu de l'Olympe, nous ait entretenus des intentions de Jupiter et de la pose de son aigle.

Selon l'avis d'un duc récent, la presse est en quête de diffamation et perce des jours dans la muraille qui protége la vie privée. La diffamation est un gros mot sur lequel il faut s'entendre. Appliquée à un particulier, elle est punissable, même si elle est médisance;

appliquée à un fonctionnaire, elle n'est répréhensible que si elle est calomnie. Mais je passe sur ces questions que je n'ai ni le loisir de débattre, ni la volonté d'aborder. Si la presse a paru se faire la messagère des scandales que chaque jour voit éclore, à qui la faute, si ce n'est à vous qui lui avez imposé des barrières fixes et des lois rigoureuses? Ne pouvant aborder les grandes questions, elle a traité les petites. Pour échapper aux difficultés de l'autorisation, aux exigences du cautionnement et aux rigueurs du timbre, elle s'est lancée de la politique dans la littérature, et, ne pouvant étudier nos affaires, elle a divulgué nos mœurs. La matière était riche, et si, à la traiter, elle s'est à la fois discréditée et enrichie, je n'en veux rien savoir et je n'en veux rien dire. Dans ce siècle de métamorphoses et de décadence, les assemblées ont comme la presse leur élite et leur rebut. Il est d'ailleurs des hommes parvenus qui n'ont pas le droit de jeter la pierre aux journalistes tombés qui ont réussi comme eux à faire peur, fortune ou pitié.

Le sujet est inépuisable, aussi ne l'épuiserai-je pas. Par ce long parallèle entre les députés et les écrivains, j'ai voulu montrer que les titres étant pareils, les droits devaient être égaux. J'ai dit que les libertés se tiennent, et je m'étonne du refus que ceux qui possèdent la liberté de la parole opposent à ceux qui demandent la liberté d'écrire. La presse et les Chambres, qui n'ont de crédit qu'autant que l'opinion les seconde, doivent se pardonner dans le passé leurs torts réciproques et sceller pour l'avenir leur alliance reconstituée. Cette situation me rappelle une histoire dont je suis heureux de trouver le placement, l'histoire du moine et de Grégoire XVI. Un moine avait obtenu une audience de Sa Sainteté ; l'audience était finie et le moine prenait congé, lorsque le Saint-Père, bienveillant ou distrait, tendit au visiteur sa tabatière grande ouverte. « Merci, Saint-Père, fit le moine en s'inclinant, je n'ai pas ce défaut-là. — O mon ami, reprit le pape, prends toujours, tu en as bien d'autres. »

Enfin, malgré l'opposition des sept sages de la Grèce, le Corps législatif a voté l'article premier de la loi nouvelle : l'autorisation préalable n'est plus une nécessité. M. Rouher a enlevé ce résultat imprévu, et nous devons lui prodiguer les éloges, sous peine de passer pour injustes, et les remerciements, sous peine de passer pour ingrats. Quelques-uns ont déjà vu des corneilles volant à droite, et M. Granier de Cassagnac, multipliant ses cris d'alarme, prétend qu'un volcan vient de s'ouvrir. Le soir même, aux Tuileries, on a dansé sur un volcan.

C'était, je crois, mercredi soir. Je revenais par la place du Carrousel, longeant les grilles à lances dorées et croisant à chaque pas les sergents de ville qui veillent de loin au salut des fêtes officielles. De longues files de voitures déposaient sous la tête du pavillon de l'Horloge l'essaim doré des invités. Le vieux palais étincelait de clartés et, tout le long de la façade, chaque fenêtre rayonnait. En prêtant l'oreille, on distinguait les fanfares de l'orchestre aux mille voix. En ouvrant les yeux, on pouvait, à travers les vitres illuminées, suivre dans leur vol les uniformes dorés et les épaules bondissantes. Il me semblait qu'une voix puissante disait aux députés de la majorité soumise :

> C'est tantôt, ne vous déplaise,
> Que, sur mon commandement,
> Vous votiez ; — j'en suis bien aise,
> Eh bien, dansez maintenant !

Je regardai longtemps le spectacle des grands qui s'amusent, et, reprenant mon chemin, je murmurai le vers de Virgile que traduisit Hugo :

Saltantes satyros imitabitur Alphesibœus.

Avides, nous pouvons voir à la dérobée
Les satyres dansants qu'imite Alphésibée.

XXX

Mars 1868.

LORD DERBY.

M. de Guilloutet, que les Landais contemplent du haut de leurs échasses, vient d'obtenir son premier jour de bonheur. Son amendement s'est introduit dans nos lois, et désormais la vie privée est protégée par un mur que ne pourraient renverser ni les maçons de M. Haussmann, ni les trompettes du vieux Josué. Ce que nous voulons défendre, ce n'est pas tant le foyer.

domestique que le foyer de l'Opéra, et nous devenons moins soucieux de réformer nos mœurs que d'abriter nos désordres. Comme il en pourra coûter la modique somme de cinq cents francs pour dire quelque chose de quelqu'un, il arrivera que les petites dames bien conseillées comprendront qu'elles ont infiniment plus d'avantage à nous poursuivre devant les juges qu'à se faire suivre sur les boulevards.

D'un seul bond nous avons dépassé l'Autriche, et nous sommes arrivés au niveau des très-peu libres Espagnols. C'est maintenant que l'on peut affirmer avec conviction qu'il n'y a plus de Pyrénées, et c'est dommage, car elles ornaient le paysage. Dirai-je les événements de ces derniers jours, et un ancien représentant frappé d'un mois de prison pour avoir importé de Belgique en France un exemplaire d'un journal exilé? Parlerai-je des accusations jetées de l'un à l'autre camp, et des tempêtes soulevées dans un ruisseau fangeux? A Dieu ne plaise que je me fasse le propagateur ou l'écho des scandales qui surviennent, et que je m'abaisse à démontrer que les papiers d'un espion d'Italie témoignent de l'innocence de ceux qu'on disait compromis et de la vénalité de ceux que l'on proclamait intègres. Fuyant pour aujourd'hui la contagion de nos désordres et de nos haines, j'irai demander à l'Angleterre le spectacle d'hommes honnêtes et libres, gouvernés par des lois sages et justes.

Mon collaborateur, M. Gardet, qui connaît l'Angleterre autant qu'homme de France, a bien voulu me remettre quelques notes sur le dernier ministre de sa trèsgracieuse majesté Victoria, veuve d'Albert. A l'aide des renseignements d'autrui et de mes propres souvenirs, je voudrais dépeindre la figure, et, s'il se peut, le genre d'un homme d'État britannique ; je voudrais encore, si le temps m'en est donné et si le goût m'en vient, montrer par quels points il se rapproche, et surtout par quels côtés il diffère des hommes qui, chez nous, trempent dans les œuvres politiques et le gouvernement des choses. Cette étude, si je la réussis, doit offrir des aperçus intéressants et des conclusions moroses. Un ministre anglais est responsable de ses actes et dépendant des chambres ; il aime le pouvoir, mais pour l'honneur qu'il en reçoit. Il est d'un accès facile et d'une politesse exemplaire. Il a généralement assez de prudence pour ne rien laisser au hasard, assez de talent pour ne rien devoir à l'intrigue. En s'élevant, il poursuit, non pas, — comme a dit Molière — les beaux yeux d'une cassette quelconque, mais, comme a dit Byron, le contentement d'un noble désir accompli.

Ceci dit, j'entre en matière. Le très-honorable Edward-Geoffrey Smith Stanley naquit le 29 mars 1799, dans le château de sa famille, à Knowsley-Park, entre Prescott et Liverpool. Il n'a pas encore accompli sa soixante-dixième année et touche à cette période que M. Baroche, rude aux magistrats et doux aux sénateurs, appellerait l'âge de déraison pour les uns et l'âge d'argent pour les autres. Il est le quatorzième comte de Derby et le deuxième comte d'Angleterre, ne le cédant dans l'ordre des préséances et pour l'antiquité des promotions, qu'au noble comte de Shrewsbury. Il est encore, car je sais tous ses titres, baron de Bickerstaffe, titre sous lequel, son père vivant encore, il siégea dans la chambre des lords. Pour ceux que ces détails intéressent, j'ajouterai que sa baronnie est vieille de deux cent cinquante ans et que son comté remonte à quatre siècles à peu près. En 1485, un Stanley fut créé comte de Derby sur le champ de bataille de Bosworth, où il venait d'assurer le triomphe de Henri VII de Lancastre sur le terrible Richard III. Cet exploit mit fin à la guerre qui porta le nom charmant des Deux-Roses, et donna le trône à un prince avare, père d'un fils prodigue. J'emprunte ces deux affirmations aux récits des historiens qui ont la triste manie de vouloir connaître la vie privée des hommes illustres. Ah! si M. de Guilloutet devenait illustre! Mais il ne le deviendra pas.

Le chef de cette noble famille des Stanley épousa en 1375 la riche héritière de sir Thomas Latham. Ainsi, dans cette grande maison, la fortune est d'un siècle plus vieille que la gloire. C'était peu que d'être comtes, les Stanley furent rois. Ils régnèrent de longues années sur cette petite île de Man qui fait baigner à l'Océan ses rivages longs de douze lieues, larges de six. Un des romans de Walter Scott raconte le royaume des Derbys et les épisodes de leur règne. Ils se lassèrent pourtant de cette souveraineté trop étroite, et vers 1680 un Stanley, abdiquant le trône, prononça ces fières paroles : « J'aime mieux être un grand comte qu'un petit roi. » La devise de la maison de Stanley se compose de deux mots qui en disent plus qu'il ne semble.

Voici les deux mots : « Sans changer. » Cette devise est impossible, c'est assez dire qu'elle n'est pas française.

Le père de lord Derby appartenait au parti whig, dont il défendit les opinions avec l'ardeur qu'il apportait à toutes choses. Passionné pour les luttes du sport et les combats de coqs, il mena de front l'élevage des chevaux et la culture des gallinacés. Adroit à tous les exercices du corps, il fut le compagnon des plaisirs auxquels le prince de Galles s'adonnait. En parlant du prince de Galles, je désigne bien entendu celui qui sous le nom de Georges IV ceignit la couronne d'Angleterre. C'est ce monarque qui, abusant de la confiance dont le grand Napoléon avait honoré son navire, permit à son prisonnier d'étudier à Sainte-Hélène si le plaisir de détruire des hommes valait la joie de planter des saules.

J'arrive enfin au dernier premier ministre de la reine d'Angleterre, au comte actuel de Derby. Je ne sais rien de l'enfance de cet éminent personnage, et tout ce que je puis dire de lui, c'est qu'il commença ses études au collége d'Eton et les acheva à Oxford, au collége de Christ-Church. A l'âge de vingt ans il remporta le prix de poésie latine, distinction qu'avaient obtenue avant lui Georges Canning et le marquis de Wellesley. Il quitta Oxford sans prendre son diplôme de bachelier, car, désespérant d'éclipser ses rivaux, il aimait mieux n'être rien que d'être au second rang. Cette fierté, renouvelée de celle de César, ne saurait déplaire chez un studieux jeune homme n'aspirant qu'à d'honnêtes triomphes. Quoi qu'il en soit, c'est à Oxford que le jeune Stanley puisa ce goût des lettres antiques qui plus tard ont charmé ou consolé sa vie. Je ne sais s'il imita dans sa jeunesse les désordres de son noble père. Il était, à sa sortie du collége, trop helléniste pour être légèrement amoureux. En tout cas, s'il fut embrassé quelquefois, ce ne fut pas, comme on le devine, pour l'amour de son grec ancien, mais pour le don de ses guinées neuves.

L'ambition lui vint de bonne heure. Il voulut être dans l'État, par son mérite, ce que par sa naissance il était dans le monde. Avant de prouver son talent il prouva sa fortune, et ayant acheté les voix du petit bourg très-pourri de Stockbridge, il entra dans le parlement britannique à l'âge heureux de vingt-deux ans. Il écouta parler les autres avant de parler lui-même, et, trois années durant, il observa un silence qui ne venait pas de sa timidité, mais de sa modestie. Ce fut le 30 mars 1824 que son *maiden speech* éclata dans la Chambre des communes. Il choisit pour ses débuts un bill relatif à l'éclairage au gaz de la ville de Manchester. Mais le temps et le sujet ne font rien à l'affaire. Un Anglais facétieux affirma que « ce discours ne manquait pas de clarté, comme il convenait en pareille matière. » Heureux Stanley, il avait de l'esprit et il en donnait aux autres.

Le célèbre sir John Macintosh, — Dieu, que ces Anglais s'appellent mal! — le célèbre sir James Macintosh accorda au jeune débutant son estime, et, ce qui valait mieux, son appui. Encouragé par ce premier succès, lord Derby en obtint un second en parlant en faveur de l'Église anglicane d'Irlande, dont il se montra toujours le chaleureux défenseur. Et, de fait, il possédait et possède encore le don d'une merveilleuse et naturelle éloquence. Dans son éclatante et longue carrière, jamais il n'étudia une question et ne prépara un discours; mais il avait la double faculté de s'assimiler les choses et d'improviser les mots. Le charme de sa parole était si grand qu'on était à la fois heureux de le subir et tenté de s'en défier. Dans les chambres anglaises, où les causeries ont remplacé les discours, il employait des procédés oratoires renouvelés d'un autre âge ou empruntés à d'autres peuples. En effet, nourri dans les traditions des Fox, des Burke et des Canning, il semblait l'héritier des génies disparus et l'écho des grandes voix éteintes.

Lord Macaulay a dit de lui « qu'il était le seul orateur qui ne se fût pas formé aux dépens de ses auditeurs. » L'autorité du juge fait la valeur de l'éloge. Il excellait aux railleries fines et mordantes et émaillait ses discours de ce que Cicéron appelle « *acutæ crebræque sententiæ,* » c'est-à-dire de traits aigus et répétés. Ses admirateurs, et il en avait de nombreux, l'avaient surnommé le Rupert de la discussion, par allusion à l'entraînante bravoure du noble vainqueur d'Edge-Hill. Ses ennemis, et il en avait de redoutables, prouvaient, par la vivacité de leurs attaques, l'estime qu'ils faisaient de lui. O'Connell, souvent atteint de ses ironies puissantes, le désignait volontiers sous le nom du « Scorpion Stanley. » Rien, comme on le voit, ne manquait à sa gloire. Avoir, avec l'estime de tous et vivant dans un pays libre, inspiré la confiance à ses partisans, la crainte à ses adversaires, c'est le but d'un chef luttant pour sa cause et le rêve d'un homme parlant à des hommes.

Il épousa en 1825 la seconde fille du baron Skalmersdale. De ce mariage il lui reste deux fils. Le plus jeune, Frédéric-Arthur Stanley, est officier au régiment des gardes; l'aîné, lord Stanley, occupe en ce moment le ministère des affaires étrangères et est un des hommes de la génération nouvelle qui ont le plus donné et qui promettent le plus à la libre Angleterre. C'est ici le cas de répéter le *Tydides melior patre*. Lord Derby a eu le bonheur de partager le souverain pouvoir avec un fils meilleur que lui. Du fond de la retraite où il a voulu rentrer, il se sent rajeunir et se voit continuer. Il a l'orgueil de savoir que l'héritier de ses titres et de son nom est un de ceux qui marient le plus dignement une jeune gloire à une noblesse antique.

En 1826 lord Derby, dont je reprends l'histoire, devint membre du Parlement pour le bourg de Preston. L'année suivante, il entra dans le cabinet de Georges Canning et occupa pendant quatre mois le poste de sous-secrétaire d'État pour les colonies. En 1830, dans le ministère de lord Gray, il fut nommé premier secrétaire d'État pour l'Irlande. En cette qualité, il soutint le bill de réforme de 1832 et fit adopter pour l'Irlande le système d'éducation mixte qui dure encore et qui passa malgré les résistances du clergé catholique et l'opposition d'O'Connell. En 1833, étant secrétaire d'État pour les colonies dans le cabinet de lord Melbourne, il fit voter l'émancipation des noirs des Antilles, moyennant une indemnité de cinq cents millions allouée aux propriétaires dépossédés. En 1835, il se convertit au torysme et, sur une question relative à l'Église établie en Irlande, il se sépara de lord Melbourne, en ayant soin de préparer son coup de théâtre et d'accentuer sa rupture. Il ne revint aux affaires qu'en 1841 et servit pendant quatre années sous la bannière de Robert Peel. Enfin, appelé par la volonté souveraine de la chambre des communes à la chambre des lords, il apporta à ses nouveaux collègues le concours d'un talent incessamment fortifié au choc des contradictions, aux leçons de l'expérience et aux épreuves du pouvoir.

Comme il avait rompu avec lord Melbourne sur la question de l'Église irlandaise, il rompit avec Robert Peel sur la question du libre-échange. Il devint alors avec M. Disraeli le chef de l'opposition protectionniste, autour de laquelle vinrent se grouper pendant sept ans deux cents membres du Parlement appartenant à la classe des propriétaires fonciers. En 1849, il fit bénéficier l'Irlande des dispositions de la loi sur les pauvres et dota « l'île sœur » de ces « work-houses » dont plusieurs écrivains ont décrit les populations hideuses et les misérables hôtes. En 1851, il prit le nom, le titre et le deuil de son père. J'ai raconté ses actes, n'ayant pour les juger, ni la compétence, ni l'autorité qui conviennent. Il fut universellement reconnu comme le chef du grand parti tory, ce qui prouve la position qu'il avait su prendre et l'influence qu'il avait su garder.

En Angleterre, ce n'est que par le talent que l'on arrive et par le talent qu'on se maintient. En France, c'est autre chose. Quant au comte de Derby, son long séjour dans les ministères, le grand nombre de mesures adoptées auxquelles il avait accordé son appui ou attaché son nom, sa renommée oratoire consacrée par de perpétuels succès, tout, enfin, le désignait comme un chef capable d'entreprendre le maniement des affaires publiques et la conduite d'un parti politique.

Le parti tory et son vaillant guide avaient trop longtemps semé pour ne pas bientôt récolter. Le 22 février 1852, après la chute de lord Russell, le comte de Derby devint premier ministre pour la première fois. Dans son discours d'ouverture prononcé à la Chambre des lords, il indiqua dans les termes qu'on va lire les espérances qu'il avait conçues et le but où il voulait tendre. « Que la durée de mon administration soit courte ou longue, peu m'importe! non-seulement j'aurai atteint le dernier terme de mon ambition, mais j'aurai rempli une des fins les plus élevées de la vie humaine, si, dans le cours de mon ministère, je puis, dans la plus faible mesure, réaliser le règne de la paix sur la terre et de la bienveillance parmi les hommes, si je puis contribuer au progrès social, moral et religieux de mon pays en même temps qu'à l'honneur et à la prospérité de notre souveraine et de ses domaines. » Voilà de nobles paroles, qui font honneur au ministre et à l'homme. Ah! si jamais nos concitoyens avaient l'envie de les réaliser ou seulement l'idée de les prononcer! Mais chaque fois qu'un rapprochement surgit entre nos voisins et nous, nous ne trouvons aucune grâce à cette figure de rhétorique appelée « comparaison. » Là-bas règnent la liberté dans les lois, l'honnêteté dans les mœurs, la dignité chez les hommes ; ici !... Après examen de nous-mêmes et des autres, nous ne pouvons nous empêcher de ressentir l'envie des conquêtes d'autrui et le regret de nos propres défaites.

Lord Derby inaugura son ministère en opérant des réformes dans les cours de chancellerie dont Charles Dickens, dans son roman de *Black House*, immortalisa les abus. Le ministre entreprit de nettoyer ces étables d'Augias de la magistrature, et ce travail d'Hercule fut l'œuvre de quelques semaines. En Angleterre, plus le mal est invétéré, plus le remède est radical ; les résolutions lentement mûries éclatent vigoureusement, et les réformes accomplies en un jour balayent les injustices accumulées dans un siècle. Chez nous, l'autorité protége et n'abandonne jamais les défauts dont elle peut se faire des armes, et l'on peut dire des abus français ce que Voltaire disait des vers de Lamothe, qu'ils sont sacrés, car personne n'y touche.

Ce fut également lord Derby qui jeta les bases de cette alliance anglo-française qui s'est légèrement altérée par l'action des années et la défiance de nos œuvres. Bien des gens se scandalisèrent à cette époque au spectacle d'un fier aristocrate, représentant du torysme le plus hautain, tendant sa main gantée à un souverain qu'avaient élevé sur le trône le concours de l'armée et le suffrage des paysans. Suivant le dire d'un journaliste anglais, « lord Derby accepta pour légal l'illégal coup d'État et reconnut un gouvernement fondé sur une conspiration héroïque qui avait tout un peuple pour complice. » Je n'analyse pas ce que ce jugement d'un écrivain libre de tout dire contient de flatteur et de sévère, et revenant à lord Derby, j'ajoute qu'il fit alors ce qu'il crut être le plus utile au maintien de son ministère et aux intérêts de son pays. Le noble lord, au surplus, n'a jamais flatté personne. C'est lui qui dit un jour en plein Parlement à propos des Italiens : « Qu'ils occupaient parmi les nombreux échantillons de l'espèce humaine le même rang que les roquets et les bassets parmi les diverses tribus de la race canine. » Il les connaissait bien, puisqu'il les comparaît à ce qu'il y a de moins bien dans le chien, qui, selon un moraliste, est ce qu'il y a de mieux dans l'homme.

Lord Derby, désespérant de réunir la majorité dans les communes, fit appel à la nation par la dissolution du Parlement. Toutefois, cet expédient ne lui réussit pas, et, en décembre 1852, un vote de manque de confiance porta le dernier coup à son ministère, qui fut remplacé par celui de lord Aberdeen. Quelque temps après, la vieille université d'Oxford le choisit pour chancelier, comme si elle eût voulu l'indemniser du pouvoir perdu par un honneur accordé. En 1858, il revint aux affaires en qualité de premier ministre, et l'année suivante, il faisait passer le bill qui ouvrait aux juifs les portes du Parlement. En 59, il présenta, lui aussi, un bill de réforme, mais si mal conçu que la première lecture suffit pour décider de son sort. Pourtant, lord Derby ne voulut se retirer qu'après avoir une deuxième fois dissous le Parlement; après quoi, il rentra dans la vie privée, aussi indifférent à une chute qui ne pouvait l'abaisser qu'à des fonctions qui ne pouvaient le grandir.

Il consacra à de nobles labeurs les loisirs que lui avait faits la volonté du Parlement. Il entreprit après Pope et Wodsworth une traduction du vieil Homère et eut, avec la patience de l'achever, la gloire de la réussir. Peut-être, en interprétant l'Iliade, voyait-il dans le pouvoir une autre Hélène dont s'éprenaient à la fois les jeunes hommes et les vieillards; peut-être, en comparant les héros grecs aux ministres anglais, retrouvait-il dans les combats d'Hector et d'Achille l'image des luttes où tour à tour il avait remporté le triomphe et subi la défaite. Je ne sais, mais il y a quelque chose de touchant dans les efforts de ce ministre revenant, à son déclin, aux études de sa jeunesse, et s'efforçant de faire comprendre à ses concitoyens le plus harmonieux des langages qu'ait parlés l'humanité.

Lord Derby a composé deux ouvrages absolument originaux, l'un sur les petits oiseaux, l'autre sur les Livres saints. C'est-à-dire qu'il a publié une description de la merveilleuse ménagerie et de la non moins merveilleuse volière de son château de Knowsley, et, en manière de pendant, des méditations pieuses sur les paraboles du Nouveau Testament. Comme il aimait les poëtes et parlait plusieurs langues, il s'amusa à imiter quelques odes de Catulle et d'Horace et des morceaux détachés de Métastase et de Manzoni. Parmi tous les poëtes français, il choisit Childebrand, c'est-à-dire Millevoye, et rendit en langue anglaise la plaintive élégie qu'on appelle « la Chute des feuilles ». Passant aux auteurs allemands, il imita « l'Idéal » de Schiller, que l'empereur Napoléon III daigna traduire aussi en mauvaise prose française. L'idéal est placé si haut que l'on conçoit que les souverains ressentent le désir de le connaître et la difficulté de l'atteindre.

En 1866, lord Derby reprit les rênes du pouvoir, qui, pour la troisième fois, revenaient à ses mains habiles. Son passage aux affaires fut signalé par une importante mesure dont il est encore impossible aujourd'hui d'apprécier les résultats et de juger les effets. Comme il le dit lui-même, il fit « un saut dans les ténèbres, » et présenta son bill de réforme, qui, successivement remanié, modifié, agrandi, étend le droit de suffrage à des déshérités, et assure la représentation des minorités assez nombreuses pour influer et assez sages pour s'unir. Il vit naître l'agitation féniane, dont il dénoua le premier acte à la potence de Manchester; puis, s'étant brouillé avec le roi Théodoros, il a renouvelé les procédés et les lenteurs antiques, et réclamé son consul à la façon des Grecs revendiquant une femme. Enfin, malade et vieilli, il s'est volontairement retiré du pouvoir, dont, pendant quarante années, il fut le titulaire et l'expectant. Il ne rendra plus de services, mais il donnera des conseils. Atteint d'un mal que notre La Fontaine a chanté, il vient de passer brusquement de l'hôtel du ministère au trépied des oracles. Il a la goutte, cette hôtesse des gens riches qui se ruinent à la défrayer, et cette consolation des médecins qui n'ont jamais pu la guérir.

Toutes les voix de l'Angleterre ont salué cet homme d'État prenant congé. Les chefs de l'opposition, les organes de la presse et les ministres en exercice ont voulu rendre un dernier hommage à l'ami qui se retire ou à l'adversaire qui s'en va. L'ingratitude politique est inconnue des Anglais, et nul peuple n'est plus reconnaissant des services qu'il reçoit et plus fier des hommes qui le servent. On peut cependant, sans injustice, reprocher à lord Derby les évolutions qu'il accomplit et les démentis qu'il s'est donnés. Ainsi de whig il devint tory, et de libéral conservateur. En 1828, il demanda l'émancipation des catholiques, et en 1863 il parlait de la nécessité de les museler. Il fut tour à tour l'adversaire et le champion de la réforme électorale, et l'on pourrait condamner ses vues désunies et changeantes, si l'on ne songeait qu'en Angleterre il est d'usage de modifier ses idées selon le besoin des temps, les intérêts des partis ou l'exigence de l'opinion. D'ailleurs, de tels revirements n'ont rien de honteux et ne sont pas déterminés par ces tentations sordides qui sont trop souvent l'agent des conversions et l'aiguillon des métamorphoses.

Ceux qui ont vu le comte de Derby ont retenu des impressions diverses du spectacle de sa personne. Les uns le regardent comme le type accompli du patricien anglais. Sa taille, disent-ils, est élevée et flexible, et ses yeux étincellent sous le vitrage des lunettes d'or. La franchise se lit sur ses nobles traits, et la volonté s'accuse dans l'avancement de son menton. Des favoris grisonnants dissimulent ses joues creuses, et une petite moustache ombrage ses lèvres fines, tant de fois ouvertes par l'éloquence ou plissées par le dédain. Selon les autres, il est vulgaire d'allures, disgracieux d'aspect, et n'a rien dans sa personne qui révèle l'homme d'État ou qui sente le gentilhomme. Je ne sais auxquels croire, et je ne me prononcerai pas avant d'avoir entendu l'opinion d'une femme, qui seule a qualité pour juger ce que le visage d'un homme, même sexagénaire, a conservé de grâce ou peut offrir d'attrait.

Lord Derby est l'heureux possesseur d'une fortune dont le revenu dépasse cent mille livres sterling, c'est-à-dire deux millions cinq cent mille de nos francs. Outre son domaine de Knowsley, on lui connaît une propriété considérable sise en Irlande, près de Tipperary. Il use noblement de la richesse, et, prompt à soulager les misères publiques ou privées, il fit preuve en toute occasion de la générosité d'un grand seigneur et d'un chrétien. Lors de la crise qui naguère pesa si lourdement sur les ouvriers cotonniers, il s'inscrivit en tête des listes de souscriptions pour la somme de deux cent cinquante mille francs, proportionnant ses charités à sa fortune et donnant un exemple supérieur à son bienfait. Dans cette occasion il surpassait en libéralité beaucoup des grands de ce monde, et notamment l'Empereur des Français, à qui l'argent ne coûte guère, par la raison qu'il prend le nôtre.

Lord Derby mena de front ses devoirs d'homme d'État et ses plaisirs d'hommes du monde. Il fut comme le Figaro de Beaumarchais, poëte par occasion et paresseux avec délices. Il avait tous les goûts anglais, et, entre autres, le goût des chevaux. Il entretint une écurie de courses et produisit de remarquables animaux qui rallièrent plus d'une fois la faveur du public et l'argent des parieurs. S'il ne gagna jamais le grand prix qui porte son nom, du moins, en 1858, il enleva les deux mille guinées avec l'aide d'un cheval répondant au doux nom de « Toxopholite. » Après ce succès, il vendit son stud et se retira de l'arène, par horreur, disait-il, du *digito monstrari*. Il ne voulait pas être montré au doigt, ce que tant de gens ambitionnent. Et, d'ailleurs, préférant aux épreuves du sport les luttes de la politique, il voyait les hommes, entraînés comme les chevaux, courir vers un but plus lointain et pour un prix moins grand.

Me détournant de nos misères chaque jour plus profondes, j'ai essayé de raconter un homme qui fut, à trois reprises différentes, le ministre d'un pays libre. Je voudrais procurer à mes lecteurs ce que j'ai goûté moi-même : le plaisir d'une illusion rapide et le charme d'un instant d'oubli. Voici, maintenant, mes conclusions, et, si je les abrége, c'est que l'intelligence en est aussi facile que le développement périlleux. Il est des hommes d'État qui acceptent les missions et ne font pas les commissions. Ils peuvent parler sans exciter la défiance, grandir sans éveiller les soupçons. Ils ne relèvent que des parlements et ne dépendent pas des princes. Ils ne perdent rien à passer du pouvoir à l'opposition, et l'on sait qu'ils soumettent leurs actes aux jugements des assemblées et qu'ils arrêtent leur ambition à la limite des lois. Ils honorent la presse, dont presque tous ont fait partie, et n'ont garde de restreindre la lumière qu'elle répand ou d'entraver le contrôle qu'elle exerce. La presse les discute avec passion et n'épargne, dans ses attaques, ni leur conduite privée, ni leurs actions publiques. Mais ils ont la sagesse et la force de demander la justice qui leur est due, non pas aux tribunaux qui la rendent, mais au temps qui la fonde.

Il est aussi des peuples qui se gouvernent eux-mêmes et qui ne remettent ni leurs destinées ni leurs ressources aux mains de princes souvent inhabiles et quelquefois trompés. Ces nations peuvent accepter la monarchie, mais non le despotisme. Elles ont des volontés qui deviennent des lois, et des lois qui dominent le trône. Invinciblement attachées à la liberté tutélaire, elles se gardent au même degré des excès qui la déshonorent et des lâchetés qui la trahissent.

XXXI

Avril 1867.

M. D'HAUSSONVILLE ET LE CERCLE AGRICOLE,
Mᵉ JANVIER ET SON AVOUÉ, M. RAMBAUD ET SON LIVRE.

Je vais essayer de raconter les choses vieilles et nouvelles qui depuis quinze jours se sont passées sous les nuages et sous le soleil. Nous avons eu le procès la Meilleraye, lequel m'a inspiré sur la justice criminelle des réflexions que je consignerais si je n'étais au jeu de la prudence de force à rendre des points au plus rusé des reptiles. Un sage a dit : « Si on m'ac- « cusait d'avoir volé les deux tours de Notre-Dame, « ou même une des deux, je commencerais par me « sauver. » Ce sage manquait de sagesse, car prendre la fuite, c'est déjà prendre quelque chose. Dans cette affaire de Niort, si l'on me permet cette horible plaisanterie, on a joué à qui perd Ganne et tout porte à croire qu'on l'a perdu.

On m'a raconté que M. Havin, costumé de frais, avait été invité à s'asseoir ces jours derniers à la table impériale. Les électeurs de la Manche l'auraient un peu large s'ils avaient nommé le directeur du *Siècle* à cette fin qu'il donnât des preuves éclatantes de gastronomie officielle. Mais pourquoi l'ont-ils nommé? Je n'en sais rien, ni vous non plus.

Depuis hier, les aquariums sont vidés et les poissons légendaires circulent de porte en porte. On sait que le premier avril il est d'usage de décorer du nom de « poissons » les mystifications qu'on essaye et les plaisanteries qu'on échange. Ainsi le droit de réunion et la liberté de la presse, et toutes les choses promises et non données, sont des poissons de la plus belle venue, ayant nageoires, écailles ou carapaces, poissons d'eau de mer, d'eau douce et d'eau trouble. Les obligations mexicaines et les récentes brochures s'évanouissent comme la dorade ou s'échappent comme l'anguille. Si l'on vous disait, après le baron Dupin, que le dernier rapport du sénateur Chaix d'Est-Ange est un modèle

18.

du genre sublime, n'en croyez rien, et ne vous laissez pas séduire à cet énorme poisson dont la queue traîne encore.

M. le comte d'Haussonville, lui aussi, vient d'éprouver sa déconvenue de fin de mars et n'a pas même laissé les arêtes du poisson qui lui fut servi. M. d'Haussonville éprouvait depuis longtemps une envie déraisonnable de faire partie de ce cercle agricole qui s'est fait bâtir en face du palais Bourbon une maison riche, mais de mauvais goût. Le cercle agricole s'appelle aussi le cercle des pommes de terre, et, pour deux jolis noms, voilà deux jolis noms. Le comte d'Haussonville nourrissait donc le fol espoir de devenir une pomme de terre nouvelle. Ainsi sont les sages : ils ne désirent presque rien et se contentent de très-peu.

Le noble comte se disait : « Mon hôtel est à deux pas du club où je désire entrer. C'est donc sans fatigue aucune que je pourrai jouir de la société de mes semblables et m'asseoir soit à la table de Lucullus soit au whist des vieillards. » S'étant ainsi parlé, le comte d'Haussonville se mit en quête de deux parrains de bonne maison, et, dès qu'il les eut trouvés, se présenta devant l'huis peint à neuf de ce cercle légumiste. C'est ici le cas de s'écrier avec le suave Virgile :

O fortunatos nimium, sua si bona nôrint
Agricolas !

Heureux le cercle agricole s'il connaissait son bonheur! mais! — il ne le connaît pas!

La première fois que M. d'Haussonville se présenta au

cercle agricole il obtint les honneurs d'un *blackboulage* de première classe ; la seconde fois, il dut battre en retraite devant un soulèvement de pommes de terre ; la troisième fois, — c'était il y a dix jours à peine, — il ramassa plus de boules noires dans son gazon que saint Étienne, qui fut martyr, ne reçut de pierres sur le corps. Que voulez-vous, il a des adversaires qui lui reprochent ses livres nouveaux et ses votes anciens. On ne peut contenter tout le monde et ses pairs. Pris entre les adversaires du coq et les partisans de l'aigle, il fut puni d'avoir trop aimé la première et trop dédaigné la seconde de ces volailles politiques.

Un cercle n'est pas une assemblée délibérante, mais un salon commode au seuil duquel les rancunes doivent mourir. J'ai entendu plusieurs personnages reprocher à M. d'Haussonville des actes sur lesquels trente années et plus ont versé leurs oublis et leurs neiges. Quoi qu'il ait fait, il l'a réparé. J'ai la plus grande sympathie pour ce savant historien, qui, la plume en main, n'a pas voulu flatter et n'a pas su mentir. Certaines raisons touchant à sa vie privée me font croire qu'il est incapable d'intolérance et dénué de préjugés. Il sait que la meilleure façon de plaire à Dieu, c'est de bien faire, et d'être utile aux hommes, c'est de bien dire. Sa famille est excellente et sa fortune aussi. J'ajouterai qu'il est aussi agricole que qui que ce soit au cercle de ce nom, et qu'il possède des fermes au soleil et un fermier à l'ombre.

Si le fermier n'aime pas les gendarmes, je ne pense pas que le propriétaire les adore. Mais silence ! si la justice a condamné le fermier Hautefeuille à quelques jours de prison, c'est qu'elle avait ses raisons, et d'autant moins je les comprends, d'autant plus je les respecte. Aussi pourquoi cet imprudent laboureur avait-il entrepris de désaltérer les gendarmes qui ont toujours soif? J'arrête ici cette intempestive digression. Je n'ai pas le temps d'apprécier l'influence qu'exercent les esprits sur les corps, c'est-à-dire les liqueurs fortes sur la grosse cavalerie.

Ainsi donc, du fermier et du maître, l'un ne peut sortir de prison, l'autre ne peut entrer au cercle. Dans la musique une blanche vaut deux noires, il en est de même en Amérique. Dans les cercles, c'est bien différent : une noire vaut six blanches, c'est-à-dire que vingt des adversaires de M. d'Haussonville suffisaient pour annuler le vote de cent vingt de ses partisans. Si ce système, qu'il ne m'appartient pas de discuter ici, pouvait prévaloir au Corps législatif, l'opposition serait sûre de ressaisir quelque pouvoir et d'opérer quelque bien. Tant vaut l'homme, tant vaut le suffrage, et dans les assemblées il est tant d'hommes ne valant rien! A mon humble avis, M. Thiers est à tel député que vous voudrez, et vous n'avez que l'embarras du choix, comme six est à un. Si je disais à M. de Guilloutet qu'il est légèrement inférieur à l'illustre Berryer, le petit-fils du terrible Monge serait-il fondé à prétendre que je jette une pierre aux jardins de sa vie privée? Évidemment non. Cependant je ne sais pas. Le plus sûr est de ne rien dire des gens qui ne disent rien et de considérer que le silence n'entraîne aucuns frais et que la parole est de vingt-cinq louis. C'est égal, le rôle d'Asmodée devient d'autant plus tentant qu'il est coté plus cher. La première fois que j'aurai cinq cents francs dont je ne saurai que faire, j'examinerai avec le plus grand soin la question de savoir lequel vaut mieux de les donner aux pauvres sous forme d'aumône, ou à la justice sous forme d'amende? Si je me décide en faveur de Thémis indigente, j'essayerai une fois encore de décrire le tumulte d'une alcôve ou le silence d'un cabinet.

Une allégation sur la vie privée coûte moins cher qu'une injure à un notaire, et M. Janvier le sait bien. M. Janvier, comme autrefois César, ne s'est pas suffisamment défié des Ides de Mars. Je vais raconter en deux lignes le cas de ce fonctionnaire si réussi dans ses manières et si châtié dans son langage. M. Janvier est préfet, et je n'y vois aucun mal. Il administre le département de l'Eure en bon fils de famille — un peu prodigue, mais bien aimable. Les gens d'Évreux et des pays voisins n'agissent que d'après ses ordres et ne jurent que par sa tête. Hélas! il n'est pas de bonheur ni de préfet complet. Jadis, M. Janvier avait des dettes, peut-être même en a-t-il encore.

Vous me direz que tout fonctionnaire est plus ou moins homme, qu'on peut avoir les meilleurs sentiments et les plus grosses dettes du monde, et que souscrire des lettres de change n'empêche pas d'en écrire de charmantes. Je suis tout à fait de votre avis, et M. Janvier sur ce point doit penser comme vous et moi. Seulement, comme il est entre les écrivains et les hommes de loi de mystérieuses affinités, il advint qu'un homme de loi, c'est-à-dire un avoué, déposa chez le concierge de la Préfecture une liasse de papiers ornée de timbres onéreux et de paraphes enjolivés. M. Janvier ayant pris connaissance de ces arabesques variées, trouva mauvais qu'au mépris des règles hiérarchiques, un robin eût entrepris de molester un préfet. En ce temps-là, le receveur général d'Évreux crut devoir donner un bal. Je ne l'en blâme pas, et j'aime à croire que cette petite fête offrit tous les agréments que cherche à réunir un receveur général qui reçoit généralement.

Au bal se rencontrèrent le glorieux préfet et le modeste avoué. M. Janvier ne put supporter plus longtemps le spectacle des danses joyeuses, et il interrompit l'homme de loi dégustant une glace panachée par ces expressions un peu raides que les préfets de l'Empire empruntent parfois aux guerriers d'Homère. M. Janvier emprunte volontiers, ses créanciers le savent bien ; et, soit dans les tournées électorales, soit dans les bals provinciaux, il a pris une attitude énergique qui lui valut le glorieux surnom de « Cambronne des préfectures ». Au prix où elles sont cotées, les injures sont le privilége des gens riches, et je ne m'en plains pas. L'avoué porta plainte, et le tribunal, par un jugement longuement motivé, condamna M. Janvier à trois mille francs de dommages-intérêts, les frais à part, bien entendu. Ah! que voilà qui est bien jugé! Que les avoués et les meuniers se rassurent, nous avons des juges... à Évreux!

Je devrais peut-être vous parler de cette séance de l'Académie qui met deux immortels aux prises avec l'ombre d'un troisième. Je m'en garderai cependant, M. de Pontmartin ayant fourni à ce propos une de ces causeries qui semblent les arrêts du goût que l'esprit rédige. Je ne veux pas me donner le ridicule d'être sévère là où il s'est donné la permission d'être indulgent. Pourtant la plume me brûle les doigts, et pour me refroidir, je me hasarde à exprimer une pensée hardie; il me semble que les immortels, de temps en temps assurément, mais enfin de temps en temps, écrivent des choses éphémères en un délicieux langage. A la dernière séance, M. de Barante ne fut ni raconté ni jugé, et on pouvait, on devait peut-être semer la fleur de l'éloge et les épines de la critique sur cet historien qui fut préfet. Me sera-t-il permis de reprocher au R. P. Gratry d'avoir été à l'égard de Louis XIV plus rigoureux que de raison? J'aime beaucoup Louis XIV: il voulut être grand et sut l'être, ce qu'aujourd'hui ne veulent et ne savent plus les princes portant couronne. Il donna son nom à son siècle et trois provinces à la France. Sa fin couronna son œuvre. Il est des vies plus illustres, il n'est aucune mort plus haute que celle de ce souverain, qui du soleil, son emblème, eut les taches éblouissantes et les rayons dorés.

Il me reste maintenant à m'occuper d'un livre nouvellement paru et sur lequel la critique des grands journaux a déjà jeté ses yeux intelligents.

Un livre! me devrais-je inquiéter d'un livre?

Et pourquoi pas, s'il est bon ou seulement médiocre? Le livre dont il s'agit a le meilleur air du monde sous sa couverture jaune. L'auteur, M. Louis Rambaud, est un écrivain de bonne façon et de grand goût. Il a de l'esprit et beaucoup. Quand on en a, on n'en saurait trop avoir. Il a de la philosophie et de l'humour, c'est-à-dire qu'il est enjoué et triste à la fois, enjoué quand il parle et triste quand il pense.

Le livre porte ce titre un peu long mais très-justifié : « *Voyage de Martin à la recherche de la vie.* » Martin est un de ces hommes découragés que nous appelons des « abstracteurs ». Je ne sais pas très-bien ce que c'est qu'un abstracteur, mais je m'en console on ne peut mieux. Martin juge que la vie est indispensable à tous les hommes et par conséquent à tous les peuples, et il a deux amis qui partagent, ou a peu près, sa pensée. Ces messieurs s'imaginent non sans raison que Paris est endormi, et veulent voir de leurs yeux si la province est éveillée. Ils partent donc à la recherche de la vie et poussent jusqu'à Tours en Touraine. Arrivés là, ils ne trouvent que des pruneaux. Que les Tourangeaux me pardonnent!

Dans la province qu'on a surnommée le jardin de la France, ils font la rencontre d'un botaniste intéressant à connaître. Ce botaniste a eu des malheurs, et, comme tous les infortunés, c'est en racontant qu'il se soulage et en se plaignant qu'il se console. Ce brave homme, trouvant que le garde champêtre du lieu protégeait insuffisamment ses domaines, eut la fâcheuse idée de rédiger un gros mémoire « sur la répartition des impôts, sur l'emploi de la richesse publique, et quelques sujets environnants vers lesquels la logique l'entraînait. » Ce livre ayant attiré l'attention des juges, qui ne s'endorment guère, le botaniste fut condamné à deux ans de prison, pendant lesquels il eut le loisir d'approfondir une foule de questions frivoles ou graves :

Car que faire en prison, à moins que l'on n'y songe?

Un malheur ne vient jamais seul, dit un proverbe dont notre botaniste éprouva bientôt la justesse. On lui rendit sa liberté, mais on lui prit sa maison, « un chemin de fer qu'on faisait à travers la contrée devant passer dans sa chambre à coucher; » pour le consoler, on lui parla d'indemnité, et il répondit : « Je me moque bien qu'on m'indemnise! » Pour l'apaiser, on invoqua l'intérêt public. « Voilà un grand mot! » répondit l'exproprié. « Mais ce qu'on appelle intérêt public ne s'appelle-t-il pas, dans d'autres temps, salut public, raison d'État? » Voilà de ces demandes qui mettent fin à toute conversation; aussi, sans insister sur ce point trop délicat, vais-je continuer l'histoire des infortunes du botaniste. « Il eut un procès pour avoir transporté du vin en bouteille, un autre pour avoir cultivé un pot de fleurs sur sa fenêtre, un autre enfin pour avoir prêté un livre à un pépiniériste de ses amis. » Quel était ce livre ou cette brochure? — Vous êtes trop curieux pour mon goût; qu'il vous suffise de savoir que ce n'était pas la brochure des Titres napoléoniens. Celle-là, on peut la prêter à M. le préfet *** lui-même; tout porte à croire qu'il la rendra.

19

Le botaniste fut, comme il arrive communément, bien exproprié et mal payé. Il retira quelque argent de sa maison confisquée et plaça cette maigre somme dans une de ces opérations financières que M. Pereire a patronnées de son crédit et M. Rouher de sa parole. Il perdit son argent, comme de juste ou comme d'injuste. Mais pour faire ce placement le botaniste vint à Paris, et un jour qu'il circulait sur une place publique, il fut arrêté en flagrant délit de promenade. « Je n'avais, dit-il, pas pris garde à un anniversaire historique de la plus grande importance, et j'avais fait une manifestation en son honneur. Deux choses aggravèrent ma situation, mes antécédents d'abord et un couteau que j'avais dans ma poche. Mon domicile fut visité et mes papiers fouillés. Ceux-ci étaient tous relatifs à la botanique. Quelques mots qu'ils contenaient parurent un peu louches. Ainsi, il était parlé de pistil, qui pouvait être un signe voilé pour dire pistolet! Il était parlé d'étamine qui pouvait être là pour miner l'État, que sait-on? En somme, on n'y trouva pas de preuves claires de la conspiration dont on me soupçonnait. Je ne fus condamné qu'à cause du couteau, et j'en eus seulement pour trois mois de prison que je fis de mon mieux. » Que je fis de mon mieux est charmant. Quand on a de la prison, on la fait toujours bien.

Je ferai remarquer en passant la singularité de loi qui défend aux bourgeois de porter des couteaux dont ils ne se servent jamais, et qui permet aux militaires de porter des sabres dont parfois ils abusent; mais, sentant l'énormité de la permission que j'ai prise, je passe à des sujets dont la douceur séduirait un enfant et l'innocence un juge. Ce botaniste est fait à notre image et nous ressemble à faire peur. Nous commettons des délits comme M. Jourdain faisait de la prose, sans le savoir. L'esprit qui veut penser et le corps qui veut agir se heurtent à d'invisibles barrières. Les condamnations pleuvent sur de très-honnêtes gens qui n'ont pas de parapluie, et ceux qui furent soumis au régime des prisons françaises racontent qu'elles sont si bien tenues qu'on n'a plus même la consolation d'y apprivoiser des araignées, comme Latude, ou des souris, comme Pélisson.

M. Louis Rambaud pose, en terminant, le plus redoutable problème de nos temps incertains. Il met en scène un personnage nommé « l'Épave » et qui semble le survivant d'un monde politique disparu. C'est en marchant sur le rivage de l'Océan que ce vaincu pose la question de notre décadence certaine et de notre résurrection possible.

« Sommes-nous condamnés? dit l'Épave. Mes espérances ont été déçues tant de fois, que je n'ose plus me fier à elles... Combien de fois n'ai-je pas entendu les nôtres, pareils aux matelots dans les cordages, crier : Liberté! Liberté! Combien de fois les échos de ce siècle n'ont-ils pas retenti de ce mot qui me fait tressaillir d'espérances infinies? Et je regarde autour de moi, je n'y vois que ce qui était hier, ce qui sera demain peut-être, ce passé que nous avions cru disparu... Ce sont les mêmes institutions, ce sont aussi les mêmes hommes, avec leurs habitudes de servilisme et leur langage d'esclaves. Et je m'indigne alors... je me révolte... » Et l'Épave ajoute un peu plus loin : « Ces sortes d'indignations son fortes, mais elles sont courtes; elles ne résistent pas à l'indifférence générale qui leur répond et qui me gagne bientôt, moi aussi... En sorte qu'après avoir senti en moi les énergies fécondes d'un peuple qui cherche à vivre, j'y retrouve tout à coup les découragements d'une race épuisée, etc. » Ces paroles sont tristes. Après les avoir entendues, le désolé Martin, las de chercher la vie qui n'existe plus, cherche un bois pour s'y cacher. Le trouvera-t-il? Car si on a tari la vie, on a coupé les bois.

Je n'ai pas besoin de dire que je ne m'associe en rien aux doctrines désolantes dont je me suis fait l'écho. J'ai la foi et la vision de l'avenir, et je répète aux nôtres, ce que le pieux Énée disait à ses compagnons lassés :

O passi graviora, dabit Deus his quoque finem.

Certes, nous avons été plus éprouvés que nous ne le sommes, mais les maux présents finiront comme ont fini les anciens. Nous avons le courage, demandons le salut à celui qui le donne, à Dieu, consolateur de toute affliction, et père de toute espérance humaine!

XXXII

Avril 1868.

LE GÉNÉRAL HUSSON.

Le Sénat vient de perdre un membre! le reste du corps se porte bien, ce qui n'est pas une mince consolation dans une si grande douleur. Le général Husson est allé voir dans l'autre monde ce que l'on pense de celui-ci, et il vient, j'aime à le croire, d'échanger sa stalle de sénateur contre une lyre de séraphin. M. Troplong, prononçant l'apologie du défunt, a saisi l'occasion de faire applaudir et de chanter son morceau d'éloquence sucrée. Le Mathusalem du Sénat excelle dans les oraisons funèbres, et sa manière consiste à peindre des sentiments qui n'ont plus cours dans un français qui n'a pas de sens. Il ensevelit les mémoires des trépassés sous une jonchée de lieux communs, et il semble que ses paroles aient le don d'adoucir les regrets et d'avancer l'oubli. Il est difficile, je le sais, de louer des morts inconnus, quoique sénateurs. Où il n'y a rien M. Troplong perd son droit, et je ne crois pas qu'il l'ait jamais bien su.

En tout cas, s'il l'a bien su, il l'a bien oublié. C'est le petit Bossuet du petit Luxembourg; mais on n'obtient que des diminutifs dans des temps comme les nôtres. M. Troplong est cependant un fonctionnaire de premier ordre et d'un agréable spectacle. Seul immobile au milieu de ses collègues sans cesse renouvelés, il siége comme un immortel parmi des éphémères et oppose orgueilleusement à la fragilité d'autrui sa résistance séculaire. On sent qu'il a dans sa poche autant de discours nécrologiques que de sénateurs sous sa férule, et il les placera, pour peu que Dieu, qui lui prête vie, n'exige pas de remboursement. Il est solide comme sa chaise curule et blanc comme les pommiers en fleurs. Il sait qu'un peu d'égoïsme ne messied pas à ceux qui veulent longtemps vivre, et il a heureusement justifié ce joli mot d'un homme d'esprit : « Le Sénat a soin de la Constitution de l'Empire « et M. Troplong de la sienne. »

Le général Husson, dont j'ai dessein de dire quelques mots, n'a pas attendu son honorable président. Il est parti devant, comme un courrier qui précède son maître. Ce brave s'est éteint à Fontainebleau sans avoir pu achever le printemps de sa quatre-vingt-deuxième année. Il eut dès sa jeunesse la vocation militaire et, soldat comme tant d'autres, il suivit le vol rapide des aigles victorieuses. Il vit le soleil d'Austerlitz et les neiges d'Eylau. Sa vie tient dans ces deux lignes : « Il commença par donner des coups de sabre « et finit par en recevoir. »

La fortune ne lui fut pas longtemps fidèle : fait prisonnier en 1808, il connut, six années durant, le régime des pontons anglais. Il en sortit, ayant au cœur la haine d'un peuple auquel il attribuait à tort les infortunes de son pays, et avec raison les siennes. Ses rancunes étaient plus profondes que celles du marquis de Boissy et plus légitimes aussi. Jamais, depuis son malheur, il ne put supporter ni l'éloge, ni la présence, ni la photographie d'un Anglais. Il unissait, comme de raison, sa haine de l'Angleterre à son amour de l'Empereur, et il était de ceux qui disent encore : « La perfide Albion et le petit caporal! » Brave général Husson!

Sa maison de Fontainebleau était remplie de marbres et de portraits, de lithographies et de gravures représentant Napoléon à tous les âges, dans toutes les poses et dans tous les costumes. Il y avait quelque chose de touchant dans cette dévotion d'un fanatique à une idole et dans ce respect d'un vieillard pour un mort. Sur un buste de l'Empereur qui décorait le fond de son jardin, il avait tracé de sa main ces paroles étonnantes : « Il mourut assassiné par l'oligarchie « britannique. » A la lecture de cette prodigieuse inscription, on devine que son auteur est de la race des naïfs, des crédules et des fidèles. Et de fait il avait appris dès l'enfance à obéir sans discuter, à croire sans comprendre, à se dévouer sans réfléchir. Comme il avait appris, il agissait. Brave général Husson!

Le général Husson, simple capitaine à la chute de l'Empire, n'eut pas à se plaindre des monarchies suivantes, dont l'une grossit, l'autre étoila ses épaulettes. Plus il avançait dans sa carrière, plus il reculait dans le passé. Dans son esprit peuplé des songes d'autrefois, il remuait incessamment le souvenir des victoires gagnées et des batailles perdues. Dieu réservait une grande joie aux derniers jours de ce vétéran. Le prince Louis-Napoléon, sorti de prison et revenu d'exil, avait donné le deux décembre pour pendant au dix-huit brumaire, et mis du même coup d'État les représentants à l'ombre et l'Empire en lumière. Le général Husson se sentit rajeuni à la pensée qu'il allait servir le neveu comme il avait servi l'oncle. Ébloui à la vue des soldats en armes et du peuple en désordre, il pensa que depuis Strasbourg on n'avait rien entendu d'aussi fort et rien vu d'aussi grand. Brave général Husson!

Il croyait voir la redingote grise redevenue de mode et le petit chapeau remis en forme. En regardant la colonne avec l'orgueil d'un Français, il lui semblait que les victoires sculptées sur les spirales d'airain allaient reprendre leur vol et continuer leurs voyages. Il s'attendait à de grandes choses et à de hautes fonctions : on le nomma du Sénat et on l'entretint du Mexique. Fut-il satisfait de la politique suivie et des guerres entreprises? Je le crois, car il n'avait ni la volonté d'être exigeant, ni le courage d'être sévère. Il vota comme il se battait, par enthousiasme, et, sénateur, prit la douce habitude de ne jamais parler et d'approuver toujours. Brave général Husson!

Malgré le silence régulier dont il était observateur, il sentait parfois poindre en lui des velléités belliqueuses. C'était un volcan mal éteint dont le cratère s'ouvrait encore. Malgré leur innocuité bien connue, ses éruptions avaient le don d'étonner le public et d'inquiéter les voisins. Souvent, dans les discussions du Sénat, il sautait sur son banc comme un poisson sur l'herbe et mêlait aux discours de ses collègues des interruptions vigoureuses qui joignaient au retentissement du tambour les douceurs de l'imprévu. A un sénateur essayant de définir le patriotisme, il lança un jour cette foudroyante apostrophe : « Le patriotisme, c'est de se taire. » Ses mots brillaient par une concision militaire et une fermeté virile. Il disait aux ministres vantant leur administration : « Donnez-nous « de bons préfets. » Hélas ! les ministres ressemblent aux plus belles filles du monde : ils ne peuvent donner que ce qu'ils ont. Ils avaient M. Limayrac, ils l'ont donné. Aussi les préfets montrent souvent un excès de zèle compliqué d'un défaut d'aptitude ; c'est ma pensée ; c'était aussi la tienne, brave général Husson !

Il ne convient pas de le juger sur ses allures de guerrier et ses boutades de sénateur. Chez lui le fond valait mieux que la surface, et il rachetait largement ses ridicules apparents par ses vertus discrètes. Bien peu savent ce que le mur de sa vie privée abritait de nobles œuvres et d'expansive bonté. Sa charité n'exceptait personne, et ses bienfaits dépassaient sa fortune. Les malheureux aimaient son hospitalité, et il appliquait au soulagement des souffrances humaines tout ce que son traitement lui faisait de ressources, la vieillesse d'activité, et le Sénat de loisirs. Il a obtenu la double récompense du rôle qu'il a joué et du bien qu'il a fait : un discours de M. Troplong et les regrets des pauvres. Les regrets en disent plus et valent mieux. Brave général Husson!

En dehors de toute attache officielle, il fut honnête, simple et bon; c'est pourquoi il se prolongera longtemps dans le cœur des amis qu'il laisse et des heureux qu'il a faits. Il fut général et sénateur dans un temps qui fourmille de sénateurs et regorge de généraux. Ni le grade, ni les fonctions ne font le bonheur et ne donnent la gloire. Les grands hommes du jour rendent au même moment leur corps à la terre et leurs noms à l'oubli. Comme des vaisseaux que chasse le vent, ils disparaissent de l'horizon sans laisser leur souvenir aux rives parcourues et leur sillage à la mer oublieuse.

Le général Husson est mort avant d'avoir appris la défaite de Théodoros et la prise de Magdala; l'Abyssinie lui eût rappelé le Mexique. En comparant les triomphes anglais à nos propres échecs, il eût senti se réveiller ses haines et son orgueil gémir. Pourtant la réflexion vaut mieux que la colère, et dans chaque événement que Dieu accomplit par les hommes, il y a, pour qui veut méditer, une leçon; pour qui veut profiter, un exemple. Tout contraste a ses raisons et porte ses fruits. La sagesse et l'erreur ont pour résultat le succès, qui est la récompense de l'une, et la défaite, qui est le châtiment de l'autre. Ma conclusion se devine : ce sont les peuples libres qui sont les plus sages. Les Anglais se gouvernent et nous sommes gouvernés; nous proposons et ils disposent. Chez eux la reine, comme celle des abeilles, tient le sceptre et non le glaive, la place et non le pouvoir, la couronne et non l'aiguillon.

Chez nous, c'est autre chose; toutefois, je discute non sur le mérite des gouvernements, mais sur le succès des entreprises. Les Anglais sont allés en Abyssinie pour la délivrance de leurs nationaux captifs; nous sommes allés au Mexique pour le recouvrement d'une créance contestée. Ils n'ont pas cherché à susbtituer la race anglo-saxonne à la race abyssine, et, trop pratiques pour être rêveurs, ils se sont contentés de battre un empereur sans essayer d'en implanter un. Ils furent économes, nous avons été prodigues; nos victoires furent chèrement achetées, leur triomphe fut sans larmes; leur expédition dura trois mois, la nôtre six ans; ils ont eu des généraux habiles, nous n'en avons eu que de braves; enfin leur ennemi Théodoros se donna la mort, et notre protégé Maximilien la reçut. Sans prolonger plus longtemps ces douloureuses oppositions, je demande de quel côté se sont trouvées la raison, la sagesse et la fortune? Je n'ose répondre. Toutefois, l'étude de cette question peut servir à l'instruction de ceux qui jugent les hommes, comme à l'intelligence de ceux qui les gouvernent.

Hélas! M. Devienne, rapporteur de la loi sur la presse, a déposé son mémoire, et les princes et les juges liront de préférence ce remarquable opuscule. M. Devienne, conjuguant son verbe jusqu'au bout, est devenu un personnage qui réunit dans une garde-robe d'élite l'habit brodé du sénateur à la toge du président. Dans un style aussi châtié qu'un con-

— 336 —

damné de la sixième chambre, il oppose les dangers de la liberté aux agréments du pouvoir. Tous les goûts sont dans la magistrature. Si les anciens partis effrayent le président, les nouvelles lois le rassurent. Allons ! il y aura encore pour la presse de mauvais jours et de bonnes condamnations. Qu'importe ! en manière de consolation nous pouvons répéter le vieil adage de nos pères : « Écris ce que dois, Devienne que « pourra. »

XXXIII

Mai 1868.

COMMENT S'EXPRIMA LE GRAND BRAHME A L'OCCASION DU PREMIER BAIN QUE PRIT DANS LE GANGE L'HÉRITIER DU TRONE DU BENGALE. LES VARIATIONS DE M. ROUHER, LES DÉMOLITIONS DE M. HAUSSMANN. MGR LE COMTE DE CHAMBORD ET SON VOYAGE EN GRÈCE.

Il y avait au siècle dernier un voyageur curieux de s'instruire et pressé de raconter. Il parcourut le monde plutôt dans son intérêt que dans celui de la géographie, et eût mieux aimé découvrir une jolie femme qu'un grand fleuve. Il était aimable et philosophe; mais ces détails importent peu. Ce voyageur nous apprend que jadis, au Bengale, florissait un prince majestueux, redouté de ses voisins et même de ses sujets, ce qui généralement pour un prince est le comble du bonheur et le signe de la puissance. Le monarque en question préférait les guerriers à la guerre et les maçons aux laboureurs. Il s'était marié suivant son penchant et gouvernait selon l'usage. Il possédait une armée innombrable et un fils unique. Si le choix lui eût été laissé, il eût préféré peut-être un soldat de moins et un fils de plus. Mais le choix ne lui fut pas laissé.

L'héritier du trône de Bengale atteignit vite l'âge heureux où la raison vient aux princes. Déjà son royal esprit éclatait en mots charmants et sa jeune renommée courait de Madras à Bénarès. Les poëtes qui ne cherchent que la vérité le comparaient aux fleurs qui s'ouvrent, mais les poëtes qui voulaient une récompense l'assimilaient au soleil qui féconde. Ce dernier parallèle était de beaucoup le plus flatteur, car si le Bengale a des feux sans rivaux, il a des roses sans parfum. Les sages qui lisent dans l'avenir prétendaient que l'enfant serait plus grand que son père, espérance irrévérencieuse peut-être, mais réalisable pourtant. Les guerriers et les brahmes le comparaient à Vichnou dans sa deuxième incarnation. Quant aux opprimés, ils ne disaient rien, par la simple raison qu'ils ne pouvaient rien dire.

Quand le prince eut, pour la dixième fois depuis son enfance, vu le retour des hirondelles, on jugea qu'il était temps de l'initier aux mystères que Brahma communique aux seuls élus sortis de sa cuisse. Quelques lunes après on résolut de le plonger pour la première fois dans le Gange aux eaux sacrées qui purifient le corps de ses souillures et l'âme de ses erreurs. Ce fut une cérémonie touchante dont le Bengale reconnaissant ne perdra pas la mémoire. Une foule immense accourue des extrémités de l'empire bordait les deux rives de la divine rivière ; le flot sur lequel glissaient des barques pavoisées réfléchissait dans son cours les ornements des brahmines et les casques des guerriers. Partout des femmes, dont la toilette rivalisait avec le plumage et la voix avec le chant des oiseaux. Enfin la trompette belliqueuse retentit dans le lointain et le roi parut entouré de ses courtisans, comme le soleil des étoiles. A son apparition, toutes les têtes se courbèrent jusqu'au sable du rivage et se relevèrent trois fois pour s'incliner encore. Cette preuve évidente d'amour sembla réjouir le monarque, dont le visage s'éclaira d'un de ces sourires étranges dont aucune image ne saurait rendre l'expression et aucune langue la douceur.

Bientôt s'avança le grand brahme, dont les austères vertus faisaient l'admiration du religieux Orient. Pendant dix années consécutives il avait conservé son pied droit dans sa main gauche. Grâce à la faveur de Vichnou, il avait gardé pendant dix ans cette position, plus gênante qu'il ne semble au profane vulgaire. Jamais, soit par un mouvement, soit par une parole, il n'avait rompu son immobilité de statue et son silence de muet. Depuis, il avait prononcé tant et de si beaux discours et couru aux honneurs d'un si rapide galop, qu'on sentait ce qu'avaient dû lui coûter l'obligation de rester en place et le devoir de se taire. Il recevait année commune un million de roupies neuves, dont il remerciait le prince et rendait grâce aux dieux. Il n'aimait pas les parias, c'est-à-dire ces personnages singuliers qui, retirés du monde et de ses affaires, s'éprennent de la solitude, du silence et des ruines. Mais tous les goûts sont dans la nature des brahmes, laquelle est une belle nature.

Au milieu des brahmes se tenait le fils du roi, montrant ses membres gracieux à la lumière d'un jour d'été. L'enfant tremblait comme s'il eût eu le sentiment de la petitesse de son être mise en regard de la splendeur des choses. Le Gange sinueux déroulait à l'infini ses larges eaux, dont la source est le front d'un dieu. Le grand brahme saisit l'enfant et le plongea trois fois dans les flots consacrés, où depuis tant de siècles les fidèles viennent chercher l'expiation qui rachète ou la mort qui délivre. A chaque fois le peuple baisait la terre, et le chant des brahmes se mêlait au retentissement des cymbales. Quand tout fut fini, le fleuve continua de pousser vers la mer ses ondes, que le contact d'un prince ride moins que la chute d'une feuille ou le souffle du vent.

Alors le grand brahme, tourné du côté de l'Orient vermeil, saisit l'occasion de prononcer un discours qu'il avait préparé dans le silence du temple et les loisirs de sa charge. S'adressant au jeune prince encore ruisselant des perles du Gange, il ouvrit sa bouche inspirée où le dieu de l'éloquence ne dédaignait pas d'habiter. Voici les vers qu'il chanta, car c'est dans la langue des dieux que s'expriment tous les brahmes qui se respectent, et ils se respectent tous :

> Les hommes et les flots, la campagne et les bois,
> Enfant, t'appartenaient dès que tu vins au monde,
> Plus blond que le miel d'or et que la moisson blonde,
> Charmant reflet du Dieu qui s'incarna neuf fois!

Sur ton visage aimé la grâce est répandue,
Enfant béni, qui viens de plonger aux flots clairs
Du Gange, que Shiva, maître de l'étendue,
Lança comme un ruban qui va du ciel aux mers!

Ton corps brillait sous l'eau qui rachète et qui lave;
Et ton père, qui tient l'univers dans sa main,
Dont le meilleur de nous n'est que l'indigne esclave,
D'un regard attendri suivait ton premier bain.

Les juges, les guerriers, les brahmes, caste sainte,
Gardiens de l'ordre humain par eux seuls assuré,
O prince, avec amour baisent l'auguste empreinte
Qu'aux fanges du chemin laisse ton pied sacré.

Devant mes yeux paraît l'avenir, et l'histoire
De l'Inde que le Gange enserre de ses bras;
Je vois se dérouler tout un siècle de gloire
Que commença ton père et que tu fermeras.

Comme le grand brahme était aussi éloquent que prolixe, on comprendra que je ne puis traduire dans son intégrité une harangue qui dura depuis le lever du soleil jusqu'au déclin du jour. Le voyageur auquel j'emprunte ce récit, tout en admirant la soumission du peuple du Bengale et le discours du grand brahme, ne pouvait s'empêcher de trouver de l'exagération dans l'une et de la flatterie dans l'autre. Il se souvenait des cérémonies de l'Église chrétienne, ce qui le rendait difficile pour les pompes du culte hindou. Il avait vu des évêques parler aux princes de la terre et même à leurs enfants: *Principibus terræ et filiis eorum*, et savait de quel air ils opposent à la fragilité du roi l'éter-

nité du dieu. Les prélats de la vieille Europe ne se doublent jamais de courtisans vulgaires (1). Ils ramènent les monarques que la folie transporte ou que l'orgueil égare à la recherche de la voie droite et au sentiment de leur poussière. Ils saisissent toutes les occasions possibles de dire à un souverain qui s'exerce à régner : « Sire, préférez le bonheur du peuple au vôtre, l'éco-
«nomie à la dépense, la continence à la luxure, les
« laboureurs aux soldats, la justice à votre intérêt et la
« vérité à Platon lui-même. » Sans ces qualités que j'énumère et quelques autres que j'oublie, il est plus facile de faire entrer un sénateur dans un trou de souris qu'un roi dans le royaume des cieux.

Ce mot de «sénateurs» m'est une excellente transition pour revenir du Gange à la Seine, du passé au présent et du Bengale en France. Les sénateurs, en effet, auraient le privilége de nous faire tomber des nues, si, d'aventure, nous nous élevions jusqu'à elles. Les dignitaires ont écouté M. de Ségur émettant des doctrines à terrifier la grande ombre de d'Aguesseau, et ils ont refusé d'entendre M. Sainte-Beuve leur servant une causerie d'élite et une perle de choix. Il n'y a au monde qu'un seul lieu peuplé où M. Sainte-Beuve eût pu crier comme il eût fait au désert : ce lieu étrange, c'est le Sénat. Ce nouvel Orphée, qui partout aurait pour auditeurs jusqu'aux ignorants doués de goût et jusqu'aux murs ornés d'oreilles, ne peut attirer à sa voix ce que le jardin du Luxem-

(1) Je ne dis pas cela pour Mgr l'archevêque de Paris.

bourg possède d'arbres centenaires et de gazons antiques.

M. Rouher, qui fit voter la loi sur la presse aux sénateurs libéraux, convertira-t-il au libre-échange les députés protectionnistes? J'en doute; mais tout est possible ici-bas, même et surtout l'impossible. M. Rouher a pour faire triompher sa cause le meilleur de tous les arguments, son exemple; si jadis il a soutenu la République naissante et les tarifs protecteurs, c'est qu'il ne trouvait aucune chance de durée aux gouvernements et aux institutions qui prévalaient alors. Depuis, défendant ce qui lui paraissait définitif, c'est-à-dire l'Empire et les traités de commerce, il a prouvé ce que l'on pouvait gagner au libre-échange des opinions et à la connaissance des hommes. M. Rouher aimait la République comme nous aimons le printemps, la jeunesse et les fraises, tout ce dont on use et qui passe. Cette explication du mouvement donnée par un ministre en place est assez jolie pour séduire, assez plaisante pour désarmer. Il est beau de voir un homme politique s'offrir aux forts, comme un agent; aux faibles, comme un appui. Que les gouvernements tombent ou s'installent, le vrai citoyen ne s'étonne ni de leur chute, ni de leur triomphe; il est assez sûr de lui pour ne jamais lasser leur bonté, s'ils sont périssables, leur patience, s'ils sont éternels.

De M. Rouher à M. Haussmann et du libre-échange aux démolitions, la pente est naturelle et le voyage aisé. Le préfet continue le cours de ses destructions avec une audace que le succès couronne et l'irresponsabilité rassure. Paris ressemble à une ville prise d'assaut; les maisons, chancelant comme des hommes ivres, s'abattent aux pieds du passant, qu'elles recouvrent d'un nuage de poussière et d'un orage de débris. Une partie de la rue de la Paix s'écroule en ce moment sous le marteau des ouvriers, et on dirait que M. Haussmann cherche un trésor caché dans les caves des édifices ou sous les pierres des tombeaux. Sur la place où s'élevaient des bâtiments à six étages vont surgir des bâtiments pareils. La même indifférence atteint les Parisiens et les nomades. Nous laissons faire, ou plutôt défaire, et je me demande pourquoi on construit de grandes maisons pour des gens qui mériteraient si bien d'être logés dans les petites. .

Ce n'est pas sur ce sentiment amer et découragé que je veux arrêter ces lignes. Béranger disait : «Je n'ai flatté que l'infortune.» Bien peu d'autres que nous suivent aujourd'hui ce noble précepte du poëte. Je m'en suis souvenu en lisant le récit du voyage que vient d'entreprendre en Grèce un prince que la France devait avoir pour roi et n'a plus même pour citoyen. Presque au même moment, les aïeux de monseigneur le comte de Chambord ont apporté à la France la liberté, à la Grèce la délivrance; nous avons oublié, mais les Grecs se souviennent!

Partout le noble chef de la maison de Bourbon a reçu les hommages d'une foule qui voyait en lui la plus grande majesté et la plus haute infortune de nos malheureux temps. «Prince! c'est là, sur cette terre d'Hellas que l'art et le génie ont à jamais sacrée, que vous avez pu voir pour la première fois le réveil sortir des ruines et l'espérance des tombeaux ! C'est là seulement que, loin du pays natal, vous pouviez rencontrer des tristesses, des grandeurs et des gloires égales à ce que les hommes et Dieu vous ont donné de grandeur, de tristesse et de gloire. »

XXXIV

Mai 1868.

DU LIVRE DE M. D'HAUSSONVILLE ET DE QUELQUES AUTRES CHOSES. COMMENT DIVORÇA LE PREMIER EMPEREUR ET COMMENT GOUVERNE LE SECOND.

Au moment où j'écris ces lignes, le Corps législatif discute encore la question du libre-échange et le Sénat conservateur va délibérer sur la liberté de l'enseignement. Pour apprécier ces débats solennels, j'attendrai qu'ils aient pris fin. L'attente est cruelle, et, pour la tromper, je cherche ce que le vieux soleil a fait éclore en un seul jour de fleurs, de nouvelles et de rêves. Quant aux fleurs, elles s'épanouissent comme d'habitude dans les parterres de Mabille et les discours des grands. Quant aux rêves, je n'en forme qu'un, celui que réalisa Suzanne par des temps aussi chauds mais plus corrompus que les nôtres. J'ai dit que je ne formais qu'un rêve, et je suis sûr que vous ne me croyez pas. Vous avez raison, et je vous prendrais pour confidents des chimères que je caresse et des désirs que je renferme, n'était la crainte des sergents et le respect des juges. Les juges sont aussi nombreux que les écus de la boulangère; il y en a, je les ai vus, je leur ai même parlé.

Quant aux nouvelles, elles se suivent en se ressemblant, et n'ont ni le prestige du mystère, ni l'attrait de l'imprévu. A Paris, un soldat ayant levé le sabre du gouvernement qui lui tient lieu de père, l'a laissé retomber sur la tête d'un bourgeois pacifique, mais surpris. Ces accidents sont aussi communs que M***. Et on peut se demander ce qu'allait faire ce bourgeois sur le chemin de ce guerrier. Ne savait-il pas que le sabre est comme le vin : quand il est tiré, il faut le boire. Si un citoyen de Paris ne pouvait avaler un sabre avec la prestesse du Chinois de l'Exposition, il y aurait pour l'empire français trop de sujets d'humiliation et pour le Céleste-Empire trop de sujets d'orgueil. Je ne saurais oublier le récit d'un fait étrange dont s'étonnent encore les Lyonnais, peu coutumiers des phénomènes. Des militaires essayaient la découverte de ce bienfaiteur de l'humanité qui se nomme Chassepot. Une balle s'émancipe, franchit des distances insensées et va briser un des carreaux de la chambre où travaillait une jeune fille. La jeune fille, miraculeusement échappée à la fureur du projectile, dit en ramassant son aiguille, bien inférieure à celle de nos fusils : « Les chassepots ont fait merveille. »

Que convient-il d'admirer le plus, la présenc ed'esprit de la jeune fille ou la portée du chassepot? On se le demande sans pouvoir se répondre. Quant à moi, je me contente de chanter avec une patriotique énergie ces vers tirés d'une comédie nouvelle :

> Nous avons un fusil
> Se chargeant par la culasse ;
> Au dehors, c'est gentil,
> Mais au dedans, ça s'encrasse.

En France, depuis Mazarin, tout finit par des chansons, dont on répète le refrain et dont on paye la facture.

Comme les grands corps de l'État n'ont pas encore terminé leurs importantes discussions, j'ouvre pour me désennuyer le soixante-quatorzième volume de la *Revue des Deux Mondes*. J'y trouve un long travail de M. d'Haussonville sur les relations de l'Église romaine et du premier Empire. Ces relations furent tendues, comme chacun sait. Pie VII excommunia l'empereur ; mais ce fils aîné de l'Église, souverainement irrespectueux pour sa mère, fit arrêter le souverain-pontife. Après quoi, il songea à prendre femme.

Il en avait déjà une, mais ce détail lui importait peu. Ayant introduit le divorce dans son code, il lui importait de mettre en pratique les lois qu'il avait promulguées. Il était atteint de la postéromanie et rêvait que de son association future avec une grande princesse quelconque pouvait naître un fils bien à lui, héritier de ses domaines et continuateur de son œuvre. Le fils de sa femme ne lui suffisait déjà plus, et il se désolait de posséder une compagne moins féconde que ses victoires. Ce maître du monde, habitué à réaliser l'impossible, voyait pour la première fois sa volonté stérile. Il trouvait aussi que depuis le vicomte Beauharnais, dont la supériorité l'accablait, l'impératrice Joséphine avait manqué sinon à la loi naturelle qui veut que l'on s'unisse, du moins à la loi divine qui ordonne qu'on multiplie.

Il n'y avait aucunement de la faute de l'impératrice Joséphine ; mais l'homme propose et Dieu dispose. La belle créole qu'avaient distinguée tour à tour Talien, Barras et Bonaparte, plaisait un peu moins, ou déplaisait un peu plus à un conquérant volage déjà lassé de sa conquête. Elle avait vu se flétrir sur sa tête couronnée les roses de son quarante-sixième printemps et s'enfuir à l'horizon cet Amour toujours jeune dont jadis elle avait tant chéri le bandeau, l'arc et les flèches. De plus elle s'importunait d'une certaine dame Mathea, Piémontaise, qui, disait-on, avait séduit l'empereur par une communauté de race et une docilité d'enfant. Souveraine abandonnée, elle connaissait la jalousie qu'elle inspirait autrefois. Mais, à travers ses larmes, elle songeait à ces temps regrettés où, reine par la beauté qui vaut mieux que la couronne, elle attirait à ses pieds les généraux vainqueurs et les tribuns heureux et faisait d'un de ses sourires le salaire d'un service, la récompense du génie ou le prélude de l'amour.

Ce fut sans ménagement aucun, à la suite d'un repas silencieux pris en tête-à-tête, que Napoléon lui annonça sa volonté de la répudier. Usant aussitôt de la ressource ordinaire des femmes, elle glissa sur le parquet et s'évanouit sans coup férir. J'emprunte à M. d'Haussonville le récit de la scène charmante qui va suivre : « Aussi effrayé qu'ému de l'effet qu'il venait de produire, Napoléon entr'ouvrit la porte de son cabinet et appela à son aide le chambellan de service, M. de Bausset. L'évanouissement durant toujours, il lui demanda si, pour éviter toute esclandre dans le palais, il se sentait la force de porter l'impératrice jusque dans ses appartements, qui communiquaient avec les siens par un petit escalier dérobé. M. de Bausset répondit naturellement qu'il n'était pas de fardeau qu'on ne pût imposer à son dévouement : tous les chambellans sont des flatteurs, mais sans cela seraient-ils des chambellans ?

« M. de Bausset prit donc l'impératrice dans ses bras, et l'empereur, marchant le premier, à reculons, lui soutenait soigneusement les pieds. Ils descendirent ainsi l'escalier. Rien n'avait paru feint ni arrangé à M. de Bausset dans la triste scène dont il était le témoin involontaire ; cependant ses jambes s'étant un moment embarrassées dans son épée, tandis qu'il descendait cet escalier étroit, comme il se raidissait afin de ne pas laisser tomber son précieux fardeau, sa surprise fut assez grande d'entendre Joséphine lui dire tout bas : « Prenez garde, monsieur, vous me serrez « trop fort. » Les femmes sont toujours femmes et les chambellans toujours adroits. Dans cette étreinte un peu vive, on sentait la main d'un homme d'esprit, et aucune reine qui se croit belle ne s'offense que l'admiration chez un sujet triomphe parfois du respect. Quant à Joséphine, elle venait d'essayer le pouvoir d'un évanouissement mis en place et de pleurs utilement versés; mais elle avait compté sur des charmes plus sérieusement évanouis qu'elle; aucune femme n'obtient autant par la pitié que par l'amour, et aucune n'a de puissance par les larmes qui n'en a plus par le sourire.

La nouvelle du divorce de l'empereur ne rencontra ni contradicteurs ni incrédules. Les fonctionnaires publics se pliaient à tout événement avec un enthousiasme qui n'eut de limites que la fortune du maître. « Comme souverain et comme souveraine, disait le bon Regnault de Saint-Jean-d'Angély, l'empereur et l'impératrice ont tout fait, ont tout dit, il ne nous reste qu'à les aimer, à les bénir, à les admirer. Acceptez, messieurs, au nom de la France attendrie, aux yeux de l'Europe étonnée, ce sacrifice, le plus grand qui ait été fait sur la terre, etc. » Napoléon dut avoir peine à tenir son sérieux en s'entendant mettre, en matière de sacrifice, au-dessus du doux Abraham et du tendre Jephté. Il courait au divorce avec autant de plaisir qu'à la guerre, et ce conquérant, trop habitué à la douleur des veuves pour se soucier des doléances d'une épouse, ne voyait dans son second mariage qu'une preuve de sa puissance, une faveur de la fortune et une promesse de l'avenir.

Il se comparait à Philippe-Auguste : il avait tort, si j'ose m'exprimer ainsi en parlant d'un aussi grand homme. Toutefois, s'il était bien décidé à expulser son ancienne femme, Napoléon ne savait encore au juste où il prendrait la nouvelle. Il était résolu a n'épouser qu'une princesse, mais il se demandait lequel valait mieux de la faire venir de Pétersbourg ou de la commander à Vienne. Il résolut de consulter un sage, et il s'ouvrit à Daru : « Daru, lui dit-il un jour, que pensez-vous du mariage ? — Sire, j'en pense du bien, répondit le sage Daru. — Mais il y a mariage et mariage. Il y a le vôtre, dont je me soucie peu, et le mien, qui m'inquiète. Daru, que pensez-vous de mon mariage ? — Sire, la France regrettera l'impératrice Joséphine et prendra part à vos douleurs; mais il n'est personne dans le monde qui n'approuve vos actes et ne comprenne vos raisons. »

Ainsi parla le sage Daru.

« Eh bien, reprit l'empereur, me conseillez-vous d'opter pour la Russe ou de préférer l'Autrichienne ?... Entre les deux, je n'ose dire que mon cœur balance, mais il est certain que ma raison hésite. — Sire, n'épousez ni l'une ni l'autre. Prenez une Française. Ce n'est pas en imitant les autres monarques, mais en vous distinguant, que vous rencontrerez votre véritable grandeur. Vous ne régnez pas au même titre qu'eux, vous ne devez pas vous marier comme eux. »

Ainsi s'exprimait Daru, qui, comme je le répète, était la sagesse même. Mais Napoléon, qui ne l'écoutait plus, trouvait qu'après avoir renvoyé la veuve d'un vicomte, il lui fallait, pour ne pas déroger, ouvrir ses bras à la fille d'un roi. Il était trop fier pour vouloir d'une sujette et trop peu bucolique pour s'accommoder d'une bergère. Ce parvenu ne voulait pas que la mère future de son fils sortît de la multitude ou revînt à ses moutons.

Napoléon, qui à ce moment se promenait dans sa gloire, comme le disait Cambacérès, choisit la fille de l'empereur d'Autriche pour l'accompagner dans sa marche. Il fut vite agréé d'un beau-père trop souvent battu pour ne pas désirer que son vainqueur ne fût son gendre, et trop versé dans l'histoire pour ignorer que l'Autriche rattrape au jeu des mariages ce qu'elle perd dans le hasard des combats. M. d'Haussonville nous raconte quels furent les moyens employés par l'empereur pout faire dissoudre le mariage religieux contracté avec Joséphine. Je renvoie à son ouvrage le lecteur curieux de savoir quels miracles on peut opérer par la souplesse italienne jointe à la furie française. Je relève un des plus jolis épisodes de ce second mariage. Napoléon ayant passé l'anneau impérial au doigt de Marie-Louise, s'attendait au même procédé de la part de l'impératrice. Il attendit en vain. « Pourquoi, se demandait ce terrible questionneur, lui ai-je mis une bague au doigt sans qu'elle en ait mis une au mien? Ah! j'y suis. L'anneau est un signe de servitude : la femme est une esclave et le fut de tout temps. Voyez chez les Romains. » Cette explication, qui lui parut satisfaisante, prouve à quel point ce gracieux souverain était versé dans la philosophie de l'histoire et la connaissance des femmes.

Le premier empereur, comme les sources du vieux Nil, est encore à l'heure qu'il est, et il est tard, imparfaitement connu et trop peu découvert. C'est pourquoi j'applaudis à chaque historien m'apportant des révélations inédites sur ce personnage qui laissa des racines si profondes sous des ruines si nombreuses. Géant placé au seuil de ce siècle qui décline, il a reçu longtemps les adorations du vieux monde encore rempli de sa gloire et tremblant de sa chute ; mais, à chaque pas du temps, on a vu s'effacer sa grandeur et ses rayons décroître. Il reste grand, armé et couronné ; mais l'histoire, mieux instruite et partant plus sévère, lui demande compte de la façon dont il prit la couronne, dont il utilisa le génie et dont il abusa du glaive.

Les souvenirs du premier Empire m'ont fait négliger les œuvres du second. Le Sénat discute encore la liberté de l'enseignement, et le Corps législatif vient d'approuver les théories du libre échange. La voix de M. Rouher, comme celle du vieux Neptune, apaise les vents, calme les flots, chasse les nuages. Il a oublié le mot de Piron, et quand les députés lui ont dit « grand merci », il n'a pas répondu avec la modestie d'une violette ou d'un ministre : « Il n'y a pas de quoi. » Il l'aurait dû, mais si l'on ne faisait que ce qu'on doit, il faut convenir qu'on ne ferait pas grand'chose.

M. Rouher l'a emporté, et cependant la terre tourne et même elle souffre. L'agriculture et l'industrie, ces deux mamelles de la France, comme les appelait le grand Sully, sentent que leurs forces s'épuisent et que leur lait tarit. L'armée, démesurément accrue, enlève les laboureurs à la charrue, les ouvriers à l'usine. Pour soutenir la concurrence étrangère, nous devenons trop pauvres et nous sommes trop chargés. L'impôt s'accroît, les tarifs s'élèvent, le travail baisse, les salaires augmentent; la liberté reste à l'écart, la nation demeure en tutelle et la volonté d'un seul décide des intérêts de tous. Ah! c'est ici le cas de répéter avec Molière : « Tu l'as voulu, Georges Dandin; Georges Dandin, tu l'as voulu! Mais si par hasard tu es inquiet de ta destinée ou mécontent de ta fortune, tu peux, aux élections prochaines, trouver l'occasion d'affirmer tes désirs par tes suffrages et ta volonté par tes actes. »

FIN.

TABLE

	Pages.
I. Les princes de ce monde et les auteurs dramatiques, la princesse Dagmar, l'impératrice du Mexique et M. Victorien Sardou. .	1
II. La réorganisation de l'armée, les généraux et les soldats, la clémence du czar Alexandre et la revanche de Mme de Metternich. . . .	13
III. MM. Sainte-Beuve, de Vigny et Gavarni. . .	23
IV. M. Leconte de Lisle et sa traduction de *l'Iliade*.	35
V. M. Victor Cousin.	48
VI. M. Havin et la statue de Voltaire, le peintre Bellangé et ses œuvres.	59
VII. M. Chesnelong et M. Émile Ollivier, la politique de M. Rouher, nos craintes et nos regrets	70
VIII. Le R. P. Minjard, la retraite de M. Walewski, Le jardin et le duché de Luxembourg . . .	77
IX. Des deux Dumas, et surtout du second. . . .	83
X. M. Taine et son voyage en Italie	95
XI. M. Rouher	104
XII. Choses et autres : les élections de l'Académie, le notaire de Napoléon Ier et le cochon de Soulouque	116
XIII. Les rois à l'Exposition	122
XIV. Les causeries de M. de Pontmartin, les chansons de Gustave Nadaud	135
XV. Lettre d'un Japonais à sa fiancée	147
XVI. Fin de la lettre d'un Japonais à sa fiancée. . .	158
XVII. Le vice-empereur. (Occidentale.)	169
XVIII. La saison des eaux, le mouvement libéral, la navigation aérienne, les femmes, Me Placide Férey.	173

	Pages.
XIX. Le concours général, lettre de Cicéron à son ami Atticus, la fête du 15 août.	185
XX. La jeunesse de Napoléon Ier, la statue de M. Billault	198
XXI. Les financiers, MM. Véron et Achille Fould.	209
XXII. M. le comte Duchâtel.	222
XXIII. La promenade du calife Almanzor	228
XXIV. M. le marquis de Moustier.	237
XXV. Souvenir de l'Exposition	249
XXVI. Le duc de Luynes.	256
XXVII. Deux anecdotes invraisemblables : Un soldat du premier Empire qui ne croit pas à nos victoires, et un bourgeois des temps modernes qui ignore nos révolutions	270
XXVIII. La fin du carnaval et le 20e anniversaire de la République.	281
XXIX. La nouvelle loi sur la presse	288
XXX. Lord Derby.	299
XXXI. M. d'Haussonville et le cercle agricole, Me Janvier et son avoué, Me Rambaud et son livre.	316
XXXII. Le général Husson	329
XXXIII. Comment s'exprima le grand brahme à l'occasion du premier bain que prit dans le Gange l'héritier du trône du Bengale. Les variations de M. Rouher, les démolitions de M. Haussmann. Mgr le comte de Chambord et son voyage en Grèce.	336
XXXIV. Du livre de M. d'Haussonville et de quelques autres choses. Comment divorça le premier empereur et comment gouverne le second.	344

5916 — Paris, imprimerie Jouaust, rue Saint-Honoré, 338.

www.ingramcontent.com/pod-product-compliance
Lightning Source LLC
Chambersburg PA
CBHW070453170426
43201CB00010B/1320